Cléophas

Missel 2021
ANNÉE B

Du 29 novembre 2020
au 21 novembre 2021

Un partenariat

SCOUTS GUIDES DE FRANCE
PrionsenÉglise

Imprimatur

Le 29 juin 2020,
en la solennité de saint Pierre et saint Paul,
Mgr Pierre-Antoine Bozo,
évêque de Limoges,
membre du Conseil pour la pastorale
des enfants et des jeunes,
accompagnateur du scoutisme et du guidisme.

Édito

Ayant pris le pain, il prononça la bénédiction et, l'ayant rompu, il le leur donna. Alors leurs yeux s'ouvrirent, et ils le reconnurent. [...] « Notre cœur n'était-il pas brûlant en nous ? »
(Luc 24, 30-32)

Notre mouvement a choisi comme « fil blanc » du centenaire la « démarche pèlerine ». Une démarche spirituelle profonde et dynamique qui invite au chemin, au sens propre comme au sens figuré. Le pèlerin est un étranger qui s'aventure au-delà de son pays sur des sentiers inconnus. Pour cela, il a besoin d'une carte qui l'aide à s'orienter. Tel est l'enjeu de la parole de Dieu pour un chrétien : « Une lumière sur nos pas. » Depuis le père Jacques Sevin jusqu'à aujourd'hui, la Parole a été au cœur du scoutisme. Écoutée dans les célébrations, méditée dans nos veillées, elle a porté tant de fruits de générosité, de vocations engagées et de paix. Elle nous a toujours remis « en mouvement ». Pour qui croit, la Parole réalise ce qu'elle dit dans le cœur du croyant. Elle est efficace !

Le pape François a instauré dans son motu proprio « Aperuit Illis » [« Il ouvit leur intelligence »] un dimanche de la parole de Dieu chaque année. En effet, il souhaite nous encourager à retrouver la valeur sacrée des Écritures et son lien avec notre vie quotidienne, à la « fréquenter » pour la mettre toujours plus en pratique auprès des autres. En somme, il nous invite à être apôtres. Alors, n'oublions pas dans le sac à dos notre Bible ou notre *Cléophas* !

Père Xavier de Verchère,
Salésien de Don Bosco, aumônier général des Scouts et Guides de France

Sommaire

INDEX DES MOTS-CLÉS 6

LA DYNAMIQUE DE LA MESSE 9

INTERVIEWS 19
Saint Marc a écrit le premier évangile 20
Frère Jean-Jacques Pérennès dans le monde de la Bible 22
Philippine Viala est partie en Terre sainte 24
Nathanaël Fontimpe a visité Tibhirine 26
Le chemin vers le baptême d'Anne-Sophie Dhuicq 28

ANIMATIONS 31

BOUSSOLES 47
Christus Vivit : tu es l'aujourd'hui de Dieu ! 48
Lecture et relecture de la Bible 50
La Parole, une source inépuisable ! 52
Déjà cent ans de pèlerinage... 54
Conversion écologique : aimer la Création, ensemble ! 56

BOÎTE À OUTILS 59
Comment prier les psaumes ? 60
Lire à la messe, une Parole vivante 62
La veille de feu 64

LES DIMANCHES ET LES FÊTES
Du 29 novembre 2020 au 21 novembre 2021 67

PRIÈRES 475

Mode d'emploi

CLÉOPHAS, TOUTE L'ANNÉE, C'EST UN RENDEZ-VOUS POUR

- Célébrer Dieu.
- Vivre sa foi.
- Connaître sa religion et le fait religieux.

CLÉOPHAS EST FAIT POUR TOI ET POUR LES JEUNES QUE TU ACCOMPAGNES

- ***Cléophas*** aide les Scouts et Guides – qu'ils soient chefs, cheftaines ou compagnons – ainsi que toute personne en responsabilité auprès de jeunes, à animer chaque dimanche un temps autour de la parole de Dieu ;
- ***Cléophas*** alimente aussi les adultes dans leurs réflexions et leurs méditations, à des fins de ressourcement personnel.

POUR CHAQUE DIMANCHE OU JOUR DE FÊTE, IL Y A TROIS RUBRIQUES IMPORTANTES

- **Comprendre :** des définitions pour mieux appréhender les textes liturgiques ;
- **Vibration :** des questions spirituelles pour réfléchir et (faire) grandir ;
- **Inspiration :** une méditation pour toi… et pour les autres.

D'AUTRES RUBRIQUES PRATIQUES

Cléophas, ce sont aussi des pages **animations** clé en main pour dynamiser un temps de prière ; des **boussoles** pour répondre à tes questions ; une **boîte à outils** pour mieux partager la Bonne Nouvelle ; des **prières** pour toutes les occasions et cinq **interviews** qui donnent à réfléchir.

N'OUBLIE PAS !

Cléophas n'est pas jetable… même pas dans le bac à papier du tri sélectif ! Grâce à l'**index des mots-clés,** tu pourras réutiliser ce numéro selon un thème que tu souhaiteras aborder plus tard.

Index des mots-clés

A

Accueil 85
Alliance 103, 159, 311
Altérité 111
Amitié 271, 277
Amour 153, 171, 177, 271, 347, 403, 445
Appel 117, 123, 347
Attente 67,
Audace 403

B

Baptême 73, 159, 219
Beauté 265
Bonheur 385, 451
Bonté 265

C

Certitude 291
Chemin 367
Choix 297
Chute 415
Commandement 171, 391, 427, 445
Communion 311
Confiance 171, 189, 243, 259, 321, 327, 355, 361, 403
Conversion 73
Corps 123
Courage 189

D

Désert 73, 159
Dévouement 201
Différence 277
Domination 469
Don 265, 361, 457
Doute 189, 251, 385

E

Eau 117
Écoute 123, 129, 135
Église 297, 451
Enfant 103
Engagement 259, 433
Entendre 397
Épreuve 409
Équipe 433
Espérance 147, 291
Espoir 67
Esprit 297
Éternité 97

F

Faiblesse 341
Faire route 97, 251, 347
Famille 85, 421
Femmes 379
Foi 165
Force 333
Fratrie 277

G

Générosité 183, 333
Grâce 153
Grandir 321
Guérison 141
Guide 355

H

Héritage 103
Humilité 201

I

Incompréhension 341
Injustice 207

J

Jamboree 297
Joie 73, 91, 97, 291, 379, 451
Justice 259

Voici une **liste des mots-clés** qui peuvent résonner pour toi et pour les jeunes que tu accompagnes. Chaque page renvoie aux **dimanches** où ces mots prennent tout leur sens.

L

Liberté 463
Lois 391
Lumière 91

M

Manifestation 111
Miséricorde 177
Mission 305
Monde nouveau 327
Mort 207, 333

N

Nourriture 367, 373

O

Obscurité 439
Orgueil 321
Oser 117
Ouverture 135

P

Paix 91
Pardon 147, 183, 463
Parole 129, 385, 397,
Péché 147, 153
Peine 141
Prière 411
Plénitude 421
Prochain 455
Préparation 73
Présence 251
Prison 427
Proclamer 283
Promesse 305
Prophète 415
Protection 409

R

Réconciliation 183
Réfugiés 439
Rencontre 361
Ressource 373
Résurrection 165, 219, 243
Richesse 415
Rite 311
Royaume 445, 469

S

Sacrifice 457
Saint 451
Secours 409
Servir 433
Serviteur 165
Soin 201
Suivre 129

T

Témoignage 243, 283
Tempête 327
Trésor 457
Trinité 305

U

Union 421
Unité 283

V

Vérité 177, 469
Vertu 391
Vie 207, 219, 367, 373, 439, 463
Vierge Marie 85, 379
Voir 397

La messe

Au cours de la messe,
nous faisons mémoire
de la mort et de la résurrection
de Jésus Christ
dans l'attente de son retour.
Voici quelques clés
pour comprendre
et faire comprendre
ce qui s'y passe.

La messe

La dynamique de la messe

ACCUEIL

- **Entrée :** chant d'ouverture qui rassemble la communauté.
- **Signe de la croix :** symbole des chrétiens unis et accueillis pour prier ensemble.
- **Kyrie :** prière de pénitence des pécheurs qui invoquent l'amour et le pardon de Dieu.
- **Gloria :** hymne angélique à la gloire de Dieu, Père, Fils et Esprit *(voir page 476)*.
- **Prière d'ouverture :** appelée habituellement « collecte », elle exprime le caractère de la célébration.

PAROLE

- **Première lecture :** histoire de l'alliance de Dieu avec les hommes, en général tirée de l'Ancien Testament.
- **Psaume :** poème adressé à Dieu.
- **Deuxième lecture :** tirée du Nouveau Testament, porte sur l'action des Apôtres et la vie des premiers chrétiens.
- **Alléluia :** chant de joie qui veut dire « Louez Dieu », pour acclamer le Christ qui vient par sa Parole.
- **Évangile :** Bonne Nouvelle qui raconte la vie de Jésus, ses paroles, ses rencontres...
- **Homélie :** commentaire spirituel des lectures du jour pour révéler la parole de Dieu pour aujourd'hui.

- **« Je crois en Dieu » (Credo) :** proclamation par la communauté de la foi reçue des Apôtres *(voir page 477)*.
- **Prière universelle :** prière pour le monde.

EUCHARISTIE

- **Offertoire :** présentation du travail et des dons du peuple de Dieu à l'autel par le pain, le vin et la quête.
- **Prière eucharistique :** grande prière d'action de grâce faisant dialoguer les chrétiens avec Dieu *(voir pages 12 à 18)*.
- **Sanctus :** acclamation sur la terre comme au ciel « Saint, Saint, Saint le Seigneur ».
- **Consécration :** le prêtre renouvelle les gestes et les paroles de Jésus : par l'Esprit Saint, le pain et le vin deviennent le corps et le sang du Christ.
- **Anamnèse :** rappel de la mort et de la résurrection de Jésus.
- **Acclamation trinitaire :** récapitule toute la messe.
- **Notre Père :** prière reçue de Jésus lui-même *(voir page 478)*.
- **Paix :** la communauté échange le geste de paix.
- **Agneau de Dieu (Agnus Dei) :** chant adressé à Jésus qui se donne, pendant qu'a lieu la fraction du pain.
- **Communion :** mouvement pour recevoir le corps et le sang du Christ, qui unissent et fortifient.
- **Prière après la communion :** conclut le rite de communion, le prêtre demande les fruits du mystère célébré.

ENVOI

- **Annonces :** informations sur la vie de la communauté.
- **Bénédiction :** Dieu dit du bien de son peuple pour aujourd'hui et pour la semaine à venir.
- **Chant d'envoi :** rythme entraînant pour porter au monde la Bonne Nouvelle de l'amour de Dieu.

À QUOI SERVENT LES PRIÈRES EUCHARISTIQUES ?

Au cœur de la célébration de la messe, après le temps d'accueil et la liturgie de la Parole, vient l'action de grâce, la grande prière eucharistique où le prêtre s'exprime devant Dieu au nom de toute la communauté.

Par le Sanctus, le chant des anges du chapitre 6 du livre d'Isaïe, on entre dans la louange. Chaque prière eucharistique met ensuite l'accent sur un aspect du mystère chrétien : Dieu Père, Dieu de miséricorde, Dieu sauveur, Dieu de l'Alliance...

Uni dans la prière, le peuple chrétien offre à Dieu la vie du monde, Dieu bénit et s'offre à nous en nourriture. Par l'épiclèse, on demande que vienne l'Esprit Saint sur le pain, sur le vin, et sur l'assemblée.

Puis c'est la consécration où le prêtre reprend les mots de Jésus – « Ceci est mon corps » ; « Ceci est mon sang » – et l'anamnèse où sont proclamées la mort et la résurrection du Christ, et l'attente de sa venue dans la gloire.

Aux louanges succèdent les demandes, les supplications. Aux paroles du prêtre, chacun joint silencieusement ses intentions : temps de recueillement mais aussi de communion.

Le geste final de l'élévation accompagne l'offrande solennelle du sacrifice : « Par lui, avec lui et en lui... » que l'assemblée ratifie par un « amen » unanime.

La liturgie se poursuit par le Notre Père, la communion et l'envoi : « Allez dans la Paix du Christ ! » « Nous rendons grâce à Dieu ! »

PÈRE YANN-TANGUY KENECH'DU
Aumônier territorial, territoire de Haute-Bretagne

PRIÈRE EUCHARISTIQUE N° 2

Prière de la Tradition

La plus brève de toutes les prières eucharistiques ! On la favorise « quand on n'a pas trop le temps ». Incluse dans la Tradition apostolique, un des premiers textes chrétiens, elle affiche ses lettres de noblesse sans rougir. Et reste, dès lors, plébiscitée pour ses vertus œcuméniques. Avec préface intégrée, mais remplaçable par une autre autant que de besoin, elle a tout pour plaire. Et sauver bien des célébrations.

On peut choisir une autre préface.

Vraiment, Père très saint, il est juste et bon de te rendre grâce, toujours et en tout lieu, par ton Fils bien-aimé, Jésus Christ : car il est ta Parole vivante, par qui tu as créé toutes choses : c'est lui que tu nous as envoyé comme Rédempteur et Sauveur, Dieu fait homme, conçu de l'Esprit Saint, né de la Vierge Marie ; pour accomplir jusqu'au bout ta volonté et rassembler du milieu des hommes un peuple saint qui t'appartienne, il étendit les mains à l'heure de sa passion, afin que soit brisée la mort, et que la résurrection soit manifestée. C'est pourquoi, vec les anges et tous les saints, nous proclamons ta gloire, en chantant (disant) d'une seule voix :

℟ **Saint ! Saint ! Saint, le Seigneur, Dieu de l'univers !**
Le ciel et la terre sont remplis de ta gloire.
Hosanna au plus haut des cieux.
Béni soit celui qui vient au nom du Seigneur.
Hosanna au plus haut des cieux.

Le dimanche, on dit :

Toi qui es vraiment saint, toi qui es la source de toute sainteté, nous voici rassemblés devant toi, et, dans la communion de toute l'Église, en ce premier jour de la semaine, nous célébrons le jour où le Christ est ressuscité d'entre les morts. Par lui que tu as élevé à ta droite, Dieu notre Père, nous te prions :

Sanctifie ces offrandes en répandant sur elles ton Esprit ; qu'elles deviennent pour nous le corps ✠ et le sang de Jésus, le Christ, notre Seigneur. Au moment d'être livré et d'entrer librement dans sa passion, il prit le pain, il rendit grâce, il le rompit et le donna à ses disciples, en disant : « Prenez, et mangez-en tous : ceci est mon corps livré pour vous. »

On s'incline.

De même, à la fin du repas, il prit la coupe ; de nouveau il rendit grâce, et la donna à ses disciples, en disant : « Prenez, et buvez-en tous, car ceci est la coupe de mon sang, le sang de l'Alliance nouvelle et éternelle, qui sera versé pour vous et pour la multitude en rémission des péchés. Vous ferez cela, en mémoire de moi. »

On s'incline.

Le prêtre introduit une des trois acclamations suivantes :

Il est grand, le mystère de la foi :

℟ **Nous proclamons ta mort, Seigneur Jésus, nous célébrons ta résurrection, nous attendons ta venue dans la gloire.**

Quand nous mangeons ce pain et buvons à cette coupe, nous célébrons le mystère de la foi :

℟ **Nous rappelons ta mort, Seigneur ressuscité, et nous attendons que tu viennes.**

Proclamons le mystère de la foi :

℟ **Gloire à toi qui étais mort, gloire à toi qui es vivant, notre Sauveur et notre Dieu : Viens, Seigneur Jésus !**

Faisant ici mémoire de la mort et de la résurrection de ton Fils, nous t'offrons, Seigneur, le pain de la vie et la coupe du salut, et nous te rendons grâce, car tu nous as choisis pour servir en ta présence.

Humblement, nous te demandons qu'en ayant part

au corps et au sang du Christ, nous soyons rassemblés par l'Esprit Saint en un seul corps.

Souviens-toi, Seigneur, de ton Église répandue à travers le monde : fais-la grandir dans ta charité avec le pape **N.**, notre évêque **N.**, et tous ceux qui ont la charge de ton peuple.

Souviens-toi aussi de nos frères qui se sont endormis dans l'espérance de la résurrection, et de tous les hommes qui ont quitté cette vie : reçois-les dans ta lumière, auprès de toi.

Sur nous tous enfin, nous implorons ta bonté : permets qu'avec la Vierge Marie, la bienheureuse Mère de Dieu, avec saint Joseph, son époux, avec les Apôtres et les saints de tous les temps qui ont vécu dans ton amitié, nous ayons part à la vie éternelle, et que nous chantions ta louange, par Jésus Christ, ton Fils bien-aimé.

Par lui, avec lui et en lui, à toi, Dieu le Père tout-puissant, dans l'unité du Saint-Esprit, tout honneur et toute gloire, pour les siècles des siècles.
– **Amen.**

LA PRIÈRE EUCHARISTIQUE POUR ASSEMBLÉE D'ENFANTS N° 3

Dire le mystère aux enfants

Directement issue de l'évolution liturgique liée à Vatican II, la prière eucharistique pour assemblée d'enfants n° 3 veut utiliser un langage adapté aux plus jeunes pour dire et exprimer le mystère de l'eucharistie – au sens fort, c'est-à-dire de signe visible d'une réalité invisible. Peut-être un peu datée aujourd'hui, elle nécessite autant d'accompagnement que les autre prières eucharistiques.

Père, nous te disons merci, nous te rendons grâce : c'est toi qui nous as créés ; et tu nous appelles à vivre pour toi, à nous aimer les uns les autres. Nous pouvons nous rencontrer, parler ensemble. Grâce à toi, nous pouvons partager nos difficultés et nos joies. À cause de tout cela, Dieu, notre Père, nous sommes heureux de te rendre grâce tous ensemble. Avec ceux qui croient en toi, avec les saints et les anges, nous te louons en chantant :

℟ **Saint ! Saint ! Saint, le Seigneur Dieu de l'univers !**
Le ciel et la terre sont remplis de ta gloire.
Hosanna au plus haut des cieux.
Béni soit celui qui vient au nom du Seigneur.
Hosanna au plus haut des cieux.

Oui, Dieu, tu es saint, tu es bon pour nous, tu es bon pour tous les hommes. Nous te disons merci, et nous voulons surtout te rendre grâce à cause de Jésus, ton Fils. Il est venu chez les hommes qui se détournent de toi et n'arrivent pas a s'entendre. Par l'Esprit Saint, il ouvre nos yeux et nos oreilles, il change notre cœur : alors nous arrivons à nous aimer, et nous reconnaissons que tu es notre Père et que nous sommes tes enfants.

C'est lui, Jésus, le Christ, qui nous rassemble maintenant autour de cette table où nous apportons notre offrande.

Sanctifie, Père très bon, ce pain et ce vin : ils deviendront pour nous le corps ✠ et le sang de Jésus, ton Fils, qui nous dit de faire à notre tour ce qu'il a fait lui-même la veille de sa passion.

Au cours du dernier repas qu'il partageait avec ses disciples, Jésus prit le pain. Il te rendit grâce. Il partagea le pain et le donna à ses amis, en leur disant : « Prenez, et mangez-en tous : ceci est mon corps livré pour vous. »

On s'incline.

Il prit aussi la coupe de vin. Il te rendit grâce. Il donna la coupe à ses amis, en leur disant : « Prenez, et buvez-en tous, car ceci est la coupe de mon sang, le sang de l'Alliance nouvelle et éternelle, qui sera versé pour vous et pour la multitude en rémission des péchés. » Il leur dit aussi : « Vous ferez cela, en mémoire de moi. »

On s'incline.

Voilà pourquoi nous sommes ici, rassemblés devant toi, Père. Et tout remplis de joie, nous rappelons ce que Jésus a fait pour nous sauver : dans cette offrande qu'il a confiée à l'Église, nous célébrons sa mort et sa résurrection : Père du ciel, accueille-nous avec ton Fils bien-aimé.

Pour nous, Jésus a voulu donner sa vie. Toi, tu l'as ressuscité. Nous t'acclamons :

℟ **Dieu, tu es bon ! Loué sois-tu ! Gloire à toi !**

Il vit maintenant près de toi. Il est avec nous toujours et partout.

℟ Dieu, tu es bon ! Loué sois-tu ! Gloire à toi !

Un jour, il viendra dans la gloire du Royaume.
Il n'y aura plus de gens tristes, malades ou malheureux.

℟ Dieu, tu es bon ! Loué sois-tu ! Gloire à toi !

Père, nous allons recevoir à cette table, dans la joie de l'Esprit Saint, le corps et le sang du Christ : que cette communion nous rende capables de vivre comme Jésus, entièrement donnés à toi et aux autres.

Viens en aide, Seigneur, à notre pape **N.**, à notre évêque **N.**, et à tous les évêques. Accorde-nous, et à tous les disciples de Jésus Christ, d'être de ceux qui font la paix et le bonheur autour d'eux. Et puis, donne-nous un jour d'être près de toi, avec la Vierge Marie, la Mère de Dieu, avec saint Joseph son époux et avec les saints du ciel tous ensemble, dans le Christ.

Par lui, avec lui et en lui à toi, Dieu le Père tout-puissant, dans l'unité du Saint-Esprit, tout honneur et toute gloire, pour les siècles des siècles.

— Amen.

Interviews

Près de chez toi
ou à l'autre bout du monde,
des hommes et des femmes
connaissent Jésus
et t'en parlent.
Rencontres avec ces témoins
du Christ…

Interviews

« Sans être apôtre, j'ai toujours suivi Jésus »

Compagnon de Pierre et Paul, les disciples de Jésus, Marc fait partie des premiers convertis au christianisme. Voici les questions que nous aurions aimé poser à l'évangéliste.

Où sommes-nous, Marc ?
Je vous reçois à Alexandrie, j'y suis évêque. Mais j'aurais tant aimé vous recevoir dans ma famille, là où j'ai grandi : à Jérusalem !

Votre mère était en effet un membre éminent de la communauté chrétienne de Jérusalem. C'est là que l'apôtre Pierre s'est réfugié à sa sortie de prison (Actes 12, 12-13)...
Ma famille était très liée à Pierre. Nous habitions Cana mais quand mon père est mort, il m'a pris sous sa protection, il est devenu mon père spirituel. C'est d'ailleurs lui qui m'a baptisé.

Cana ? Là où Jésus a changé l'eau en vin lors d'un mariage ?
Nos amis orthodoxes se souviennent que j'ai servi lors de ce fameux mariage où eut lieu le premier miracle du Christ. Sans être de ses apôtres, je l'ai toujours suivi de loin, et Pierre me racontait ce qui se vivait dans leur groupe. J'étais au jardin des Oliviers quand Jésus s'est fait arrêter, j'ai vraiment essayé d'être avec lui jusqu'au bout. Et quand ils m'ont arrêté, je me suis débattu. Et comme j'étais vêtu d'un simple drap, je me suis retrouvé libre, mais tout nu (Mc 14, 51-52). Ce n'est pas l'épisode le plus glorieux de mon histoire, mais j'étais très jeune.

Ensuite vous avez eu la mission d'écrire ce que Pierre vous racontait ?
Après la mort de Pierre, j'ai mis le récit en forme,

SAINT MARC,
interprète et évangéliste

de manière chronologique. C'était la vie de Jésus. C'est un récit court, et d'autres récits de la vie de Jésus ont ajouté des éléments et changé un peu la forme. Mais je crois que je suis le premier.

Avant j'étais plutôt l'interprète de Pierre et son secrétaire : il ne parlait que l'araméen et il voulait s'adresser à des chrétiens venus du paganisme et enracinés dans la culture latine. C'est pour cela qu'il y a beaucoup de mots latins simplement transcrits en grec et beaucoup d'explications sur les habitudes des Juifs de Palestine dans mon évangile. Comme j'étais le cousin de Barnabé, le collègue de Paul, j'ai beaucoup voyagé avec eux : Antioche, Chypre, Jérusalem… les relations n'étaient pas toujours simples (Actes 13, 13 ; 15, 37 ; Col 4, 10 ; Phm 24) mais finalement j'ai retrouvé Paul et Pierre à Rome.

Et pourquoi vous représente-t-on par un lion ?

À mon nom sont toujours associés le lion et Venise. Le lion est le roi du désert, là où Jean Baptiste proclamait la venue de Jésus. C'est avec cet épisode que j'ai choisi d'ouvrir mon évangile. Quant à Venise, j'y ai séjourné et j'ai entendu des anges qui m'ont conforté dans ma vocation. Ils disaient : « Paix sur toi Marc mon évangéliste, tu trouveras ici le repos. » J'ai noué une relation particulière avec les habitants de cette région. Je crois que mon histoire avec eux n'est pas finie…

Propos « recueillis » par
MIREILLE COLLET

L'École biblique de Jérusalem ouverte à tous

Le frère Jean-Jacques Pérennès, dominicain, est directeur de l'École biblique et archéologique française de Jérusalem. Le monde de la Bible est son univers quotidien.

Pourquoi et comment l'École biblique de Jérusalem a-t-elle été créée ?

L'École biblique a été fondée à la fin du XIXe siècle à la demande de l'Église catholique, à un moment où les découvertes scientifiques semblaient menacer la véracité et la crédibilité de la Bible. De grands intellectuels comme Ernest Renan quittèrent l'Église et la foi, estimant que ce que nous enseigne l'Écriture sainte n'était plus crédible face à la science moderne. C'est ce que l'on a appelé la « crise moderniste ».

Pourquoi est-elle à Jérusalem ?

Parce que son fondateur, le père Lagrange, dominicain, était convaincu que l'on comprend mieux le texte en l'étudiant dans le contexte où il est né. D'où la place donnée à l'histoire et à l'archéologie du Proche-Orient ancien. On comprend mieux les Évangiles quand on connaît le milieu juif qui était le sien, l'histoire du peuple au sein duquel il est né.

Qui vient étudier à l'École biblique de Jérusalem ?

Au départ, c'était surtout des prêtres qui venaient à l'École biblique de Jérusalem afin de devenir professeurs d'Écriture sainte dans les séminaires et les universités catholiques.

FRÈRE JEAN-JACQUES PÉRENNÈS,
directeur de l'École biblique et archéologique française de Jérusalem

Peu à peu, par sa crédibilité scientifique, l'École biblique a aussi attiré des étudiants laïcs, hommes et femmes. Pour la plupart, il s'agit d'études avancées, de niveau master ou doctorat. Aujourd'hui, l'École biblique de Jérusalem a des relations étroites avec de nombreuses universités dans le monde et dispose d'une bibliothèque de recherche de niveau international.

Qui sont les enseignants à l'École biblique ?

Dès sa fondation, l'École biblique a été confiée aux frères prêcheurs, les Dominicains, l'ordre religieux auquel j'appartiens, et qui donne une grande place à l'étude, persuadé que la foi catholique n'a rien à craindre mais aussi beaucoup à gagner en faisant confiance à la raison humaine. Mais c'est aussi une communauté de religieux, pour qui l'étude scientifique des Écritures et la méditation de la parole de Dieu doivent se soutenir mutuellement.

Quelle est l'originalité de l'École biblique de Jérusalem par rapport à d'autres facultés catholiques ?

La principale originalité c'est de permettre aux étudiants d'avoir un accès facile aux sites bibliques, qu'ils visitent chaque semaine avec un professeur. Bethléem, le lac de Tibériade, le Jourdain, la mer Morte prennent alors un relief particulier. Une autre originalité est l'accent mis sur l'étude des langues anciennes : grec et hébreu, bien sûr, mais aussi syriaque, araméen et diverses langues qui aident à mieux comprendre les textes. Pour beaucoup, c'est une expérience inoubliable.

Philippine Viala est partie en Terre sainte

« On ne dit pas non à la Terre sainte »

Fin octobre 2019, une délégation des Scouts et Guides de France est partie en pèlerinage en Terre sainte pour le centenaire de l'association. Philippine Viala témoigne de cette expérience.

Pourquoi ce voyage en Terre sainte ?

Le but de ce voyage était de lancer spirituellement le centenaire des Scouts de France et d'être les pionniers de la démarche de pèlerinage qui y est liée : espérons que des groupes se rendront en Terre sainte pendant l'année du centenaire consacrée aux pèlerinages.

Pourquoi as-tu accepté cette invitation ?

Quand on te propose un pèlerinage pour découvrir les lieux saints qui ont bercé nos éducations religieuses, clé en main, abordable financièrement, pour représenter ta mission au sein du mouvement et pour vivre et découvrir des moments sûrement inoubliables, qui dit non ? Pas moi ! Et, par chance, le séjour tombait pendant ma seule semaine de vacances à l'université.

Comment t'es-tu préparée ?

Honnêtement ? Je ne savais pas à quoi m'attendre. Du côté scout, j'ai pris des renseignements auprès de l'équipe d'organisation pour savoir ce qu'il me fallait préparer et comment je m'intégrerai à leur équipe. Du côté spirituel, je n'ai pas eu l'impression d'avoir à me préparer, j'avais juste envie d'arriver avec les yeux d'une enfant qui découvre le monde et s'émerveille de ce qu'elle voit.

PHILIPPINE VIALA,
membre du comité de rédaction du missel *Cléophas*
cheftaine Louveteaux-Jeannettes
groupe Sainte-Claire – Saint-François à Toulouse
territoire Garonne Cocagne

Qu'as-tu mis dans ta valise ? Et ce n'est pas ton trousseau qui nous intéresse…

Un esprit grand ouvert à ce qu'il pourrait rencontrer, un cœur un peu lourd rempli de questions, une foi avide de découvertes, et j'avais aussi glissé dans ma valise ma mission chez les Scouts et Guides de France !
J'ai participé à ce pèlerinage pour représenter mon équipe et j'avais emmené avec moi quelques demandes pour les pèlerins.

Quel était ton état d'esprit le premier jour ?

Un peu inquiète parce que je n'aime pas arriver quelque part en ne connaissant personne, un peu surprise parce que j'ai découvert sur le moment certaines missions qui m'ont été confiées. J'étais surtout très impatiente de rencontrer le reste du groupe, de découvrir la Terre sainte, et pourquoi pas de me découvrir, moi, dans ma foi !

Et le dernier ?

Triste, comblée et fatiguée, je pense !

Qu'as-tu ramené dans ta valise ?

J'ai ramené beaucoup de souvenirs absolument magiques, des photos, de nouveaux amis… et quelques réponses à mes questions.

Et maintenant ?

Thomas croit parce qu'il voit (Jean 20, 19-31) ; moi, je croyais avant de voir.
Je ne sais pas si j'ai changé dans ma foi depuis mon retour, mais Jésus n'était ni dans le tombeau, ni sur le lac de Tibériad, ni dans la grotte de la Nativité. Jésus est dans les rencontres, dans l'autre, dans la beauté de la nature ou dans l'amour que je porte et transmets.

« Tibhirine reste un lieu de prière et d'accueil »

Vingt-quatre ans après l'assassinat des moines trappistes de Tibhirine, le lieu a retrouvé sa vocation première. Nathanaël Fontimpe nous raconte sa visite au monastère.

Dans quel contexte es-tu allé à Tibhirine ?
Ma venue à Tibhirine s'inscrivait dans un voyage plus large de dix jours en Algérie. Le but de ce voyage était de rendre visite avec mon père à un grand-oncle qui vit là-bas en tant que frère mariste depuis une dizaine d'années. Nous avons fait un périple dont l'une des étapes était Tibhirine.

Quelle a été ta première impression en arrivant sur place ?
J'ai eu l'impression d'un lieu paisible avec une nature assez présente et des bâtiments plus grands que ceux que l'on peut voir dans le film *Des hommes et des dieux*. Si l'on ne connaît pas l'histoire de ce lieu, on ne s'aperçoit pas forcément du passé douloureux qui l'habite. J'ai aussi eu une sensation assez étrange en m'installant dans la chambre où a vécu l'un des frères assassinés. Mais ça ne m'a pas empêché d'y passer une bonne nuit !

Comment s'organise la vie au monastère aujourd'hui ?
La vie s'y organise comme dans n'importe quel autre monastère, si ce n'est que l'ampleur des travaux y est assez importante, le lieu ayant été très peu occupé pendant plusieurs années.
La communauté du Chemin neuf en a repris la charge depuis 2016 et s'efforce

NATHANAËL FONTIMPE,
ancien membre du comité de rédaction
du missel *Cléophas*

de le faire revivre par la prière quotidienne, l'accueil des visiteurs et les travaux qu'elle y mène.

Qu'est-ce qui t'a le plus marqué durant ton séjour là-bas ?
Ce qui m'a le plus marqué, c'est sans doute la permanence du lieu qui, malgré les événements tragiques qui l'ont touché et qui en ont fait à jamais un lieu de mémoire, a gardé sa vocation première, à savoir être un lieu de prière, d'accueil.
Les stigmates sont certes encore visibles puisque deux militaires sont présents en permanence au-dessus du monastère pour en assurer la surveillance et la protection. Mais je retiens avant tout qu'aussi tragique puisse être le passé, la volonté de l'homme reste la plus forte pour écrire une nouvelle page de l'histoire et reconstruire des ponts en vue d'un monde plus fraternel.
J'ai à ce titre été très touché d'apprendre que les frères actuels reçoivent régulièrement la visite de musulmans qui ont soif de comprendre l'histoire du lieu et de s'en imprégner. Il arrive même que certains demandent pardon pour ce qui s'y est passé.
Je pense que l'on peut facilement relier cela à notre expérience scoute qui nous amène à rencontrer des gens très différents, à ne pas avoir peur de la parole de l'autre, notamment dans le jeu des conseils, dans la vie quotidienne en équipe.

« Ma foi a grandi doucement »

Anne Sophie Dhuicq ne connaissait rien à la foi chrétienne avant de faire du scoutisme. Elle témoigne de son cheminement vers le baptême, au sein du mouvement.

Comment as-tu rejoint les Scouts et Guides de France ?
À 18 ans une amie, compagnon chez les Scouts et Guides de France, m'a fait vivre un week-end avec son groupe. J'y ai découvert veillées, jeux, chants et messes en plein air. J'ai été accueillie comme si j'avais toujours fait partie de la famille, alors que je ne les connaissais pas. J'ai eu envie de faire partie de cette famille, et j'ai rejoint un groupe près de chez moi en devenant cheftaine.

Qu'est-ce qui t'a poussée à demander le baptême ?
Dans l'unité scoute-guide que j'ai intégrée, les autres chefs et cheftaines n'étaient pas très à l'aise avec la foi, mon contact avec la religion a donc été progressif. C'est lors d'un stage BAFA que j'ai senti un véritable appel. Il s'est fait en douceur, comme le reste de mon cheminement vers le baptême. Tous les matins, avant de commencer la journée, nous avions un temps de prière. J'y ai ressenti une force et une joie que je n'avais jamais connues avant. Les gestes que nous faisions étaient expliqués, chacun pouvait aller à son rythme, comme il le sentait, sans jamais être forcé. Parallèlement, je vivais des temps spirituels et des messes avec les louveteaux qui me posaient des questions auxquelles je ne savais pas répondre. Cela m'a donné

ANNE SOPHIE DHUICQ
ancienne cheftaine et directrice de camp

encore plus envie de connaître cette religion pour mieux la vivre. L'unité louveteaux-jeannettes que j'ai rejointe l'année suivante et leurs chefs et cheftaines m'ont aidée à entamer ce chemin vers le baptême.

Quelles ont été les étapes de ce chemin ?

J'ai cheminé ainsi doucement durant trois ans avant d'entrer en catéchuménat. J'ai rejoint un groupe de catéchumènes de la paroisse près de chez moi. Mon accompagnatrice spirituelle m'a beaucoup soutenue en m'amenant à me questionner. Le chemin a été dur au début : je refusais certains aspects de la religion, je ne voulais croire qu'en certaines choses et je préférais en laisser d'autres de côté. En quelque sorte je prenais juste ce qui m'arrangeait. Plusieurs fois j'ai été tentée d'abandonner. Dans ma famille des personnes essayaient de me persuader que je faisais une erreur, ça n'a pas été facile. Heureusement j'en ai aussi rencontré d'autres qui comprenaient mon chemin et m'ont soutenue. Je confiais mes questionnements, mes soucis à Jésus et ressentais la force de continuer malgré ce que je considère comme des épreuves. Ma foi a grandi doucement. Appartenir à un groupe scout m'a beaucoup aidée : le scoutisme aborde la religion en douceur, acceptant les remises en question, proposant des débats sans jamais imposer d'idée. Les messes ou temps de prière en plein air restent pour moi exceptionnels. Comment ne pas se sentir plus proche de Dieu en vivant sa foi dans la nature, au milieu de toutes ces merveilles que Dieu a créées ?

Animations

**Voici quatorze idées
pour dynamiser
un temps de prière,
de célébration ou
la messe du dimanche...**

animations

INTRODUCTION

La vie de Jésus est non seulement Évangile, mais aussi roman, biographie, drame, tragédie, inspiration... En outre, elle est un trésor qui ne demande qu'à être activé pour proposer des animations spi. *Cléophas* te propose des animations qui partiront toutes de ce que dit, fit ou vécut Jésus le Christ.

De la spiritualité hors sol ou trop catho ? Juste le contraire, car – comme tout le monde – Jésus raconte des histoires, mange, soigne, s'emporte, polémique, manifeste, admire, cultive l'amitié, enseigne, conseille... et même redonne vie. Là, évidemment, il est hors norme !

Dans son livre, *Jésus, le premier scout – Introduction à la spiritualité du scoutisme* (Cerf), Xavier de Verchère, aumônier national des pionniers et caravelles, buvant à la source du père Jacques Sevin, rappelle ce lien premier et intime qui existe entre Jésus et tout chef. Et celui qui doute de ses compétences pour se lancer ici, qu'il écoute cette invitation du frère Bruno Cadoré, maître de l'Ordre des prêcheurs, lors de la visite des Scouts et Guides de France à Rome, en mars 2018 : « On se trompe quand on pense qu'il faut être au top de la formation ou de la connaissance pour parler de Dieu ou annoncer Jésus. Jésus, comme saint Dominique, envoyait d'abord prêcher, puis, après, il prenait à part et formait, et d'abord par une communauté de vie et de destin. » Une seule condition : qu'il y ait eu rencontre. Mais ça, c'est le b.a. ba du scoutisme...

FRÈRE BENOÎT VANDEPUTTE,
Dominicain, aumônier général
des Scouts et Guides de France (2014-2020)

ANIMATIONS

Techniques d'animation pour partager la Parole

Ces quatorze animations sont conçues pour un large public. L'animateur doit néanmoins les adapter selon les situations, l'âge ou les besoins spirituels des participants.

Tu trouveras facilement des pastilles de couleur t'indiquant à quelle tranche d'âge s'adresse la proposition.

F Farfadets (6-8 ans)

LJ Louveteaux et Jeannettes (8-11 ans)

SG Scouts et guides (11-14 ans)

PC Pionniers et caravelles (14-17 ans)

C Compagnons (17-20 ans)

Démarche

- **Adapter l'animation** selon les situations, l'âge, la maturité ou les besoins spirituels des participants…
- En début, on peut **allumer une bougie,** signe de la présence de Dieu, de la volonté de se mettre sous son regard.
- Prendre le temps de **présenter l'animation** à l'aide de l'introduction proposée.
- **Laisser place au silence.**
- L'animateur devra veiller à une **répartition équitable du temps de parole,** et à ce que chacun garde une attitude d'écoute, respectueuse.
- Il est possible, de lire un **court passage de l'Évangile** en lien avec l'animation et de terminer par **une courte prière,** après avoir fait le lien avec ce qui aura été vécu ou partagé oralement.
- Pour conclure, il est souhaitable de terminer l'animation par un **chant de louange ou de méditation.**

1) « Pierre après pierre »

PC C

Explication du thème : Jésus construit l'Église en demandant par trois fois à Simon-Pierre s'il l'aime. En lui répondant trois fois « *Oui, tu sais bien que je t'aime* », Pierre devient, avec Paul par la suite, un pilier de l'église du Christ.

Objectif : Prendre le temps de s'interroger sur ce qui m'a construit en tant qu'individu et nous construit en tant qu'unité.

Étapes de l'animation :

1) Rassembler l'unité pour lire le passage de la Bible (Jn 21, 15-17).

2) Chaque participant recherche une pierre (symbole de solidité).

3) Chacun réfléchit seul à ce qui l'a construit, ce qui lui a permis de devenir ce qu'il est (la pierre choisie le symbolisant).

4) Retour en grand groupe et partage.

5) Un par un chaque participant a la possibilité de dire ce qui l'a construit, puis dépose sa pierre à un endroit défini où une structure va prendre forme (construction d'un cairn ; du contour du feu pour le camp...). La structure élaborée représente l'ensemble de ce qui a construit chacun des membres de l'unité.

2) Je te veux du bien !

LJ SG

Explication du thème : Dans sa vie, Jésus va à la rencontre de Zachée, Marthe, Marie Madeleine... Il ne les juge pas mais, bien au contraire prend le temps de découvrir la valeur de chacun et de lui dire. Ainsi, toutes ces personnes qu'il a rentonrées se sont senties comprises, aimées.

Objectif : Prendre conscience de la valeur de chacun et savoir le lui dire.

Matériel : Scotch, papier, stylos.

Étapes de l'animation :

1) Scotcher des morceaux de papier dans le dos de tous les participants.

2) Expliquer : « On dit toujours

du mal dans le dos des gens et aujourd'hui on vous propose de plutôt écrire du bien dans le dos des gens. »

3) Inviter chaque enfant à écrire un mot ou une phrase dans le dos de son voisin pour dire du bien de cette personne. Si certains sont bloqués, les inviter à écrire des choses simples et factuelles (ex : souriant, serviable, gentil...).

4) Proposition de chant : *Nous avons du prix à tes yeux* (X 53-77, Bernard/Grzybowski/ADF-Musique).

5) À la fin et tous en même temps, chaque participant découvre son papier et peut le garder pour se souvenir du bien que les autres pensent de lui.

3) Accompagner, tout un métier !

SG PC C

Explication du thème : Jésus appelle ses disciples pour les envoyer en mission en leur donnant des stratégies, des consignes, des conseils. Jésus les accompagne, mais que signifie accompagner ?

Objectif : Prendre le temps de s'interroger sur les gestes, les personnes qui accompagnent, leurs motivations, ce qu'ils apportent.

Étapes de l'animation :

1) Dessiner c'est gagner. Faire deviner des personnes (professionnels, bénévoles) qui accompagnent au quotidien : enseignants, animateurs, médecins, chefs-cheftaines, parents, grands-parents, famille, parrains, marraines...

2) En équipe, compléter la définition : « Accompagner c'est... »

3) Chaque équipe choisit de raconter le quotidien d'une personne qui accompagne : ses motivations, ce qu'elle ressent, ce que cela lui apporte, coûte... La restitution se fait sous forme de saynètes.

4) Partager en équipe trois mots pour exprimer les qualités à mettre en place pour accompagner.

5) Pour les plus grands, on peut proposer des formations pour les aider à accompagner leurs jeunes.

4) Ensemble… plus loin… plus forts

SG PC

Explication du thème :
Jésus appelle ses disciples, car il a besoin des hommes pour accomplir sa mission dans le monde.
C'est l'Esprit Saint qui le guide dans le choix de ses disciples.
Objectif : Réaliser comment chacun des membres de l'unité peut révéler ses talents si on lui en donne l'occasion et comprendre qu'appeler, c'est permettre d'oser essayer et de grandir au-delà de ce dont on se croit capable. Réaliser qu'appeler, c'est démultiplier les forces de l'unité et la faire grandir !
Étapes de l'animation :

- Lire tous ensemble l'évangile de saint Marc 1, 16-20 : l'appel des quatre premiers disciples.
- Réfléchir à deux : Comment est-ce que je réagis quand on m'appelle, surtout quand je ne sais pas ce que l'on va me demander ? Pourquoi les disciples ont-ils suivi Jésus aussitôt ?
- Chacun des jeunes inscrit sur un morceau de papier ce qu'il sait qu'il fait bien et qu'il aime faire, une chose par feuille, de manière anonyme.
- Chacun des chefs écrit sur un papier, selon la fonction qu'il a pour le camp, de qui il a besoin pour mener à bien sa mission (ex : des personnes pour ramasser le bois…), une mission par papier.
- Chacun des jeunes va ensuite aller prendre au hasard un papier dans la corbeille des chefs, et chacun des chefs choisit une partie des papiers dans la corbeille des jeunes pour découvrir les talents des uns et des autres.
- On peut relire le passage de l'Évangile selon saint Marc, on confie à l'Esprit Saint la mission reçue, et on termine par la prière scoute.

5) Vade retro *Petrus*

SG PC C

Explication du temps : Rabrouer signifie recevoir quelqu'un, ou lui répondre, sans ménagement et le repousser rudement en le réprimandant. Jésus lui-même n'a pas ménagé ses disciples, Pierre en particulier. Pourquoi une telle attitude, qui nous paraît « peu évangélique » ?

Objectif : Réaliser qu'interpeller une personne peut la bousculer profondément et susciter en retour une vive réaction de sa part ; que communiquer vivement accentue le fond d'un message.

Étapes de l'animation :

- Lire l'évangile de Marc (Mc 8,27-35).
- Est-ce agréable de se faire rabrouer ? Faire raconter par les participants une situation vécue, comme acteur, comme témoin, où une personne s'est fait rabrouer (à la maison, à l'école, aux scouts...). Qu'a-t-elle pu ressentir ? Quelles sont les raisons qui ont poussé son interlocuteur à la rabrouer ?
- Qu'est ce qui peut profondément bousculer une personne, au point qu'elle réagit vivement ?
- Sur le principe des nappes tournantes : imaginer diverses situations concrètes où une personne se fait rabrouer ; écrire de courts dialogues ; suggérer ce que chacun des acteurs ressent ; restituer en utilisant des dessins (deux types de bulles : paroles, pensées), ou en jouant les scènes avec en voix *off* ce que chacun ressent.

6) Attention, vents violents

SG PC C

Explication du thème : Lors d'une tempête sur le lac de Tibériade, les disciples vivent un moment de panique, une situation au cours de laquelle Jésus les invite à garder confiance.

Objectif : S'interroger sur les

épreuves auxquelles je peux être confronté et ce qui m'aide à les traverser.

Étapes de l'animation :

Matériel : feuilles et stylos.

1) Réunir les jeunes par équipe et lire le texte (Marc 4, 35-41).

2) Demander à un jeune de résumer la situation au groupe.

3) Répondre aux questions par écrit *(environ 5 minutes)* : Comme les disciples, quelles sont les tempêtes que tu traverses (ex : un ami qui se moque de toi, des disputes familiales...) ? Dans ces situations, qu'est-ce qui te donne envie de tout laisser tomber ? À l'inverse, qu'est-ce qui te fait tenir et te permet de garder confiance ? Quelles sont les personnes à travers lesquelles le Christ agit et qui te permettent de traverser ces situations ?

4) Partager les réponses en équipe.

7) Free hug !

LJ SG PC

Explication du thème :
Jésus guérit. Être guéri, c'est non seulement ne plus souffrir mais aussi devenir capable de le suivre. Dans l'évangile de saint Matthieu, Jésus prend l'initiative de la guérison, en touchant la main de la belle-mère de Pierre.

Objectif : Prendre le temps de se connecter à l'autre sans parole, pour expérimenter le bonheur d'être là les uns pour les autres, et vivre l'Évangile ensemble.

Étapes de l'animation :

Lire le texte en groupe (Matthieu 8, 1-17).

L'animateur introduit la réflexion en soulignant que les interventions de Jésus concernent des gens qui sont exclus de la société juive (lépreux, étranger, femme) et que c'est la confiance qui permet de guérir, devenir capable. Guérir c'est devenir capable de se mettre au service de l'Évangile.

En fonction de l'âge des participants, prendre un temps de méditation personnelle ou collective.

L'animateur pose la question de ce que nous pouvons faire pour apaiser, se réconforter les uns les autres : poser une main

sur une épaule, presser la main de l'autre, des gestes ancestraux…
Pour expérimenter le bonheur d'être là les uns pour les autres, l'animateur propose un *free hug* (« calin gratuit ») au sein du groupe
On termine par un Notre Père en se donnant la main.

8) Connecté à Dieu, sans le Wi-Fi

SG PC C

Explication du thème : Jésus est toujours avec son Père, il vit en sa présence, son cœur est orienté vers lui. Pourtant il éprouve le besoin de prendre des moments uniquement consacrés à la prière en dehors de toute activité humaine. Il quitte ses occupations, s'arrache du travail de prédication, de l'emprise des foules et s'enfuit pour prier.

Objectifs : Distinguer l'union à Dieu et la prière (le dialogue). Prendre un moment pour réfléchir à la prière scoute.

Étapes de l'animation :

1) Rassembler les jeunes par équipe et répondre aux questions suivantes : Qu'est-ce que la prière ? Quelle différence entre penser à quelqu'un, lui répondre vite fait et prendre le temps de s'asseoir, de se poser en face de lui et de lui parler les yeux dans les yeux ? Trouver des synonymes du mot prière.

2) Individuellement, chaque jeune se demande quand il a été aidé par la prière. Se rappeler le témoignage d'un ami, d'un proche qui a grandi par la prière. Partager les retours en équipe.

3) Inviter chaque équipe à écrire la prière scoute sur une feuille.

4) Demander à chaque membre de l'équipe de choisir une phrase qui le touche plus particulièrement et qu'il aime ou aimerait mettre en œuvre dans sa vie scoute.

5) En unité, réciter la prière scoute, chacun est invité à s'avancer d'un pas lorsque sa phrase est dite.

9) Des larmes de crocodile ? Certainement pas !

SG PC

Explication du thème : Jésus est bouleversé par la mort de son ami Lazare. Il voit la tristesse de Marthe et Marie et se laisse toucher, comme n'importe quel homme devant la mort d'un ami ou la tristesse de ses proches. Il pleure avec ceux qui pleurent.

Objectif : Prendre le temps de réaliser que, lorsque nous pleurons, Jésus pleure avec nous, sincèrement, puisqu'il est venu vivre avec nous et qu'il nous aime.

Étapes de l'animation :

1) Faire dessiner une manière d'exprimer sa tristesse : pleurer, faire la tête, avoir une boule dans la gorge, rougir, ne pas avoir faim, rester seul, se mettre en boule, avoir du mal à se lever, crier… Étaler les dessins et prendre le temps de les regarder.

2) Lire l'évangile de la mort de Lazare (Jean 11, 32-36).

3) Par groupe de trois, raconter un moment où quelqu'un était triste et je l'ai consolé. Écrire sur un papier une action que j'aime faire pour consoler quelqu'un. Déposer mon papier sur le dessin au début du jeu. Chaque tristesse est recouverte d'une action qui console.

4) Se réjouir ensemble de voir que Dieu, notre ami, comprend notre tristesse et qu'il met toujours sur notre route un ami qui nous comprend et peut nous consoler.

10) « Donne-moi à boire ! »

PC C

Explication du thème : Jésus s'invite là où on ne l'attend pas ! Rencontre insolite de Jésus et la Samaritaine. Jésus interpelle, insiste jusqu'à mettre en lumière tous les recoins de notre vie, même les plus sombres. À nous aussi, il demande à boire, comme s'il avait soif de nous rencontrer. Nous qui sommes un peu Samaritains, en quoi Dieu a t-il besoin de nous ? En rendant service autour de nous,

nous donnons à boire à Jésus lui-même.

Objectif : Prendre conscience de la nécessité pour chacun de se ressourcer, redécouvrir ses richesses et ce qui nous aide à vivre heureux.

Étapes de l'animation :

Lire en groupe le texte (Jean 4, 1-42).

Boire à la source jaillissante, c'est puiser des forces dans l'amour inconditionnel de Dieu, dans la confiance qu'il a en nous et son désir de nous voir heureux. Tout comme la Samaritaine qui donne à boire à Jésus, chacun de nous est invité à se rendre au puits pour rencontrer Jésus et chercher ce qui le ressource. De quoi ai-je soif ? Qu'est-ce qui guide mes choix de vie ? Quels sont mes puits, les lieux où je vais puiser ma force (amis, famille, prière...) ?

Chacun à tour de rôle vient se rincer le visage dans une vasque d'eau pour se rappeler ce puits auprès duquel Jésus vient s'abreuver, cette eau source de vie.

Au lieu de regagner sa place, chacun est invité à se diriger vers quelqu'un qu'il connaît moins, celui avec qui il a moins l'habitude de partager.

En binôme, réfléchir à ces questions : Comment est-ce que je donne à boire à Jésus ? Quels sont ces moments où je donne de moi ? Y a-t-il des rencontres qui ont donné une nouvelle orientation à ma vie ?

11) Pardonner... aller au-delà du don

PC C

Explication du thème :

Le pardon est la forme exacerbée de l'amour inconditionnel que Dieu propose à l'homme. Pardonner ou demander pardon n'est pas facile. Cela demande de l'abandon, du courage et surtout un désir profond de conversion.

Objectif : Découvrir que pardonner c'est aller au-delà des limites de l'amour et que demander pardon implique une volonté sincère de devenir meilleur

Étapes de l'animation :

1) En unité, lire le Notre Père et définir ensemble la notion d'offense.

2) En équipe, lire l'évangile de la femme adultère (Jean 8, 1-11) et échanger sur le texte.

3) En duo, à partir du texte de Luc 15, 11-32, endosser le rôle des fils et débattre de l'équité du père.

4) Seul, lire le texte de Matthieu 18, 21-22 et dessiner les gestes ou paroles que l'on regrette et ceux que l'on est prêt à excuser.

5) Avec l'aumônier proposer le sacrement de réconciliation (Jean 20, 23).

12) Vivre la rencontre

LJ SG PC C

Explication du thème : En appelant Zachée par son nom, Jésus montre que chacun a une place dans son amour, en tout temps et en tout lieu. Chaque rencontre doit être vécue avec la même joie, en laissant de côté les a priori que l'on peut avoir.

Objectif : Se remémorer les rencontres qui nous ont marqué et les célébrer.

Matériel : une croix, son foulard.

Étapes de l'animation :

1) Lire l'évangile de Luc (19, 1-10), puis prendre un temps seul pour se remémorer une rencontre que l'on a vécue. Dire en quoi cette rencontre a été marquante.

2) Réunir les participants en grand groupe et proposer de raconter brièvement sa rencontre aux autres.

3) Nouer son foulard sur une branche de la croix une fois l'anecdote racontée.

4) Célébrer ces rencontres et remercier le Seigneur d'avoir mis ces personnes sur nos routes personnelles en chantant par exemple *Chantez, priez, célébrez le Seigneur* (EDIT400, Bourel/Léo Vym/ADF-Musique), *Des couleurs sur mon chemin*

(Mellier/Amplitude/PIF), *Rencontres* (Grand Corps Malade) ou un autre chant sur la rencontre.

13) Être riche… ou pas !

SG PC C

Explication du thème : Le jeune homme riche, qui fait tout bien dans sa vie, vient voir Jésus pour le suivre. Mais Jésus lui dit de s'alléger de ses richesses. Oups ! Là, cela devient dur.

Objectif : Identifier ce qui nous manque, ce que nous avons en trop (ce qui est superflu).

Étapes de l'animation : Lire tous ensemble l'évangile du jeune homme riche (Marc 10, 17-22) puis prendre quelques minutes pour réfléchir aux questions : Pourquoi le jeune homme, qui a une vie si belle, veut-il suivre Jésus ? Quelle est la réaction de Jésus ? Pourquoi le jeune homme est-il si triste ensuite ? Partager ensemble la réflexion puis chacun réfléchit à ce qu'il a en trop dans son sac, qu'il a emmené pour être sûr de ne manquer de rien. Donner la possibilité aux participants de l'exprimer. On relit l'évangile de saint Marc, on chante le chant *C'est par ta grâce* (EDIT18-31, Pavageau/L'Emmanuel).
N.B. : Proposer à ceux qui le souhaitent de mettre en commun ce que chacun a en trop et pourrait être utile à tous.

14) Contempler une scène de l'Évangile

PC C

Objectif : En lien avec le dimanche de la Parole *(p. 131)* ; prendre davantage conscience qu'accueillir Jésus dans le quotidien de ma vie, c'est d'abord m'attacher à ce qu'il est et écouter sa parole.

Matériel : Une croix, une icône, une bible, des bougies…

Étapes de l'animation :

SÉQUENCE I

Avant le temps de prière :

1) Choisir un lieu qui aide au recueillement. Pour cela, aménager un coin de prière sympa : avec une croix, une icône, des bougies...

2) Prendre un texte d'évangile et préparer la prière à partir des indications de la séquence II.

3) Pendant l'animation, guider la prière sans oublier de prier soi-même avec les autres.

SÉQUENCE II

Pendant la prière (environ 20 minutes) :

1) Demander à chacun de trouver une place et une position confortable qui l'aide à prier (assis, à genoux sur un banc de prière...). Expliquer que la prière sera guidée à partir d'un texte de l'évangile : le présenter rapidement.

2) Entrer dans la prière *(environ 5 minutes) :*

a. Attendre le silence complet pour commencer en faisant un signe de croix et en prenant un chant méditatif, par exemple : *Ne crains pas* (DEV522, Du Jonchay/Le Carmel). Inviter ensuite chacun à se rendre présent à la rencontre : *« Me voici Seigneur... Je sais que tu es là au milieu de nous... Ouvre notre cœur à cette rencontre... »*

b. Après un court temps de silence, proposer d'imaginer le lieu (en fonction de la scène contemplée : un chemin, le bord du lac, une maison...)

c. De même, après un court temps de silence, demander au Seigneur une grâce. Par exemple, mieux le connaître : l'aimer, le suivre et le servir.

3) Lire lentement le texte à haute voix.

4) Rythmer le temps de prière en lisant les points suivants *(environ 10 minutes).* Après chaque point, prendre un temps de silence ou accompagné d'arpèges à la guitare.

a. J'IMAGINE la scène et chacun des personnages. Qui sont-ils ? Leur histoire, leur tempérament, leurs joies et leurs peines, leurs aspirations... Je les vois comme si j'étais moi-même présent dans la scène.

b. J'ENTENDS les personnages qui parlent. Que disent-ils ? Sur quel ton ? Que m'évoquent ces paroles ?

c. Je REGARDE ce que font

les personnages : leurs gestes, actions, réactions ou intentions. Considérer ensuite ce qu'ils suscitent en moi.

5) Inviter chacun à parler personnellement à Jésus, en lui disant ce qu'il a sur le cœur *(environ 5 minutes).*

6) Conclure par un Notre Père ou la prière scoute, et un chant du type *Laudate dominum.*

SÉQUENCE III

Après la prière (10-15 minutes) :

1) Prendre un temps personnel pour noter ce qui nous a touché (une parole, une attitude du texte).

2) En petits groupes, partager ce que chacun a noté et qu'il souhaite exprimer. Préciser qu'il ne s'agit pas de discuter ou de réagir sur ce que les uns et les autres ont vécu.

Boussoles

Te poses-tu des questions ?
Voici quelques réponses
pour mieux comprendre
le monde et l'Église
d'aujourd'hui.

Boussoles

« Christus Vivit » : tu es l'aujourd'hui de Dieu !

À la suite du synode sur les jeunes, en octobre 2018, le pape François a souhaité s'adresser à chaque jeune pour lui dire qu'il est porteur d'une promesse là où il vit.

QUE LEUR DIT-IL ?

Face au meilleur comme au pire dans les relations affectives, dans le monde numérique, dans les situations difficiles, François encourage les jeunes à faire des choix pour être des témoins de l'Évangile par leur vie. C'est en étant en ligne avec Jésus que les jeunes sont l'aujourd'hui de Dieu.

Voici ce qu'il dit dans cette exhortation apostolique post synodale *Christus Vivit* (« Il vit, le Christ »), au paragraphe 229 : *« Que l'Esprit Saint vous pousse dans cette course en avant. L'Église a besoin de votre élan, de vos intuitions, de votre foi. Nous en avons besoin ! Et quand vous arriverez là où nous ne sommes pas encore arrivés, ayez la patience de nous attendre. »*

QUE TROUVE-T-ON DANS LA BIBLE À PROPOS DES JEUNES ?

Depuis toujours, Dieu a fait confiance aux jeunes. En ouvrant la Bible, on lit que des jeunes comme Samuel, Joseph, David et d'autres ont été interpellés par Dieu pour leur proposer un chemin de vie. Marie, une jeune femme de Nazareth, est un exemple du « oui » plein de confiance. Quelle que soit l'époque, hier et aujourd'hui, Dieu fait toujours une proposition de promesse de vie.

COMMENT DIEU PEUT-IL NOUS GUIDER ?

N'oublie jamais, c'est fondamental : Dieu t'aime aujourd'hui. Tu ne dois jamais en douter, quelles que soient les circonstances. Jésus te sauve aujourd'hui, son amour est plus grand que toutes tes contradictions, tes petitesses. Il a à cœur de te relever. Jésus vit aujourd'hui. Il n'est pas une belle histoire du passé. Il est à côté de toi, il t'accompagne pour construire ta vie. Cet amour de Jésus pour toi te pousse, avec d'autres, en avant.

QUEL LIEN AVEC LE SCOUTISME QUE NOUS VIVONS ?

Par l'Esprit de Dieu, François redit que les jeunes sont stimulés à construire une vie meilleure en osant être créatifs et proposer de nouveaux rêves. C'est le chemin que le scoutisme nous propose dans toute sa pédagogie, et pour toutes les tranches d'âges !

CHRISTINE NALINE
Secrétaire générale adjointe
de la Conférence des évêques de France

Lecture et relecture de la Bible

Cultiver la pratique de la lecture de la Bible permet de retourner à la source de notre foi. S'immerger dans la Parole est un voyage qui façonne notre vie par l'intervention de l'Esprit.

LA BIBLE, UNE BIBLIOTHÈQUE ?

Soixante-six livres, une trentaine d'auteurs, durant plus d'un millénaire, des récits multiples, des genres littéraires variés dessinent la Révélation par des relectures au fil du temps. La lumière reçue du passé est intégrée à l'aujourd'hui et lui donne sens. Comme tu peux relire tel événement de ta vie passée et l'interpréter aujourd'hui.

QUELLE UNITÉ ?

À travers la diversité de langues, de genres littéraires, de versions, c'est un seul fil qui est tiré : montrer comment Dieu se révèle à son peuple et à l'humanité au cours de l'histoire. Depuis l'événement fondateur, l'alliance nouée entre Dieu et les hommes, celle avec Noé, Abraham, Moïse, David, les auteurs ont relu et interprété l'histoire, sûrs de la promesse de Dieu. L'exil a été un moment de réinterprétation de cette histoire. Les prophètes ont ravivé la fidélité à l'alliance jusqu'à son sommet : l'alliance nouvelle avec la multitude, que Jésus a scellée en donnant sa vie.

QUEL INTÉRÊT DE LIRE POUR RELIRE ?

La relecture permet d'éclairer mon intelligence sur un événement du passé et peut remettre en question mes conceptions anciennes. Ainsi les auteurs de la Bible ont eu ce courage. On peut relire la Bible comme une trace de pas, un chemin vers le bonheur promis : les auteurs ont cherché à comprendre la cause des malheurs du peuple et ont toujours cru en ce Dieu qui « libère ». C'est le fruit de nos propres relectures si elles sont portées par la foi et ouvertes sur demain.

SUR QUOI S'APPUIE LA FOI D'ISRAËL ?

Sur la promesse : Dieu a délivré son peuple (ainsi l'événement de la sortie d'Égypte relu et interprété au cours de l'histoire) et la certitude qu'il viendra toujours le délivrer. Certitude affirmée par les prophètes, les psaumes, les Livres de sagesse et la foi même de Jésus, qui nous dit qu'il n'est pas venu pour juger mais sauver.

POUR RELIRE, SUR QUI S'APPUYER ?

Sans aucun doute sur l'Esprit. L'Esprit de Jésus nous permet de « nous souvenir » et de relire les textes – et notre passé – qui deviennent source de vie. L'Esprit chasse la peur et ouvre notre avenir. C'est cela devenir disciple de Jésus : faire confiance à l'Esprit, relire la Parole, relire nos vies à cette lumière : n'est-il pas chemin, vérité, vie ?

QUEL EST POUR VOUS LE PLUS IMPORTANT DANS LA BIBLE ?

Le plus important ? La reliure, ce fil qui noue tous ces petits livres et lui donne sens : l'histoire de l'alliance de Dieu avec son peuple et avec chacun de nous.

RÉGINE MAIRE
Bibliste à Lyon

La Parole, une source inépuisable !

Un cantique donne le ton : « Tu as posé une lampe, une lumière sur ma route, ta Parole Seigneur ! » Cette lampe nous stimule, nous guide et nous rassure au quotidien. Quel trésor ! Et toi, comment lis-tu la Bible, sur papier ou sur écran ? Parfois, rarement, jamais ?

UNE LETTRE DU PAPE !

En 2019, François a écrit une lettre, un *motu proprio* instituant un « dimanche de la Parole de Dieu » annuel. Ce texte (en ligne) n'est pas très long : quinze paragraphes, intitulés en latin *Aperuit illis* (AI), en français « Il ouvrit leur intelligence ». Vaste programme ! Vital, qui plus est, car *« ignorer les Écritures, c'est ignorer le Christ »* (saint Jérôme et AI 1). C'est donc une invitation à ouvrir les Écritures. Dieu nous y parle ! Que dit-il ?

APRÈS EMMAÜS

Il y a un lien inséparable entre l'Écriture et la foi (AI 7), *« entre l'Écriture sainte et l'eucharistie »* (AI 8) que nous vénérons toutes deux. Le soir de Pâques, Jésus ressuscité *« rompt avec* [ses disciples] *le pain et ouvre leur esprit à l'intelligence des saintes Écritures »* (AI 1). C'est bien Jésus, vivant ! Il éclaire les textes anciens et nous nourrit de son corps ressuscité. Le soir de Pâques, comme aujourd'hui. Une belle expérience à vivre dans la vie scoute et au-dehors !

LA BIBLE, FACILE À LIRE ?

La Bible est le livre de tous ceux qui croient en Jésus (cf. AI 3 et 4), sans oublier les juifs… mais elle parle aussi à bien d'autres. Au fait, combien de textes vieux de 2 000 ans sont dans ta bibliothèque ? Alors, essaie, seul, avec ta maîtrise ou des plus jeunes. Lecture à voix haute (même hors de la messe !), temps de silence, questions ou geste bien préparé… Quel texte choisir ?

La parabole du semeur ou la rencontre de Zachée, le passage de la mer Rouge ou l'hymne à l'amour chez saint Paul, l'évangile du dimanche, un thème pioché au début de *ZeBible*, une photo sur sa page Facebook… autant de bonnes pistes ! Il y a même un escape game biblique qui se promène en France !

QUAND LIRE LA BIBLE ?

Le soir…ou le matin, ou encore dans les transports en commun, à toi de voir ! Facile : ton *Cléophas* propose quatre textes bibliques par semaine ! Essaie une appli comme AELF ou le PDF de ton *Cléophas* quand tu pars en camp. D'ailleurs, chaque dimanche, chez les SGDF, on prend un texte qui parle de Jésus. L'Écriture est une lettre d'amour de Dieu qui parle à ton cœur, à ne pas recevoir sans les autres, l'Église (AI 11). La Parole encourage à faire le bien et rejeter le mal. Elle ouvre « *grand la voie du partage et de la solidarité* » (AI 13).

ET POUR « TES » JEUNES ?

Dans nos réunions, nos camps, pour une activité « spirituelle », préférons l'Évangile et les autres textes bibliques aux textes « profanes ». Pourquoi ne pas les actualiser avec les animations ou la « Vibration » du missel *Cléophas* ?

OÙ BOIRE SINON À LA SOURCE ?

Une conviction : pour toi, pour les plus jeunes, la Parole de Dieu est une source (une gourde ?) inépuisable. Pour le dire avec saint Éphrem (AI 2) : « *Ce que nous en comprenons est bien moindre que ce que nous en laissons, comme des gens assoiffés qui boivent à une source.* »

PÈRE CYPRIEN COMTE
Aumônier général adjoint
Bibliste à Toulouse

Déjà cent ans de pèlerinage...

En prenant le pèlerinage comme « fil blanc » des célébrations de leur centenaire, les Scouts et Guides de France revisitent leur histoire et se projettent dans le siècle qui vient. Et si cette devise résumait tout : « Solidus, Expeditus, Peregrinus » ?

SOLIDUS !

Au départ, une monnaie romaine en or, inventée au moment de l'avènement du christianisme après les persécutions. Une valeur si stable qu'elle donna en français aussi bien le mot « sou », que « solide » ou...« solidaire » ! Ainsi, il n'y a pas que l'économie ou les devises qui fondent une société mais aussi les relations humaines de toutes sortes, et leur fermeté. L'enjeu ? Serons-nous individualistes ou tournés vers le voisin, le prochain, le bien commun ? Notre valeur essentielle est solide et forge les unités aussi bien que les personnes. Dans l'évangile cela pourrait s'énoncer ainsi : « De même que le Père m'a envoyé, moi aussi je vous envoie » (Jn 20, 21). Tout est dans le « de même que ». Ce que nous valons, notre durabilité, notre fraternité reposent sur un pilier : la confiance. Nous recevons notre centenaire de nos aînés, nous le vivons pour les scouts et les guides de demain ! Dans cette lignée-là, ne craignons aucun développement. Marchons. Et accueillons au gré des pas.

EXPEDITUS !

Un des mots favoris du P. Sevin qui, non, ne veut pas dire expédié, mais léger, sans entrave, désencombré ; on a envie de dire... libre ! Connais-tu l'histoire du chameau qui pour passer la porte de Jérusalem, dut se débarrasser de son chargement ? Or dit Jésus, « il est plus facile à un chameau de passer par un trou d'aiguille qu'à un riche d'entrer dans le royaume des Cieux » (Mt 19, 24). Les randonneurs le savent, que la route mène à Compostelle ou ailleurs. Que mettre dans le sac à dos ? Marchons, mais marchons légers. Avec ce qu'il nous faut, simplement.

PEREGRINUS !

Au départ, si l'on ose dire, c'est celui qui va par les champs (*per ager, pereger*), autrement dit, par monts et par vaux. Par extension, c'est celui qui est étranger, qui vient du dehors. Le P. Sevin aurait dit, *« celui qui campe et décampe »*. Chez saint Dominique cela donnait : *« Allons de l'avant et pensons au frère comme au Sauveur »*. Chez Frère Roger de Taizé ? *« Dynamique du provisoire ! »*, il voulait parler de l'écoute des jeunes. Chez Jésus ? « Le Fils de l'homme n'a pas d'endroit où reposer la tête » (Lc 9, 58). Marchons. Marchons légers. Marchons dans un monde qui nous est confié. L'année dernière, la pandémie du Covid-19 nous a rappelé combien nous sommes fragiles. Et l'épreuve, au-delà de la douleur, a révélé des trésors de bonté, de liens solides, de solidarité exprimée. Il faut le vivre. Il faut aussi se le dire. Dans le pélé, ce qui compte au moins autant que le but… c'est la route, et ceux avec qui on la parcourt.

À toi, à nous, à chacun, à tous, belles années de pèlerinage !

FRÈRE BENOÎT VANDEPUTTE,
Dominicain, aumônier général (2014-2020)

Conversion écologique : aimer la Création, ensemble !

Le pape François prône « un nouveau regard sur la vie », sur les relations entre les humains et avec la nature. Les Scouts et Guides de France sont appelés à participer à cette démarche collective en tant que témoins et moteurs.

LA CONVERSION ÉCOLOGIQUE, KEZAKO ?

Le pape François a écrit en 2015 une encyclique, *Laudato si'* (« Loué sois-tu »), pour tous les hommes de bonne volonté, et cela a eu un retentissement dans le monde entier. Quand le pape parle, il rejoint les dimensions écologiques, mais aussi sociales, économiques, culturelles...

Aucun domaine en particulier n'est plus important que les autres. En réalité, ce qui est important, c'est le lien entre ces dimensions : « Tout est lié. » Cela nous invite à changer notre manière de regarder nos vies, à renoncer à la chimère d'un monde artificiel où l'exploitation des ressources naturelles pourrait se faire sans aucune contrepartie. Nous faisons partie intégrante de l'écosystème. Nous devons nous interroger sur la qualité de notre relation à nous-mêmes, aux autres, à Dieu, au milieu vivant. Cette relation est-elle heureuse ?

Cultiver une qualité de relation est le critère d'une vie réussie, au-delà d'autres critères plus consuméristes. Nous devons ajuster notre vie aux limites planétaires, avec un plancher environnemental et un plancher social.

DANS MON QUOTIDIEN ?

La conversion écologique nous conduit à la joie, et non à la tristesse : c'est la sobriété heureuse et solidaire. Il s'agit de veiller à son bien-être

personnel, et aussi à celui des autres, en particulier des plus vulnérables. Au quotidien, cela concerne notre manière de nous déplacer, de nous nourrir, de nous chauffer, de prendre des vacances, de faire des cadeaux, de nous informer (le numérique est une grosse source d'émissions de CO_2).
C'est la qualité du lien qui est le fil conducteur de ces choix. Ces efforts favorisent notre cohérence intérieure, ils unifient l'être en relation que nous sommes.
Quelques exemples : s'orienter vers une nourriture plus végétarienne, avec des produits locaux et des circuits courts ; penser à l'empreinte carbone de nos déplacements (éviter l'avion, préférer le train à la voiture).
À l'école ou au travail, une révolution copernicienne est à opérer. Des labels existent mais sont à approfondir : cantine, toilettes sèches, permaculture, et poulaillers dans la cour... Le chemin est long.

COMMENT FAIRE ÉVOLUER LA SOCIÉTÉ ?

Des formations peuvent aider à développer ces choix de vie, mais le premier point d'attention est d'y arriver ensemble, par l'expérience avec d'autres. Ensemble c'est très stimulant. Les autres sont une source de créativité, d'encouragements, de mutualisation.
Il y a des groupes « zéro déchet », d'autres se consacrent à la fabrication de produits ménagers, aux initiatives de permaculture, à « l'écopsychologie », « l'écospiritualité »... Tout cela nous ramène à l'équilibre fondamental de chacun : tête, cœur et corps.
Une approche plus systémique et collective des sujets va permettre un discernement collectif, éventuellement différent de nos choix personnels. L'impact de chacun dans la société en sera bien plus grand. Dans toutes ces initiatives, il y a bien sûr une dimension très locale.
Nous pouvons relayer ici l'expérience du campus de

la transition, qui accueille, depuis sa création au début de l'été 2018, des étudiants, des volontaires « wwoofeurs » et des chercheurs travaillant sur la transition écologique[1]. D'autres expériences sont menées en Afrique du Sud, à l'université de Stellenbosch[2] et à l'université de Plymouth, dans le Devon[3].

De plus en plus d'étudiants interrogent sur la pertinence des enseignements dispensés, mais il faut résister à la tentation de « couper des têtes » ! C'est ensemble, toutes générations confondues, que nous pourrons évoluer. Les plus jeunes doivent donc aider les autres à grandir ; et les anciens doivent accepter d'apprendre.

ET POUR LES SCOUTS ET GUIDES DE FRANCE ?

Le scoutisme est une école exemplaire : la manière dont vivent les scouts et guides témoigne du fait que l'on peut être heureux et sobre. Les personnes craignent souvent de renoncer à leur bien-être si elles s'astreignent à respecter les contraintes environnementales. Il faut montrer au monde qu'on peut être respectueux de la Création et que cela rend plus, et non pas moins heureux.

À l'échelle du mouvement, les initiatives se font dans des contextes très différents en fonction des lieux, de la diversité bioculturelle. Chacun vit dans un va-et-vient entre l'école ou l'université et la maison.

Les scouts et guides ont l'habitude d'avoir peu de moyens et de faire de grandes choses, cet esprit scout peut largement aider. La dimension du jeu, omniprésente dans le scoutisme, est favorable. Tout cela ne nous enferme pas dans un carcan de plus, et n'a rien à voir avec une règlementation. Il s'agit d'un élan de l'intérieur à cultiver ensemble, d'un flux vivant qui nous traverse et nous relie les uns aux autres, c'est toute la dynamique du scoutisme.

C'est l'Esprit Saint qui nous anime pour développer la qualité du lien et laisser transparaître la joie !

SŒUR CÉCILE RENOUARD
Religieuse de l'Assomption, philosophe
PÈRE GAËL GIRAUD
Jésuite, économiste

1. *https://campus-transition.org*
2. *www.sun.ac.za/english*
3. *www.schumachercollege.org.uk*

Boîte à outils

**L'animation de la foi
est un art.
Comme tout art,
elle nécessite
instruments,
méthodes et astuces.
À toi de jouer l'artiste
de la Parole !**

Boîte à outils

Comment prier les psaumes ?

OBJECTIF

Prier c'est aimer Dieu tels que nous sommes au moment même où l'on prie.

Que l'on soit calme, énervé, joyeux, triste, en colère, très heureux... (et nous passons tous par toutes ces émotions et même parfois en une seule journée !), seul Dieu peut nous accueillir à tout instant dans n'importe quelle émotion, état d'esprit où nous sommes. Se tourner vers lui pour dire : « Je suis comme ça et je t'aime », c'est prier !

Dans la Bible, le livre qui regroupe toutes ces émotions humaines, c'est le livre des Psaumes ! Donc prier les psaumes, c'est s'appuyer sur ces paroles pour dire à Dieu ce que nous voulons lui exprimer du plus profond de notre être.

MATÉRIEL

L'objectif est de trouver les mots connus dans les psaumes que l'on peut ensuite prier.

- Choisir un psaume, par exemple le psaume 148, le préparer sur une feuille pour chacun.
- Imprimer en grand les mots : anges, univers, soleil, lune, astres, lumière, terre, monstres marins, feu, grêle, neige, vent, arbres, montagnes, collines, troupeaux, reptile, oiseaux.

DÉROULEMENT

- Réunir les jeunes par équipe de deux, ils choisissent deux mots.
- Pendant quinze minutes, chaque équipe prépare une animation avec ces mots : mime, time's up, chant, charade, devinette, rébus... pour faire découvrir au reste du groupe les mots concernés.
- Chaque groupe présente son animation (environ cinq minutes).
- Réunir tous les mots.
- Temps d'échange autour de la question : « Et si ces mots étaient réunis en un seul texte, qu'est-ce que ça pourrait être ? » Poème, chanson, roman, texte de la Bible...
- Lire le psaume 148 sans dire que c'est un psaume. Leur demander s'ils le connaissent.
- Sept jeunes peuvent lire chacun une strophe du psaume.
- Si l'on dispose de temps, les mêmes petits groupes peuvent essayer de repérer où étaient leurs mots dans le psaume.
- Conclure par un temps de prière :
  - Lecture du psaume.
  - Chacun écrit un mot qui le touche ou le questionne.
  - Ce mot est déposé au pied de la croix, de la lumière, de l'image qui représente la présence de Dieu, sur un chant de Taizé.
  - Confier tous les religieux, religieuses, moines et moniales qui prient chaque jour les psaumes.
  - Confier nos familles, nos amis, nos responsables scouts et guides, tous ceux que nous aimons et ceux que nous n'aimons pas assez.
  - Dire la prière du Notre Père.
  - Chant d'envoi.

POUR ALLER PLUS LOIN

• **L'ouvrage :** Ségolène Moog, Christophe Raimbault, *Keep calm and pray*, Mame, mars 2016, 208 p.

• **Des sites :**

www.benedictines-ste-bathilde.fr/En-ce-temps-de-Careme-Prier-avec
www.abbayedemaylis.org/2017/03/04/prier-avec-les-psaumes/

SŒUR ANNE-PHILIPPE GUIBERT
Bénédictine au monastère de Vanves (92)

Lire à la messe, une Parole vivante

OBJECTIF
Proclamer les lectures durant la messe, en rendant vivante la Parole de Dieu.

MATÉRIEL
Le missel *Cléophas* ou *Prions en Église* ou un lectionnaire.

DÉROULEMENT
Des textes de la Bible, vieux de 2 000 ans ou plus… Pourtant nous croyons que ces textes inspirés par Dieu sont des paroles vivantes, qui nous concernent aujourd'hui dans notre monde du XXIe siècle : Dieu te parle. Durant la célébration ou la messe, c'est à toi d'ouvrir le livre, c'est ta mission de lecteur de rendre compréhensible et vivante cette Parole. Et pour cela, une préparation est nécessaire.

▸ Prépare ton cœur
Prends quelques secondes pour te redire l'importance de cette Parole que Dieu te transmet.
Lis une première fois le texte pour en comprendre le sens général.
As-tu repéré le genre littéraire, si c'est un récit, un poème, un texte de loi, un conte, une parabole, une lettre… ?
Relis le texte pour repérer les détails, les mots importants, ce que tu ne comprends pas. En équipe, échangez vos questions et vos remarques.

▸ Prépare ta voix

Comme pour le sport ou pour le chant, il est nécessaire de faire un échauffement. Si tu es peu habitué à lire en public ou si l'assemblée est importante (comme au Jamboree !), tu risques d'avoir le trac qui pourrait contracter ta gorge et étouffer le son de ta voix. Alors respire profondément plusieurs fois en gonflant d'abord le ventre, masse-toi le cou, fais des mouvements lents avec ta tête. Prononce le titre de la lecture à voix basse puis de plus en plus fort. Si tu prépares la lecture avec quelqu'un d'autre, entraînez-vous à vous parler à distance.

▸ Prépare ta lecture

Ta mission n'est pas seulement de lire mais de faire comprendre. Repère les différentes parties du texte, ce que disent les personnages. Souligne les mots importants sur lesquels tu vas insister. Approprie-toi le texte pour le redonner ensuite, comme on raconte une histoire.

▸ Prépare ta proclamation

Quand tu es devant l'assemblée, commence par regarder les gens pendant quelques secondes, pour inviter à l'écoute. Choisis un rythme lent de lecture au début. Tu pourras accélérer un peu ensuite en fonction de l'action, mais pas trop pour qu'on puisse comprendre. Applique-toi à bien articuler, à prononcer toutes les syllabes, même les muettes. Par exemple : Lecture du livre de la Genèse. Veille à ne pas trop baisser la voix en fin de phrase, mais au contraire appuie la fin des mots pour une bonne compréhension. Varie le ton en fonction du texte pour le rendre vivant.
Souris, pour te décontracter, et c'est tellement plus agréable pour ceux qui écoutent.

PÈRE XAVIER GRILLON
Membre associé, réseau IMPEESA formation

La veille de feu

« Si tu m'apprenais à veiller,
Mon Dieu,
Un peu comme
ceux qui t'attendent,
Une attente sereine,
calme ou peut-être tourmentée.
Je ne sais ni le jour, ni l'heure.
Je ne sais surtout pas
le «comment»
Mais ce que je sais, mon Dieu,
Ce qui est sûr, c'est que Toi,
Tu seras là.
Je n'aurais pas veillé en vain. »
Extrait de *Vivre l'aventure*

OBJECTIF

Vivre un temps personnel et exceptionnel pour se recentrer et se ressourcer.

MATÉRIEL

La veille de feu ne doit pas entamer le capital sommeil des jeunes. Pour cela, chaque veille ne doit pas durer plus d'une heure et demie. Les heures les plus difficiles (entre 1 heure et 4 heures du matin) seront laissées aux plus âgés de l'unité.

Il FAUT :

- Un planning précis avec les heures de veille et les noms des jeunes.
- Le nom du chef à réveiller en cas de problème.
- Une bonne réserve de bois.
- Des consignes quant à la taille maximale du feu.

- Un bidon d'eau.
- Une montre.
- Une lampe de poche.
- De quoi écrire, dessiner, un cahier de veillée.
- Quelques provisions et de quoi faire une boisson chaude éventuellement.
- Et bien sûr une Bible par jeune ou des extraits photocopiés.

DÉROULEMENT

Proposer aux jeunes quatre étapes pour leur temps de veille.

1. Lecture du texte

Il s'agira juste de lire et relire deux fois ou plus le texte proposé sans réfléchir mais calmement et paisiblement. Lire comme on écoute et, pourquoi pas, lire le texte à mi-voix et l'accueillir comme une parole qui m'est destinée aujourd'hui.

2. Méditer le texte

Cette fois, il s'agit d'essayer de le comprendre, d'en dégager ce qui nous interpelle, ce qui nous touche mais aussi ce qui nous dérange ou nous fait réfléchir.

Le jeune doit pouvoir noter sa réflexion dans son cahier de veillée.

3. Prier

À partir de cette réflexion, dialoguer avec Dieu comme avec un ami c'est-à-dire avec ses mots, son histoire, ses joies et ses peines. Oser lui dire merci pour la parole reçue et oser aussi lui demander quelque chose.

Dieu sait ce dont nous avons besoin mais il se plaît à nous entendre le lui demander, c'est ainsi que se vit une relation d'amitié.

4. Contempler

En fin de période de veille, avec toute la richesse du moment, prendre un temps de silence intime pour mesurer la plénitude de vie qui nous est donnée et nous émerveiller de ce que nous avons reçu durant ce temps.

Il est possible d'utiliser, lors des temps spi des jours suivants, certaines réflexions qui auront été notées dans le cahier de veillée.

ISABELLE BOSSARD
Chargée de mission camps Cléophas, service pastoral

FRÈRE JEAN-MICHEL GRIMAUD
Abbé de Landevennec

MAYLIS RIBIER

1er dimanche de l'Avent

L'espérance du don de Dieu

Mots-clés

Attente
Espoir

L'espérance du don de Dieu

Pour commencer l'attente de Noël, nous nous souvenons de la promesse du don de Dieu et espérons ensemble son retour.

Première lecture

LECTURE DU LIVRE DU PROPHÈTE ISAÏE 63, 16B-17.19B ; 64, 2B-7

L'oubli

C'est toi, Seigneur, notre père ; « Notre-rédempteur-depuis-toujours », tel est ton nom. Pourquoi, Seigneur, nous laisses-tu errer hors de tes chemins ? Pourquoi laisser nos cœurs s'endurcir et ne plus te craindre ? Reviens, à cause de tes serviteurs, des tribus de ton héritage. Ah ! Si tu déchirais les cieux, si tu descendais, les montagnes seraient ébranlées devant ta face. Voici que tu es descendu : les montagnes furent ébranlées devant ta face. Jamais on n'a entendu, jamais on n'a ouï dire, nul œil n'a jamais vu un autre dieu que toi agir ainsi pour celui qui l'attend. Tu viens rencontrer celui qui pratique avec joie la justice, qui se souvient de toi en suivant tes chemins. Tu étais irrité, mais nous avons encore péché, et nous nous sommes égarés. Tous, nous étions comme des gens impurs, et tous nos actes justes n'étaient que linges souillés. Tous, nous étions desséchés comme des feuilles, et nos fautes, comme le vent, nous emportaient. Personne n'invoque plus ton nom, nul ne se réveille pour prendre appui sur toi. Car tu nous as caché ton visage, tu nous as livrés au pouvoir de nos fautes. Mais maintenant, Seigneur, c'est toi notre père. Nous sommes l'argile, c'est toi qui nous façonnes : nous sommes tous l'ouvrage de ta main.

Psaume

79 (80), 2AC. 3BC, 15-16A, 18-19

Prière d'espoir

R̸ *Dieu, fais-nous revenir ;*
que ton visage s'éclaire, et nous serons sauvés !

Berger d'Israël, écoute,
resplendis au-dessus des Kéroubim !
Réveille ta vaillance
et viens nous sauver. R̸

Dieu de l'univers, reviens !
Du haut des cieux, regarde et vois :
visite cette vigne, protège-la,
celle qu'a plantée ta main puissante. R̸

Que ta main soutienne ton protégé,
le fils de l'homme qui te doit sa force.
Jamais plus nous n'irons loin de toi :
fais-nous vivre et invoquer ton nom ! R̸

Deuxième lecture

LECTURE DE LA PREMIÈRE LETTRE DE SAINT PAUL APÔTRE AUX CORINTHIENS 1, 3-9

Souvenons-nous

Frères, à vous, la grâce et la paix, de la part de Dieu notre Père et du Seigneur Jésus Christ. Je ne cesse de rendre grâce à Dieu à votre sujet, pour la grâce qu'il vous a donnée dans le Christ Jésus ; en lui vous avez reçu toutes les richesses, toutes celles de la parole et de la connaissance de Dieu. Car le témoignage rendu au Christ s'est établi fermement parmi vous. Ainsi, aucun don de grâce ne vous manque, à vous qui attendez de voir se révéler notre Seigneur Jésus Christ. C'est lui qui vous fera tenir fermement jusqu'au bout, et vous serez sans reproche au jour de notre Seigneur Jésus Christ. Car Dieu est fidèle, lui qui vous a appelés à vivre en communion avec son Fils, Jésus Christ notre Seigneur.

Acclamation de l'Évangile

Alléluia. Alléluia. Fais-nous voir, Seigneur, ton amour, et donne-nous ton salut. ***Alléluia***.

Évangile

ÉVANGILE DE JÉSUS CHRIST SELON SAINT MARC 13, 33-37

Soyez prêts

En ce temps-là, Jésus disait à ses disciples : « Prenez garde, restez éveillés : car vous ne savez pas quand ce sera le moment. C'est comme un homme parti en voyage : en quittant sa maison, il a donné tout pouvoir à ses serviteurs, fixé à chacun son travail, et demandé au portier de veiller. Veillez donc, car vous ne savez pas quand vient le maître de la maison, le soir ou à minuit, au chant du coq ou le matin ; s'il arrive à l'improviste, il ne faudrait pas qu'il vous trouve endormis. Ce que je vous dis là, je le dis à tous : Veillez ! »

Comprendre

Nos cœurs s'endurcir

L'endurcissement du cœur est une image très courante qui signifie que l'homme rejette Dieu, devient désobéissant.

Kéroubim (ou chérubins)

Catégorie d'anges. Ce sont eux qui gardent les portes du paradis avec une épée de feu depuis l'expulsion d'Adam et Ève.

Lettre aux Corinthiens

Paul écrit deux lettres à la communauté chrétienne de Corinthe qu'il a fondée. La première lettre aurait été écrite en 55 ou 56 ap. J.-C.

Vibration

« Pourquoi, Seigneur, nous laisses-tu errer hors de tes chemins ? »
Par notre baptême, nous sommes libres de le suivre.
Arrives-tu à le suivre chaque jour ? Comment ?

« Frères, à vous, la grâce et la paix. »
Comment es-tu témoin de son amour au quotidien : pour tes frères ou toi-même ?

« Ce que je vous dis là, je le dis à tous : Veillez ! »
Il nous demande d'être attentifs à sa présence dans nos vies.
Comment le scoutisme t'aide-t-il à le voir chaque jour ?

Inspiration

La liberté des enfants de Dieu. Vaste programme. On est libre de croire ou pas, d'attendre sa venue parmi nous, de perdre espoir ou de revenir vers lui. En tant que chrétiens, nous pensons que Dieu nous aime, tels que nous sommes, malgré nos doutes. Et Jésus nous le dit, il est présent en chacun de nous par sa résurrection et il reviendra pour nous.

Alors bien sûr, c'est difficile parfois de croire, il nous arrive d'oublier car nous sommes trop plongés dans nos quotidiens, mais l'amour de Dieu pour nous ne s'arrête pas et ne nous juge pas. À nous maintenant d'oser espérer et d'oser le suivre.

HERMINE FREMONT ET KÉVIN HEBERT
Accompagnateurs pédagogiques
Territoire de l'Hérault

m

Le mémo de la semaine

Samedi 5 décembre 2020 : Journée mondiale du bénévolat. En France, un record en Europe, quatre associations sur cinq sont entièrement gérées par des bénévoles. Et si nous les portions spécialement dans nos prières pendant l'Avent, eux qui font advenir un autre monde ?

MAYLIS RIBIER

2e dimanche de l'Avent

L'attente au désert

Mots-clés

Baptême
Conversion
Désert

L'attente au désert

Un lieu silencieux, vide et sans eau. Soudain, une voix assurée crie, une foule se rassemble, un fleuve d'eau vive coule. Le Seigneur vient.

Première lecture

LECTURE DU LIVRE DU PROPHÈTE ISAÏE 40, 1-5. 9-11

Une bonne nouvelle pour tous

Consolez, consolez mon peuple, – dit votre Dieu – parlez au cœur de Jérusalem. Proclamez que son service est accompli, que son crime est expié, qu'elle a reçu de la main du Seigneur le double pour toutes ses fautes. Une voix proclame : « Dans le désert, préparez le chemin du Seigneur ; tracez droit, dans les terres arides, une route pour notre Dieu. Que tout ravin soit comblé, toute montagne et toute colline abaissées ! que les escarpements se changent en plaine, et les sommets, en large vallée ! Alors se révélera la gloire du Seigneur, et tout être de chair verra que la bouche du Seigneur a parlé. » Monte sur une haute montagne, toi qui portes la bonne nouvelle à Sion. Élève la voix avec force, toi qui portes la bonne nouvelle à Jérusalem. Élève la voix, ne crains pas. Dis aux villes de Juda : « Voici votre Dieu ! » Voici le Seigneur Dieu ! Il vient avec puissance ; son bras lui soumet tout. Voici le fruit de son travail avec lui, et devant lui, son ouvrage. Comme un berger, il fait paître son troupeau : son bras rassemble les agneaux, il les porte sur son cœur, il mène les brebis qui allaitent.

Psaume

84 (85), 9AB. 10, 11-12, 13-14

Dieu fait une promesse

℟ ***Fais-nous voir, Seigneur, ton amour,***
et donne-nous ton salut.

J'écoute : que dira le Seigneur Dieu ?
Ce qu'il dit, c'est la paix pour son peuple et ses fidèles.
Son salut est proche de ceux qui le craignent,
et la gloire habitera notre terre. ℟

Amour et vérité se rencontrent,
justice et paix s'embrassent ;
la vérité germera de la terre
et du ciel se penchera la justice. ℟

Le Seigneur donnera ses bienfaits,
et notre terre donnera son fruit.
La justice marchera devant lui,
et ses pas traceront le chemin. ℟

Deuxième lecture

LECTURE DE LA DEUXIÈME LETTRE DE SAINT PIERRE APÔTRE 3, 8-14

Dieu n'est pas en retard

Bien-aimés, il est une chose qui ne doit pas vous échapper : pour le Seigneur, un seul jour est comme mille ans, et mille ans sont comme un seul jour. Le Seigneur ne tarde pas à tenir sa promesse, alors que certains prétendent qu'il a du retard. Au contraire, il prend patience envers vous, car il ne veut pas en laisser quelques-uns se perdre, mais il veut que tous parviennent à la conversion. Cependant le jour du Seigneur viendra, comme un voleur. Alors les cieux disparaîtront avec fracas, les éléments embrasés seront dissous, la terre, avec tout ce qu'on a fait ici-bas, ne pourra y échapper. Ainsi, puisque tout cela est en voie de dissolution, vous voyez quels hommes vous devez être, en vivant dans la sainteté et la piété, vous qui attendez, vous qui hâtez l'avènement du jour de Dieu, ce jour où les cieux enflammés seront dissous, où les éléments embrasés seront en fusion. Car ce que nous attendons, selon la promesse du Seigneur, c'est un ciel nouveau et une terre nouvelle où résidera la justice. C'est pourquoi, bien-aimés, en attendant cela, faites tout pour qu'on vous trouve sans tache ni défaut, dans la paix.

Acclamation de l'Évangile

Alléluia. Alléluia. Préparez le chemin du Seigneur, rendez droits ses sentiers : tout être vivant verra le salut de Dieu. ***Alléluia.***

Évangile

ÉVANGILE DE JÉSUS CHRIST SELON SAINT MARC 1, 1-8

Alors que court une bonne nouvelle

Commencement de l'Évangile de Jésus, Christ, Fils de Dieu. Il est écrit dans Isaïe, le prophète : Voici que j'envoie mon messager en avant de toi, pour ouvrir ton chemin. Voix de celui qui crie dans le désert : Préparez le chemin du Seigneur, rendez droits ses sentiers. Alors Jean, celui qui baptisait, parut dans le désert. Il proclamait un baptême de conversion pour le pardon des péchés. Toute la Judée, tous les habitants de Jérusalem se rendaient auprès de lui, et ils étaient baptisés par lui dans le Jourdain, en reconnaissant publiquement leurs péchés. Jean était vêtu de poil de chameau, avec une ceinture de cuir autour des reins ; il se nourrissait de sauterelles et de miel sauvage. Il proclamait : « Voici venir derrière moi celui qui est plus fort que moi ; je ne suis pas digne de m'abaisser pour défaire la courroie de ses sandales. Moi, je vous ai baptisés avec de l'eau ; lui vous baptisera dans l'Esprit Saint. »

Comprendre

Consolez

Ce terme ne signifie pas seulement consoler quelqu'un qui pleure mais « sauver, apporter le salut ». Dieu sauve son peuple, le console.

Sion

Une des collines de Jérusalem, qui va finir par désigner toute la ville. Le retour à Sion, à Jérusalem, est un thème très important de l'Ancien Testament.

Commencement

Dès le début de son évangile, Marc affirme la divinité de Jésus. Cet évangile est sans doute le plus ancien des quatre (fin des années 60, début des années 70).

Vibration

« Voix de celui qui crie dans le désert. »
Quel cri veux-tu pousser dans le désert ?
Crois-tu que quelqu'un puisse l'entendre ?

« Voici que j'envoie mon messager en avant de toi, pour ouvrir ton chemin. »
À ton avis, qu'est-ce que Dieu attend de toi ?

« Préparez le chemin du Seigneur, rendez droits ses sentiers. »
Comment comptes-tu aplanir les chemins pour la venue de Dieu parmi nous ?

Inspiration

Quand tu as la rage, tu cries mais souvent tu as le sentiment que ton cri retentit dans le désert et que nul ne l'entend. C'est aussi dans le désert que Dieu pousse son cri. Qui est là pour l'entendre ? C'est dans le désert que retentit la voix de Jean Baptiste, qui prépare la venue de Jésus. Qui est là pour l'entendre ?

Pourtant le désert se remplit petit à petit et le mince filet d'eau du Jourdain attend le crieur et tout le peuple rassemblé autour de lui. Jean aurait pu prendre la grosse tête, il devenait la star du moment, une star qui entretient bien son look, vêtu de poil de chameau et d'une ceinture de cuir. Pour tant de gens déçus, qui ont besoin qu'on leur parle de Dieu, qu'on le leur fasse rencontrer, il est le leader charismatique.

Mais Jean garde la tête froide : « Moi, je vous ai baptisés dans l'eau du Jourdain, pour vous rafraîchir la mémoire et que vous retrouviez le goût de vivre grâce à cette eau fraîche. Mais il vient, celui qui vous baptisera dans l'Esprit, pour que vous trouviez avec lui le bonheur de parcourir le monde en participant à une foule de toutes langues, peuples et nations. Lâchez tout et partez avec lui. »

PÈRE GÉRARD BLAYAC
Vicaire général, diocèse de Montpellier
Ancien aumônier territorial

m

Le mémo de la semaine

Mardi 8 décembre 2020 : solennité de l'Immaculée Conception. Allez faire un tour à Lyon pour comprendre de quoi il s'agit ! Et si nous considérions la pureté comme une lumière ?

MAYLIS RIBIER

3e dimanche de l'Avent

La joie d'attendre, est-ce possible ?

Mots-clés

Attente
Joie
Préparation

La joie d'attendre, est-ce possible ?

Devoir attendre dans la joie, voilà une attitude étonnante ! Le Seigneur vient nous montrer tout le bonheur que nous avons d'être auprès de lui !

Première lecture

LECTURE DU LIVRE DU PROPHÈTE ISAÏE 61, 1-2A.10-11

Le Seigneur m'a tout donné, le Seigneur m'a envoyé

L'esprit du Seigneur Dieu est sur moi parce que le Seigneur m'a consacré par l'onction. Il m'a envoyé annoncer la bonne nouvelle aux humbles, guérir ceux qui ont le cœur brisé, proclamer aux captifs leur délivrance, aux prisonniers leur libération, proclamer une année de bienfaits accordée par le Seigneur.

Je tressaille de joie dans le Seigneur, mon âme exulte en mon Dieu. Car il m'a vêtue des vêtements du salut, il m'a couverte du manteau de la justice, comme le jeune marié orné du diadème, la jeune mariée que parent ses joyaux. Comme la terre fait éclore son germe, et le jardin, germer ses semences, le Seigneur Dieu fera germer la justice et la louange devant toutes les nations.

Cantique

LC 1, 46B-48, 49-50, 53-54

La Vierge Marie l'a dit !

℟ ***Mon âme exulte en mon Dieu.***

Mon âme exalte le Seigneur,
exulte mon esprit en Dieu, mon Sauveur !
Il s'est penché sur son humble servante ;
désormais tous les âges me diront bienheureuse. ℟

Le Puissant fit pour moi des merveilles ;
Saint est son nom !
Sa miséricorde s'étend d'âge en âge
sur ceux qui le craignent. ℟

Il comble de biens les affamés,
renvoie les riches les mains vides.
Il relève Israël son serviteur,
il se souvient de son amour. ℟

Deuxième lecture

LECURE DE LA PREMIÈRE LETTRE DE SAINT PAUL APÔTRE AUX THESSALONICIENS 5, 16-24

Priez, priez, priez

Frères, soyez toujours dans la joie, priez sans relâche, rendez grâce en toute circonstance : c'est la volonté de Dieu à votre égard dans le Christ Jésus. N'éteignez pas l'Esprit, ne méprisez pas les prophéties, mais discernez la valeur de toute chose : ce qui est bien, gardez-le ; éloignez-vous de toute espèce de mal. Que le Dieu de la paix lui-même vous sanctifie tout entiers ; que votre esprit, votre âme et votre corps, soient tout entiers gardés sans reproche pour la venue de notre Seigneur Jésus Christ. Il est fidèle, Celui qui vous appelle : tout cela, il le fera.

Acclamation de l'Évangile

Alléluia. Alléluia. L'Esprit du Seigneur est sur moi : il m'a envoyé porter la Bonne Nouvelle aux pauvres. ***Alléluia***.

Évangile

ÉVANGILE DE JÉSUS CHRIST SELON SAINT JEAN 1, 6-8. 19-28

Qui es-tu ? J'annonce le Christ !

Il y eut un homme envoyé par Dieu ; son nom était Jean. Il est venu comme témoin, pour rendre témoignage à la Lumière, afin que tous croient par lui. Cet homme n'était pas la Lumière, mais il était là pour rendre témoignage à la Lumière. Voici le témoignage de Jean, quand les Juifs lui envoyèrent de Jérusalem des prêtres et des lévites pour lui demander : « Qui es-tu ? » Il ne refusa pas de répondre, il déclara ouvertement : « Je ne suis pas le Christ. » Ils lui demandèrent : « Alors qu'en est-il ? Es-tu le prophète Élie ? » Il répondit : « Je ne le suis pas. – Es-tu le Prophète annoncé ? » Il répondit : « Non. » Alors ils lui dirent : « Qui es-tu ? Il faut que nous donnions une réponse à ceux qui nous ont envoyés. Que dis-tu sur toi-même ? » Il répondit : « Je suis la voix de celui qui crie dans le désert : Redressez le chemin du Seigneur, comme a dit le prophète Isaïe. » Or, ils avaient été envoyés de la part des pharisiens. Ils lui posèrent encore cette question : « Pourquoi donc baptises-tu, si tu n'es ni le Christ, ni Élie, ni le Prophète ? » Jean leur répondit : « Moi, je baptise dans l'eau. Mais au milieu de vous se tient celui que vous ne connaissez pas ; c'est lui qui vient derrière moi, et je ne suis pas digne de délier la courroie de sa sandale. » Cela s'est passé à Béthanie, de l'autre côté du Jourdain, à l'endroit où Jean baptisait.

Comprendre

Onction

Les rois, les prophètes et les prêtres d'Israël recevaient de l'huile sur la tête (onction) comme signe de leur mission. « Christ » signifie « celui qui a reçu l'onction », le Messie en hébreu.

Élie

Dans la tradition juive, le prophète Élie doit revenir avant que le Messie n'arrive. Quand Élie apparaît, on sait que la venue du Messie est toute proche.

Témoignage

Thème très important chez saint Jean. Jésus rend « témoignage », c'est-à-dire qu'il annonce Dieu le Père, que tout son message vient du Père et y retourne.

Vibration

« L'esprit du Seigneur Dieu est sur moi. »
Sens-tu ces moments où le Seigneur te vient en aide pour agir auprès des autres et porter la joie ?

« Il est fidèle, Celui qui vous appelle : tout cela, il le fera. »
Le Seigneur s'engage auprès de toi. Et toi, comment te prépares-tu à la fête de Noël ?

« Il est venu pour rendre témoignage à la lumière. »
Comme le Baptiste, arrives-tu à témoigner du Christ dans ta vie ?

Inspiration

L'Avent est une période d'attente. Nous sommes là, en salle d'attente, à espérer que les minutes passent ! Généralement, nous n'aimons pas beaucoup ça. Et pourtant, l'attente que nous vivons aujourd'hui est réjouissante. La joie est présente partout !

Isaïe nous dit les effets de l'onction reçue du Seigneur : je tressaille alors dans le Seigneur, j'annonce sa bonne nouvelle. Une vraie énergie m'est donnée pour transmettre cette joie autour de moi. Cette joie, on la retrouve aussi avec Marie qui nous dit : « Mon âme exalte le Seigneur. » C'est bon de se souvenir que l'on est aimé de Dieu !

L'Avent, ce n'est pas attendre sans rien faire, il faut se préparer à cette rencontre de joie. C'est Paul qui nous donne la bonne recette pour cela : « Soyez toujours dans la joie, priez sans relâche, rendez grâce en toute circonstance. » Avec cela, la joie habitera nos cœurs, nous saurons la transmettre autour de nous, et nous préparer à la venue du Seigneur, source de notre joie !

FRÈRE OLIVIER FLEAU
Oblat de Saint François de Sales
Aumônier du groupe Les Balmettes, Annecy (Haute-Savoie)

m

Le mémo de la semaine

Vendredi 18 décembre 2020 : Journée internationale des migrants. Au siège des Scouts et Guides de France, la croix de l'oratoire, cadeau des scouts italiens, est faite du bois d'un bateau de réfugiés arrivés à Lampedusa.

VÉRONIQUE MINIAC

4e dimanche de l'Avent

La visite de Dieu bouge ta vie !

Mots-clés

Accueil
Famille
Vierge Marie

La visite de Dieu bouge ta vie !

Dieu passe dans la vie de David : il bouleverse sa manière de voir les choses. Dieu passe dans la vie de Marie, porteur d'une surprise qui change définitivement sa vie.

Première lecture

LECTURE DU DEUXIÈME LIVRE DE SAMUEL 7, 1-5. 8B-12. 14A. 16

Dieu ou David, qui est vraiment sans-abri ?

Le roi David habitait enfin dans sa maison. Le Seigneur lui avait accordé la tranquillité en le délivrant de tous les ennemis qui l'entouraient. Le roi dit alors au prophète Nathan : « Regarde ! J'habite dans une maison de cèdre, et l'arche de Dieu habite sous un abri de toile ! » Nathan répondit au roi : « Tout ce que tu as l'intention de faire, fais-le, car le Seigneur est avec toi. » Mais, cette nuit-là, la parole du Seigneur fut adressée à Nathan : « Va dire à mon serviteur David : Ainsi parle le Seigneur : Est-ce toi qui me bâtiras une maison pour que j'y habite ? C'est moi qui t'ai pris au pâturage, derrière le troupeau, pour que tu sois le chef de mon peuple Israël. J'ai été avec toi partout où tu es allé, j'ai abattu devant toi tous tes ennemis. Je t'ai fait un nom aussi grand que celui des plus grands de la terre. Je fixerai en ce lieu mon peuple Israël, je l'y planterai, il s'y établira et ne tremblera plus, et les méchants ne viendront plus l'humilier, comme ils l'ont fait autrefois, depuis le jour où j'ai institué des juges pour conduire mon peuple Israël.

Oui, je t'ai accordé la tranquillité en te délivrant de tous tes ennemis. Le Seigneur t'annonce qu'il te fera lui-même une maison. Quand tes jours seront accomplis et que tu reposeras auprès de tes pères, je te susciterai dans ta descendance un successeur, qui naîtra de toi, et je rendrai stable sa royauté. Moi, je serai pour lui un père ; et lui sera pour moi un fils. Ta maison et ta royauté subsisteront toujours devant moi, ton trône sera stable pour toujours. »

Psaume

88 (89), 2-3, 4-5, 27. 29

Construire sa vie sur Dieu, c'est bâtir sur le roc

℟ ***Ton amour, Seigneur, sans fin je le chante !***

L'amour du Seigneur, sans fin je le chante ;
ta fidélité, je l'annonce d'âge en âge.
Je le dis : C'est un amour bâti pour toujours ;
ta fidélité est plus stable que les cieux. ℟

« Avec mon élu, j'ai fait une alliance,
j'ai juré à David, mon serviteur :
j'établirai ta dynastie pour toujours,
je te bâtis un trône pour la suite des âges. » ℟

« Il me dira : "Tu es mon Père,
mon Dieu, mon roc et mon salut !"
Sans fin je lui garderai mon amour,
mon alliance avec lui sera fidèle. » ℟

Deuxième lecture

LECTURE DE LA LETTRE DE SAINT PAUL APÔTRE AUX ROMAINS 16, 25-27

Du silence à la Parole

Frères, à Celui qui peut vous rendre forts selon mon Évangile qui proclame Jésus Christ : révélation d'un mystère gardé depuis toujours dans le silence, mystère maintenant manifesté au moyen des écrits prophétiques, selon l'ordre du Dieu éternel, mystère porté à la connaissance de toutes les nations pour les amener à l'obéissance de la foi, à Celui qui est le seul sage, Dieu, par Jésus Christ, à lui la gloire pour les siècles. Amen.

Acclamation de l'Évangile

Alléluia. Alléluia. Voici la servante du Seigneur :
que tout m'advienne selon ta parole. ***Alléluia.***

Évangile

ÉVANGILE DE JÉSUS CHRIST SELON SAINT LUC 1, 26-38

Marie, maison de Dieu

En ce temps-là, l'ange Gabriel fut envoyé par Dieu dans une ville de Galilée, appelée Nazareth, à une jeune fille vierge, accordée en mariage à un homme de la maison de David, appelé Joseph ; et le nom de la jeune fille était Marie. L'ange entra chez elle et dit : « Je te salue, Comblée-de-grâce, le Seigneur est avec toi. » À cette parole, elle fut toute bouleversée, et elle se demandait ce que pouvait signifier cette salutation. L'ange lui dit alors : « Sois sans crainte, Marie, car tu as trouvé grâce auprès de Dieu. Voici que tu vas concevoir et enfanter un fils ; tu lui donneras le nom de Jésus. Il sera grand, il sera appelé Fils du Très-Haut ; le Seigneur Dieu lui donnera le trône de David son père ; il régnera pour toujours sur la maison de Jacob, et son règne n'aura pas de fin. » Marie dit à l'ange : « Comment cela va-t-il se faire, puisque je ne connais pas d'homme ? » L'ange lui répondit : « L'Esprit Saint viendra sur toi, et la puissance du Très-Haut te prendra sous son ombre ; c'est pourquoi celui qui va naître sera saint, il sera appelé Fils de Dieu. Or voici que, dans sa vieillesse, Élisabeth, ta parente, a conçu, elle aussi, un fils et en est à son sixième mois, alors qu'on l'appelait la femme stérile. Car rien n'est impossible à Dieu. » Marie dit alors : « Voici la servante du Seigneur ; que tout m'advienne selon ta parole. » Alors l'ange la quitta.

Comprendre

Nathan le prophète

Nathan semble avoir été un prophète attaché à la cour du roi David. Sa mission n'était pas vraiment d'annoncer l'avenir mais bien plutôt de parler au nom de Dieu.

Livres de Samuel

Dans les deux livres de Samuel, on raconte le début de la monarchie en Israël et l'opposition entre Saül et David.

Femme stérile

Femme qui ne peut pas avoir d'enfant.

Il y a beaucoup de femmes stériles dans la Bible qui, finalement, grâce à Dieu, auront des fils qui seront de grands personnages (Isaac et Jacob par exemple).

Vibration

« L'ange Gabriel fut envoyé par Dieu à une jeune fille vierge. »

Quels sont les moments où Dieu t'a rendu visite par surprise, à travers une personne, à travers une parole, à travers une expérience ? Qu'est-ce que cela a provoqué en toi ? Inquiétude, paix, sentiment de nouveauté ?

« L'ange entra chez Marie et dit : "Je te salue, le Seigneur est avec toi." »

As-tu déjà pensé que Dieu, avec toi, construit ta vie comme on construit une maison : pas à pas avec patience ? Comment le laisser faire ?

Inspiration

Le roi David est rempli de bonnes intentions ! Il veut s'occuper de Dieu, prendre soin de lui, lui construire une maison. Par sa force, il veut atténuer la fragilité de Dieu et le protéger comme il protège ses sujets. Voilà que le Seigneur inverse son raisonnement ! Il lui fait prendre conscience de sa faiblesse, de son besoin d'être lui-même accompagné. Le roi descend de son piédestal. David doit aussi accepter que Dieu, fort et sage, habite sous une arche de toile, à la merci de tous les vents.

Cette arche est la figure symbolique d'une autre demeure fragile dans laquelle le Seigneur vient habiter : le corps de Marie, femme inconnue, vivant dans une petite ville de Galilée. Lorsque Dieu vient à notre rencontre, lorsqu'il marche sur nos routes humaines, il ne le fait pas à la manière des conquérants. Il s'approche discrètement, dans les activités les plus quotidiennes, sans tambour ni trompette. Sa présence, simplement, s'accompagne de paix et de joie : « Sois sans crainte », réjouis-toi, le Seigneur est avec toi !

SŒUR VÉRONIQUE THIÉBAUT
Religieuse de l'Assomption

m

Le mémo de la semaine

Semaine de la Nativité :
pas de mémo !
Et si on se posait ?
Tout simplement.
En famille par exemple ?
On peut prier pour elles
en tout cas…

OLIVIER LETZ

Nativité du Seigneur – Nuit de Noël

Une naissance pleine d'espérance

Mots-clés

Joie
Lumière
Paix

Une naissance pleine d'espérance

**Dans la nuit de Noël une lumière nous guide.
Jésus, petit enfant, nous apporte sa joie.
Il semble fragile, mais dans sa simplicité
il nous donne de la force et de l'espoir.**

Première lecture

LECTURE DU LIVRE DU PROPHÈTE ISAÏE 9, 1-6

Lumière de la paix

Le peuple qui marchait dans les ténèbres a vu se lever une grande lumière ; et sur les habitants du pays de l'ombre, une lumière a resplendi. Tu as prodigué la joie, tu as fait grandir l'allégresse : ils se réjouissent devant toi, comme on se réjouit de la moisson, comme on exulte au partage du butin. Car le joug qui pesait sur lui, la barre qui meurtrissait son épaule, le bâton du tyran, tu les as brisés comme au jour de Madiane. Et les bottes qui frappaient le sol, et les manteaux couverts de sang, les voilà tous brûlés : le feu les a dévorés. Oui, un enfant nous est né, un fils nous a été donné ! Sur son épaule est le signe du pouvoir ; son nom est proclamé : « Conseiller-merveilleux, Dieu-Fort, Père-à-jamais, Prince-de-la-Paix. » Et le pouvoir s'étendra, et la paix sera sans fin pour le trône de David et pour son règne qu'il établira, qu'il affermira sur le droit et la justice dès maintenant et pour toujours. Il fera cela, l'amour jaloux du Seigneur de l'univers !

Psaume

95 (96), 1-2A, 2B-3, 11-12A, 12B-13A, 13BC

Partageons la nouvelle

℟ *Aujourd'hui, un Sauveur nous est né :*
c'est le Christ, le Seigneur.

Chantez au Seigneur un chant nouveau,
chantez au Seigneur, terre entière,
chantez au Seigneur et bénissez son nom ! ℟

De jour en jour, proclamez son salut,
racontez à tous les peuples sa gloire,
à toutes les nations ses merveilles ! ℟

Joie au ciel ! Exulte la terre !
Les masses de la mer mugissent,
la campagne tout entière est en fête. ℟

Les arbres des forêts dansent de joie
devant la face du Seigneur, car il vient,
car il vient pour juger la terre. ℟

Il jugera le monde avec justice,
et les peuples selon sa vérité. ℟

Deuxième lecture

LECTURE DE LA LETTRE DE SAINT PAUL APÔTRE À TITE 2,11-14

Une heureuse sobriété

Bien-aimés, la grâce de Dieu s'est manifestée pour le salut de tous les hommes. Elle nous apprend à renoncer à l'impiété et aux convoitises de ce monde, et à vivre dans le temps présent de manière raisonnable, avec justice et piété, attendant que se réalise la bienheureuse espérance : la manifestation de la gloire de notre grand Dieu et Sauveur, Jésus Christ. Car il s'est donné pour nous afin de nous racheter de toutes nos fautes, et de nous purifier pour faire de nous son peuple, un peuple ardent à faire le bien.

Acclamation de l'Évangile

Alléluia. Alléluia. Je vous annonce une grande joie : Aujourd'hui vous est né un Sauveur qui est le Christ, le Seigneur ! ***Alléluia***.

Évangile

ÉVANGILE DE JÉSUS CHRIST SELON SAINT LUC **2, 1-14**

Bonne nouvelle, il arrive !

En ces jours-là, parut un édit de l'empereur Auguste, ordonnant de recenser toute la terre – ce premier recensement eut lieu lorsque Quirinius était gouverneur de Syrie. Et tous allaient se faire recenser, chacun dans sa ville d'origine. Joseph, lui aussi, monta de Galilée, depuis la ville de Nazareth, vers la Judée, jusqu'à la ville de David appelée Bethléem. Il était en effet de la maison et de la lignée de David. Il venait se faire recenser avec Marie, qui lui avait été accordée en mariage et qui était enceinte. Or, pendant qu'ils étaient là, le temps où elle devait enfanter fut accompli. Et elle mit au monde son fils premier-né ; elle l'emmaillota et le coucha dans une mangeoire, car il n'y avait pas de place pour eux dans la salle commune. Dans la même région, il y avait des bergers qui vivaient dehors et passaient la nuit dans les champs pour garder leurs troupeaux. L'ange du Seigneur se présenta devant eux, et la gloire du Seigneur les enveloppa de sa lumière. Ils furent saisis d'une grande crainte. Alors l'ange leur dit : « Ne craignez pas, car voici que je vous annonce une bonne nouvelle, qui sera une grande joie pour tout le peuple : Aujourd'hui, dans la ville de David, vous est né un Sauveur qui est le Christ, le Seigneur. Et voici le signe qui vous est donné : vous trouverez un nouveau-né emmailloté et couché dans une mangeoire. » Et soudain, il y eut avec l'ange une troupe céleste innombrable, qui louait Dieu en disant : « Gloire à Dieu au plus haut des cieux, et paix sur la terre aux hommes qu'Il aime. »

Comprendre

« Livre d'Isaïe »
Isaïe fut un grand prophète qui vécut au 6e s. avant J.-C. Il a annoncé le Messie et la libération d'Israël.

« Bethléem »
En hébreu, le nom de la ville signifie « ville du pain ». C'est la ville dans laquelle sont nés Jésus, le Pain de Vie, et le roi David.

« Lettre à Tite »
Lettre de saint Paul adressée à Tite, son disciple. Tite est considéré comme l'apôtre de la Crète.

Vibration

« Ne craignez pas, car voici que je vous annonce une bonne nouvelle. »
Lorsque l'ange du Seigneur s'est présenté aux bergers, ils ont eu peur. Et toi, comment réagis-tu face à l'inconnu ? Tu te poses des questions, tu fuis le problème, tu cherches des solutions ?

« Vivre dans le temps présent de manière raisonnable. »
Dieu nous invite à faire le bien. Que signifie pour toi vivre de manière raisonnable ? Penses-tu que cela soit ton cas ?

Inspiration

C'est Noël ! Un renouveau qui nous donne de l'espoir. Jésus est venu pour nous guider.

Nous sommes des milliers partout dans le monde à fêter la venue de Jésus.

Noël, c'est comme une éternelle renaissance, un recommencement, un temps où nous avons la chance de pouvoir faire « de notre mieux » pour vivre dans la paix, apporter la joie autour de nous. Nous ne sommes pas parfaits mais nous avons un rôle à jouer. Ne pas fuir, aller de l'avant, repenser à « comment nous vivons », prendre du recul sur nos actions, notre impact sur les autres, sur notre environnement, nos certitudes…

Noël c'est aussi l'occasion d'apporter de la lumière à ceux que l'on a peut-être laissés de côté.

Alors qu'ils avaient peur, les bergers sont allés à la rencontre de Jésus. Comme eux, ne craignons pas d'aller vers ceux que nous ne connaissons pas, de dépasser nos appréhensions pour transmettre notre joie et apporter du bonheur. Ça peut paraître simple dit comme ça, mais te sens-tu prêt à relever le défi et à aller au-delà des actions que tu as déjà pu faire ?

La vie est belle, partage-le !

ÉMILIE RIOU
Cheftaine pionniers-caravelles d'Auray (Morbihan)

VÉRONIQUE MINIAC

Nativité

Un sacré voyage

Mots-clés

Éternité
Faire route
Joie

Un sacré voyage

L'Éternel est venu dans le temps. Le Verbe de Dieu est venu dans la chair. L'humanité est appelée à l'éternité. Dieu s'est fait homme pour que l'homme devienne Dieu...

Première lecture

LECTURE DU LIVRE DU PROPHÈTE ISAÏE 52, 7-10

Tous ensemble, ils crient de joie

Comme ils sont beaux sur les montagnes, les pas du messager, celui qui annonce la paix, qui porte la bonne nouvelle, qui annonce le salut, et vient dire à Sion : « Il règne, ton Dieu ! » Écoutez la voix des guetteurs : ils élèvent la voix, tous ensemble ils crient de joie car, de leurs propres yeux, ils voient le Seigneur qui revient à Sion. Éclatez en cris de joie, vous, ruines de Jérusalem, car le Seigneur console son peuple, il rachète Jérusalem ! Le Seigneur a montré la sainteté de son bras aux yeux de toutes les nations. Tous les lointains de la terre ont vu le salut de notre Dieu.

Psaume

97 (98), 1, 2-3AB, 3CD-4, 5-6

Chant nouveau pour un nouveau-né

℟ *La terre tout entière a vu*
le salut que Dieu nous donne.

Chantez au Seigneur un chant nouveau,
car il a fait des merveilles ;
par son bras très saint, par sa main puissante,
il s'est assuré la victoire. ℟

Le Seigneur a fait connaître sa victoire
et révélé sa justice aux nations ;
il s'est rappelé sa fidélité, son amour,
en faveur de la maison d'Israël. ℟

La terre tout entière a vu
la victoire de notre Dieu.
Acclamez le Seigneur, terre entière,
sonnez, chantez, jouez ! ℟

Jouez pour le Seigneur sur la cithare,
sur la cithare et tous les instruments ;
au son de la trompette et du cor,
acclamez votre roi, le Seigneur ! ℟

Deuxième lecture

LECTURE DE LA LETTRE AUX HÉBREUX 1, 1-6

Fils de Dieu supérieur aux anges

À bien des reprises et de bien des manières, Dieu, dans le passé, a parlé à nos pères par les prophètes ; mais à la fin, en ces jours où nous sommes, il nous a parlé par son Fils qu'il a établi héritier de toutes choses et par qui il a créé les mondes. Rayonnement de la gloire de Dieu, expression parfaite de son être, le Fils, qui porte l'univers par sa parole puissante, après avoir accompli la purification des péchés, s'est assis à la droite de la Majesté divine dans les hauteurs des cieux ; et il est devenu bien supérieur aux anges, dans la mesure même où il a reçu en héritage un nom si différent du leur. En effet, Dieu déclara-t-il jamais à un ange : Tu es mon Fils, moi, aujourd'hui, je t'ai engendré ? Ou bien encore : Moi, je serai pour lui un père, et lui sera pour moi un fils ? À l'inverse, au moment d'introduire le Premier-né dans le monde à venir, il dit : Que se prosternent devant lui tous les anges de Dieu.

Acclamation de l'Évangile

Alléluia. Alléluia. Aujourd'hui la lumière a brillé sur la terre.
Peuples de l'univers, entrez dans la clarté de Dieu.
Venez tous adorer le Seigneur !
Alléluia.

Évangile

ÉVANGILE DE JÉSUS CHRIST SELON SAINT JEAN 1, 1-18

Depuis toujours, tu es

Au commencement était le Verbe, et le Verbe était auprès de Dieu, et le Verbe était Dieu. Il était au commencement auprès de Dieu. C'est par lui que tout est venu à l'existence, et rien de ce qui s'est fait ne s'est fait sans lui. En lui était la vie, et la vie était la lumière des hommes ; la lumière brille dans les ténèbres, et les ténèbres ne l'ont pas arrêtée.

Il y eut un homme envoyé par Dieu ; son nom était Jean. Il est venu comme témoin, pour rendre témoignage à la Lumière, afin que tous croient par lui. Cet homme n'était pas la Lumière, mais il était là pour rendre témoignage à la Lumière.

Le Verbe était la vraie Lumière, qui éclaire tout homme en venant dans le monde. Il était dans le monde, et le monde était venu par lui à l'existence, mais le monde ne l'a pas reconnu. Il est venu chez lui, et les siens ne l'ont pas reçu. Mais à tous ceux qui l'ont reçu, il a donné de pouvoir devenir enfants de Dieu, eux qui croient en son nom. Ils ne sont pas nés du sang, ni d'une volonté charnelle, ni d'une volonté d'homme : ils sont nés de Dieu. Et le Verbe s'est fait chair, il a habité parmi nous, et nous avons vu sa gloire, la gloire qu'il tient de son Père comme Fils unique, plein de grâce et de vérité.

Jean le Baptiste lui rend témoignage en proclamant : « C'est de lui que j'ai dit : Celui qui vient derrière moi est passé devant moi, car avant moi il était. » Tous, nous avons eu part à sa plénitude, nous avons reçu grâce après grâce ; car la Loi fut donnée par Moïse, la grâce et la vérité sont venues par Jésus Christ.

Dieu, personne ne l'a jamais vu ; le Fils unique, lui qui est Dieu, lui qui est dans le sein du Père, c'est lui qui l'a fait connaître.

Comprendre

Supérieur aux anges

Certains croyants pensaient que Jésus était un ange exceptionnel. L'auteur de la Lettre aux Hébreux explique que Jésus est bien plus que cela, il est le Fils de Dieu.

Le Verbe

Logos en grec. Le Fils de Dieu est la parole de Dieu, de toute éternité présente auprès de Dieu le Père.

Il a habité

Le verbe utilisé dans la langue originale, le grec, signifie « planter sa tente ».

Vibration

« Ils ne sont pas nés du sang, ni d'une volonté charnelle, ni d'une volonté d'homme : ils sont nés de Dieu. »
L'homme est non seulement corps, mais encore âme et esprit, promis à l'éternité. Comment vois-tu ce qui est éternel en toi ? Comment en prendre soin comme on s'occupe d'une plante ?

« Et le Verbe s'est fait chair, il a habité parmi nous, et nous avons vu sa gloire. »
Jésus, reconnu comme Fils unique de Dieu, est venu dans ce monde. Il a « fait le voyage » jusqu'à nous. Qu'est-ce que cela change pour toi et pour ton entourage, pour les habitants de notre planète ?

Inspiration

Un dimanche, je manque mon vol Paris-Toulouse mais trouve une place dans le train. Plus cher, moins rapide, plus fatigant, c'est le prix du retour à la maison, avec en prime quelques belles rencontres. L'incarnation de la parole du Père, c'est aussi « un sacré voyage ». Quelle belle preuve d'imagination et d'amour de sa part ! Quelle fatigue aussi, que de souffrances pour Jésus... Dieu aurait pu trouver un autre moyen (n'est-ce pas ?), plus rapide et moins coûteux, pour nous ramener à lui. Par amour, par respect aussi pour notre liberté, son Fils a pris notre nature humaine, s'habillant de notre fragilité. Il est né, le divin enfant, et que de belles rencontres ! Quelle grandeur, quelle noblesse reçoit la condition humaine...

Reconnais ta dignité, toi, être humain ! Chrétien, tu deviens fils adoptif de Dieu quand le Fils se fait ton frère. Voilà une raison nouvelle, profonde, inoxydable, d'être les frères et sœurs de tous. Alors, prêt pour ce voyage ?

PÈRE CYPRIEN COMTE
Aumônier général adjoint des Scouts et Guides de France

MAYLIS RIBIER

Fête de la Sainte Famille

Des enfants, pour quoi faire ?

Mots-clés

Alliance
Enfant
Héritage

Des enfants, pour quoi faire ?

L'alliance de Dieu avec Abraham s'appuie sur la promesse d'une descendance. Pourquoi Abraham souhaite-t-il avoir une descendance ? Pourquoi cherchons-nous à avoir une descendance ?

Première lecture

LECTURE DU LIVRE DE LA GENÈSE 15, 1-6 ; 21, 1-3

Pourquoi un héritage si nous n'avons pas d'héritier ?

En ces jours-là, la parole du Seigneur fut adressée à Abram dans une vision : « Ne crains pas, Abram ! Je suis un bouclier pour toi. Ta récompense sera très grande. » Abram répondit : « Mon Seigneur Dieu, que pourrais-tu donc me donner ? Je m'en vais sans enfant, et l'héritier de ma maison, c'est Élièzer de Damas. » Abram dit encore : « Tu ne m'as pas donné de descendance, et c'est un de mes serviteurs qui sera mon héritier. » Alors cette parole du Seigneur fut adressée à Abram : « Ce n'est pas lui qui sera ton héritier, mais quelqu'un de ton sang. » Puis il le fit sortir et lui dit : « Regarde le ciel, et compte les étoiles, si tu le peux... » Et il déclara : « Telle sera ta descendance ! » Abram eut foi dans le Seigneur et le Seigneur estima qu'il était juste. Le Seigneur visita Sara comme il l'avait annoncé ; il agit pour elle comme il l'avait dit. Elle devint enceinte, et elle enfanta un fils pour Abraham dans sa vieillesse, à la date que Dieu avait fixée. Et Abraham donna un nom au fils que Sara lui avait enfanté : il l'appela Isaac.

Psaume

104 (105), 1-2, 3-4, 5-6, 8-9

Dans les pas d'Abraham

℟ *Le Seigneur, c'est lui notre Dieu ;*
il s'est toujours souvenu de son alliance.

Rendez grâce au Seigneur, proclamez son nom,
annoncez parmi les peuples ses hauts faits ;
chantez et jouez pour lui,
redites sans fin ses merveilles. ℟

Glorifiez-vous de son nom très saint :
joie pour les cœurs qui cherchent Dieu !
Cherchez le Seigneur et sa puissance,
recherchez sans trêve sa face. ℟

Souvenez-vous des merveilles qu'il a faites,
de ses prodiges, des jugements qu'il prononça,
vous la race d'Abraham son serviteur,
les fils de Jacob, qu'il a choisis. ℟

Il s'est toujours souvenu de son alliance,
parole édictée pour mille générations :
promesse faite à Abraham,
garantie par serment à Isaac. ℟

Deuxième lecture

LECTURE DE LA LETTRE AUX HÉBREUX 11, 8. 11-12. 17-19

Quel sacrifice sommes-nous prêts à faire pour Dieu ?

Frères, grâce à la foi, Abraham obéit à l'appel de Dieu : il partit vers un pays qu'il devait recevoir en héritage, et il partit sans savoir où il allait.

Grâce à la foi, Sara, elle aussi, malgré son âge, fut rendue capable d'être à l'origine d'une descendance parce qu'elle pensait que Dieu est fidèle à ses promesses. C'est pourquoi, d'un seul homme, déjà marqué par la mort, a pu naître une descendance aussi nombreuse que les étoiles du ciel et que le sable au bord de la mer, une multitude innombrable.

Grâce à la foi, quand il fut soumis à l'épreuve, Abraham offrit Isaac en sacrifice. Et il offrait le fils unique, alors qu'il avait reçu les promesses et entendu cette parole : C'est par Isaac qu'une descendance portera ton nom. Il pensait en effet que Dieu est capable même de ressusciter les morts ; c'est pourquoi son fils lui fut rendu : il y a là une préfiguration.

Acclamation de l'Évangile

Alléluia. Alléluia. À bien des reprises, Dieu, dans le passé, a parlé à nos pères par les prophètes ; à la fin, en ces jours où nous sommes, il nous a parlé par son Fils. ***Alléluia.***

Évangile

ÉVANGILE DE JÉSUS CHRIST SELON SAINT LUC 2, 22-40

Voir la grâce de Dieu dans son enfant

Quand fut accompli le temps prescrit par la loi de Moïse pour la purification, les parents de Jésus l'amenèrent à Jérusalem pour le présenter au Seigneur, selon ce qui est écrit dans la Loi :

Tout premier-né de sexe masculin sera consacré au Seigneur. Ils venaient aussi offrir le sacrifice prescrit par la loi du Seigneur : *un couple de tourterelles ou deux petites colombes*.

Or, il y avait à Jérusalem un homme appelé Syméon. C'était un homme juste et religieux, qui attendait la Consolation d'Israël, et l'Esprit Saint était sur lui. Il avait reçu de l'Esprit Saint l'annonce qu'il ne verrait pas la mort avant d'avoir vu le Christ, le Messie du Seigneur. Sous l'action de l'Esprit, Syméon vint au Temple. Au moment où les parents présentaient l'enfant Jésus pour se conformer au rite de la Loi qui le concernait Syméon reçut l'enfant dans ses bras, et il bénit Dieu en disant : « Maintenant, ô Maître souverain, tu peux laisser ton serviteur s'en aller en paix, selon ta parole. Car mes yeux ont vu le salut que tu préparais à la face des peuples : lumière qui se révèle aux nations et donne gloire à ton peuple Israël. » Le père et la mère de l'enfant s'étonnaient de ce qui était dit de lui. Syméon les bénit, puis il dit à Marie sa mère : « Voici que cet enfant provoquera la chute et le relèvement de beaucoup en Israël. Il sera un signe de contradiction – et toi, ton âme sera traversée d'un glaive – : ainsi seront dévoilées les pensées qui viennent du cœur d'un grand nombre. »

Il y avait aussi une femme prophète, Anne, fille de Phanuel, de la tribu d'Aser. Elle était très avancée en âge ; après sept ans de mariage, demeurée veuve, elle était arrivée à l'âge de 84 ans. Elle ne s'éloignait pas du Temple, servant Dieu jour et nuit dans le jeûne et la prière. Survenant à cette heure même, elle proclamait les louanges de Dieu et parlait de l'enfant à tous ceux qui attendaient la délivrance de Jérusalem.

Lorsqu'ils eurent achevé tout ce que prescrivait la loi du Seigneur, ils retournèrent en Galilée, dans leur ville de Nazareth. L'enfant, lui, grandissait et se fortifiait, rempli de sagesse, et la grâce de Dieu était sur lui.

Comprendre

S'est souvenu
Quand Dieu « se souvient » de son alliance, de son peuple, Dieu intervient pour sauver son peuple.

Préfiguration
Les chrétiens ont toujours lu l'Ancien Testament en recherchant des figures, des personnages, des événements qui annoncent Jésus. Isaac « ressuscité » annonce Jésus.

Purification
Quarante jours après la naissance d'un garçon (après Noël), les femmes juives, à nouveau pures, allaient au Temple pour remercier Dieu.

Vibration

« ***Abraham eut foi dans le Seigneur.*** »
Abraham obéit à l'appel de Dieu… et il partit sans savoir où il allait. Abraham montre sa foi. Comment l'imites-tu ?

« ***Et la grâce de Dieu était sur lui.*** »
Parmi tous les enfants que tu côtoies, sais-tu trouver la grâce en chacun d'eux ?

Inspiration

Un enfant est un fruit, le fruit de l'amour de deux êtres. L'enfant est l'avenir : il va rester après nous, il va prendre notre suite en suivant une trajectoire. Mais quelle trajectoire ? Et dans quelle direction ? Avec quel élan ? Nous sommes chacun responsable de cet élan. Nous avons chacun notre rôle à jouer dans cet élan. Les parents de l'enfant, bien sûr. Mais aussi nous, qui les accompagnons régulièrement dans le scoutisme. C'est à chacun de prendre soin d'eux, de les aider à trouver la trajectoire qu'ils prendront pour continuer à construire un monde meilleur.

On ne les conditionne pas, on ne les programme pas. Nous leur faisons vivre des expériences, des moments forts pour que, lorsqu'ils auront à faire des choix en toute liberté, ils les fassent, éclairés par notre exemple, nos conseils, des moments passés ensemble.

Il faut être attentif à chacun de ces enfants afin de les aider à trouver la grâce de Dieu qui est en eux.

FRANÇOIS PARET
Accompagnateur pédagogique
Territoire Sud-Ouest lyonnais

m

Le mémo de la semaine

Vendredi 1er janvier 2021 : Sainte Marie, Mère de Dieu et… Journée mondiale de la paix proposée par l'Église catholique depuis Paul VI. Belle synergie !

LIDWINE JACQ

Épiphanie du Seigneur

La lumière n'est pas notre propriété !

Mots-clés

Altérité

Manifestation

La lumière n'est pas notre propriété !

C'est par un petit enfant que Dieu se manifeste et ce sont trois étrangers qui reconnaissent cette lumière. On va de surprise en surprise.

Première lecture

LECTURE DU LIVRE DU PROPHÈTE ISAÏE 60,1-6

Dieu dilate le cœur

Debout, Jérusalem, resplendis ! Elle est venue, ta lumière, et la gloire du Seigneur s'est levée sur toi. Voici que les ténèbres couvrent la terre, et la nuée obscure couvre les peuples. Mais sur toi se lève le Seigneur, sur toi sa gloire apparaît. Les nations marcheront vers ta lumière, et les rois, vers la clarté de ton aurore. Lève les yeux alentour, et regarde : tous, ils se rassemblent, ils viennent vers toi ; tes fils reviennent de loin, et tes filles sont portées sur la hanche. Alors tu verras, tu seras radieuse, ton cœur frémira et se dilatera. Les trésors d'au-delà des mers afflueront vers toi, vers toi viendront les richesses des nations. En grand nombre, des chameaux t'envahiront, de jeunes chameaux de Madiane et d'Épha. Tous les gens de Saba viendront, apportant l'or et l'encens ; ils annonceront les exploits du Seigneur.

Psaume

71 (72), 1-2, 7-8, 10-11, 12-13

Il délivrera le pauvre

**℟ *Toutes les nations, Seigneur,
se prosterneront devant toi.***

*Dieu, donne au roi tes pouvoirs,
à ce fils de roi ta justice.
Qu'il gouverne ton peuple avec justice,
qu'il fasse droit aux malheureux !* ℟

*En ces jours-là, fleurira la justice,
grande paix jusqu'à la fin des lunes !
Qu'il domine de la mer à la mer,
et du Fleuve jusqu'au bout de la terre !* ℟

*Les rois de Tarsis et des Îles apporteront des présents
Les rois de Saba et de Seba feront leur offrande.
Tous les rois se prosterneront devant lui,
tous les pays le serviront.* ℟

*Il délivrera le pauvre qui appelle
et le malheureux sans recours.
Il aura souci du faible et du pauvre,
du pauvre dont il sauve la vie.* ℟

Deuxième lecture

LECTURE DE LA LETTRE DE SAINT PAUL APÔTRE AUX ÉPHÉSIENS 3, 2-3A.5-6

La première multinationale

Frères, vous avez appris, je pense, en quoi consiste la grâce que Dieu m'a donnée pour vous : par révélation, il m'a fait connaître le mystère. Ce mystère n'avait pas été porté à la connaissance des hommes des générations passées, comme il a été révélé maintenant à ses saints apôtres et aux prophètes, dans l'Esprit. Ce mystère, c'est que toutes les nations sont associées au même héritage, au même corps, au partage de la même promesse, dans le Christ Jésus, par l'annonce de l'Évangile.

Acclamation de l'Évangile

Alléluia. Alléluia. Nous avons vu son étoile à l'orient, et nous sommes venus adorer le Seigneur. ***Alléluia.***

Évangile

ÉVANGILE DE JÉSUS CHRIST SELON SAINT MATTHIEU 2,1-12

Un roi dans une maison

Jésus était né à Bethléem en Judée, au temps du roi Hérode le Grand. Or, voici que des mages venus d'Orient arrivèrent à Jérusalem et demandèrent : « Où est le roi des Juifs qui vient de naître ? Nous avons vu son étoile à l'orient et nous sommes venus nous prosterner devant lui. » En apprenant cela, le roi Hérode fut bouleversé, et tout Jérusalem avec lui. Il réunit tous les grands prêtres et les scribes du peuple, pour leur demander où devait naître le Christ. Ils lui répondirent : « À Bethléem en Judée, car voici ce qui est écrit par le prophète : Et toi, Bethléem, terre de Juda, tu n'es certes pas le dernier parmi les chefs-lieux de Juda, car de toi sortira un chef, qui sera le berger de mon peuple Israël. » Alors Hérode convoqua les mages en secret pour leur faire préciser à quelle date l'étoile était apparue ; puis il les envoya à Bethléem, en leur disant : « Allez vous renseigner avec précision sur l'enfant. Et quand vous l'aurez trouvé, venez me l'annoncer pour que j'aille, moi aussi, me prosterner devant lui. » Après avoir entendu le roi, ils partirent. Et voici que l'étoile qu'ils avaient vue à l'orient les précédait, jusqu'à ce qu'elle vienne s'arrêter au-dessus de l'endroit où se trouvait l'enfant. Quand ils virent l'étoile, ils se réjouirent d'une très grande joie. Ils entrèrent dans la maison, ils virent l'enfant avec Marie sa mère ; et, tombant à ses pieds, ils se prosternèrent devant lui. Ils ouvrirent leurs coffrets, et lui offrirent leurs présents : de l'or, de l'encens et de la myrrhe. Mais, avertis en songe de ne pas retourner chez Hérode, ils regagnèrent leur pays par un autre chemin.

Comprendre

La gloire
À l'origine, la gloire est la lumière qui entoure Dieu, qui vient de Dieu, qui est le signe de sa puissance.

Les nations
Ce sont tous les peuples qui ne connaissent pas le Dieu d'Israël et qui, finalement, selon les prophéties, reconnaîtront que le Dieu d'Israël est le seul vrai Dieu.

Judée
Région autour de Jérusalem. C'est aussi le nom de la tribu qui habite en ce lieu.

Vibration

« Toutes les nations sont associées au même héritage, au même corps, au partage de la même promesse. »
Le Christ, par son évangile, nous invite à une fraternité universelle. Est-ce que cela change ton regard sur l'autre ?

« Ils repartirent par un autre chemin. »
La rencontre du Christ ne laisse pas indifférent. Pour toi, qu'est-ce que cela change ?

Inspiration

Surprenant récit ! Comment se fait-il que cette lumière annoncée dans le livre d'Isaïe, les autorités politiques et religieuses ne l'aient pas reconnue ? Ce sont des étrangers, des mages venus d'Orient qui la révèlent. Ces mages ont su écouter le roi et les grands prêtres tout en restant fidèles à leur intuition. Ainsi ont-ils pu aller au bout de leur quête.

Ce récit nous invite à nous mettre à l'écoute des autres. L'autre est une chance, une aide pour nous faire découvrir et redécouvrir le mystère de Dieu. Nous ne pouvons pas nous passer de l'autre. Son altérité, le fait qu'il soit différent de moi, qu'il voie Dieu ou le monde de manière différente est un cadeau. Il faut reconnaître que cela peut être agaçant car nous pensons parfois détenir la vérité. Nous nous prenons pour des lumières. Alors que Dieu donne sa lumière à chaque être. Seul le dialogue dans le respect permet de découvrir ce que l'autre me révèle de cette lumière. N'oublions pas : nous sommes associés à la même promesse.

CHRISTOPHE CARTON
Animateur Cléophas
Territoire Anjou-Maine

m

Le mémo de la semaine

Jeudi 7 janvier 2021 :
saint Raymond de Penyafort, un philosophe qui devient juriste et « invente » le droit canonique. Avec saint Yves, l'autre patron des gens de justice. Quelle est la place de la loi chez nous ?

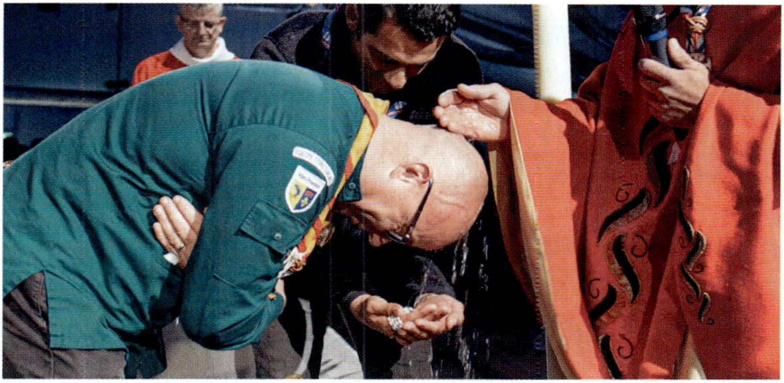

ARTHUR LABAT

Baptême du Seigneur

Écoute ton cœur et plonge !

Mots-clés

Appel
Eau
Oser

Écoute ton cœur et plonge !

Jésus se fait baptiser, accepte d'être reconnu comme le Fils de Dieu, et nous montre l'exemple : n'ayons pas peur de suivre ce à quoi Dieu nous appelle.

Première lecture

LECTURE DU LIVRE DU PROPHÈTE ISAÏE 55, 1-11

Suis ta soif, et tout ira bien

Ainsi parle le Seigneur : Vous tous qui avez soif, venez, voici de l'eau ! Même si vous n'avez pas d'argent, venez acheter et consommer, venez acheter du vin et du lait sans argent, sans rien payer. Pourquoi dépenser votre argent pour ce qui ne nourrit pas, vous fatiguer pour ce qui ne rassasie pas ? Écoutez-moi bien, et vous mangerez de bonnes choses, vous vous régalerez de viandes savoureuses ! Prêtez l'oreille ! Venez à moi ! Écoutez, et vous vivrez. Je m'engagerai envers vous par une alliance éternelle : ce sont les bienfaits garantis à David. Lui, j'en ai fait un témoin pour les peuples, pour les peuples, un guide et un chef. Toi, tu appelleras une nation inconnue de toi ; une nation qui ne te connaît pas accourra vers toi, à cause du Seigneur ton Dieu, à cause du Saint d'Israël, car il fait ta splendeur. Cherchez le Seigneur tant qu'il se laisse trouver ; invoquez-le tant qu'il est proche. Que le méchant abandonne son chemin, et l'homme perfide, ses pensées ! Qu'il revienne vers le Seigneur qui lui montrera sa miséricorde, vers notre Dieu qui est riche en pardon. Car mes pensées ne sont pas vos pensées, et vos chemins ne sont pas mes chemins, – oracle du Seigneur. Autant le ciel est élevé au-dessus de la terre, autant mes chemins sont élevés au-dessus de vos chemins, et mes pensées, au-dessus de vos pensées. La pluie et la neige qui descendent des cieux n'y retournent pas sans avoir abreuvé la terre, sans l'avoir fécondée et l'avoir fait germer, donnant la semence au semeur et le pain à celui qui doit manger ; ainsi ma parole, qui sort de ma bouche, ne me reviendra pas sans résultat, sans avoir fait ce qui me plaît, sans avoir accompli sa mission.

Cantique

IS 12, 2, 4BCD, 5-6

Dieu donne de la joie !

℟ Exultant de joie,
vous puiserez les eaux aux sources du salut !

Voici le Dieu qui me sauve :
j'ai confiance, je n'ai plus de crainte.
Ma force et mon chant, c'est le Seigneur ;
il est pour moi le salut. ℟

Rendez grâce au Seigneur,
proclamez son nom,
annoncez parmi les peuples ses hauts faits !
Redites-le : « Sublime est son nom ! » ℟

Jouez pour le Seigneur, il montre sa magnificence,
et toute la terre le sait.
Jubilez, criez de joie, habitants de Sion,
car il est grand au milieu de toi, le Saint d'Israël ! ℟

Deuxième lecture

LECTURE DE LA PREMIÈRE LETTRE DE SAINT JEAN 5, 1-9

Être enfants de Dieu

Bien-aimés, celui qui croit que Jésus est le Christ, celui-là est né de Dieu ; celui qui aime le Père qui a engendré aime aussi le Fils qui est né de lui. Voici comment nous reconnaissons que nous aimons les enfants de Dieu : lorsque nous aimons Dieu et que nous accomplissons ses commandements. Car tel est l'amour de Dieu : garder ses commandements ; et ses commandements ne sont pas un fardeau, puisque tout être qui est né de Dieu est vainqueur du monde. Or la victoire remportée sur le monde, c'est notre foi. Qui donc est vainqueur du monde ? N'est-ce pas celui qui croit que Jésus est le Fils de Dieu ? C'est lui, Jésus Christ, qui est venu par l'eau et par le sang : non pas seulement avec l'eau, mais avec l'eau et avec le sang. Et celui qui rend témoignage, c'est l'Esprit, car l'Esprit est la vérité. En effet, ils sont trois qui rendent témoignage, l'Esprit, l'eau et le sang, et les trois n'en font qu'un. Nous acceptons bien le témoignage des hommes ; or, le témoignage de Dieu a plus de valeur, puisque le témoignage de Dieu, c'est celui qu'il rend à son Fils.

Acclamation de l'Évangile

Alléluia. Alléluia. Voyant Jésus venir à lui, Jean déclara : « Voici l'Agneau de Dieu, qui enlève le péché du monde. » ***Alléluia.***

Évangile

ÉVANGILE DE JÉSUS CHRIST SELON SAINT MARC 1, 7-11

Un Père qui aime son Fils

En ce temps-là, Jean le Baptiste proclamait : « Voici venir derrière moi celui qui est plus fort que moi ; je ne suis pas digne de m'abaisser pour défaire la courroie de ses sandales. Moi, je vous ai baptisés avec de l'eau ; lui vous baptisera dans l'Esprit Saint. » En ces jours-là, Jésus vint de Nazareth, ville de Galilée, et il fut baptisé par Jean dans le Jourdain. Et aussitôt, en remontant de l'eau, il vit les cieux se déchirer et l'Esprit descendre sur lui comme une colombe. Il y eut une voix venant des cieux : « Tu es mon Fils bien-aimé ; en toi, je trouve ma joie. »

Comprendre

Baptiser

Dans son sens premier, cela signifie « être plongé ». Le baptême, premier des sacrements, est une plongée dans la mort et la résurrection de Jésus.

Lettres de saint Jean

Selon la tradition, en plus de son évangile, l'apôtre saint Jean aurait écrit deux lettres qui parlent de l'amour et de la vérité.

L'Esprit, l'eau et le sang

L'Esprit Saint, l'eau du baptême et le sang de Jésus – dans l'eucharistie et sur la croix – sont des signes de la présence de Dieu.

Vibration

« Pourquoi vous fatiguer pour ce qui ne rassasie pas ? »
Est-ce que j'utilise mon temps et mon énergie à des activités qui ne valent pas le coup ? Qui ne me rendent pas vraiment heureux ?

« Écoutez et vous vivrez. »
Au contraire, quelles activités pour lesquelles je consacre de l'énergie et du temps me remplissent d'envie de vivre ?

« En toi, je trouve ma joie. »
Qu'est-ce que je fais qui procure de la joie à d'autres ?

Inspiration

« Tu es mon Fils bien-aimé ; en toi, je trouve ma joie. » Ces paroles de Dieu sont pleines d'amour pour son fils. On imagine bien un parent le dire au sujet de son enfant qui avance dans la vie : mon fils, je t'aime et te voir grandir me rend heureux. C'est une joie pour Dieu de voir Jésus être baptisé et ainsi franchir une étape très importante. Car c'est le moment où il accepte la mission que Dieu lui confie.

De même pour nous, Dieu se réjouit de nous voir plonger dans la vie, assoiffés d'intensité, révoltés par l'injustice, à l'écoute de nos désirs les plus profonds. Il se réjouit de nos élans de vie, nos chants à pleins poumons, nos actions militantes, nos grands jeux, nos services où l'on s'oublie... C'est sa joie, et il veut nous faire comprendre que c'est un chemin de bonheur pour nous aussi.

« Écoutez et vous vivrez » résonne comme un appel à écouter la voix de Dieu en nous, celle qui nous parle de ce qui nous habite, ce qui nous fait vivre intensément. Recevons cet appel, n'attendons plus, ne perdons pas notre énergie et nos ressources pour des choses qui ne nous mettent pas vraiment le cœur en joie.

PÉNÉLOPE DUPONT
Équipière nationale Vent du large

m

Le mémo de la semaine

Vendredi 15 janvier 2021 : saint Remi baptise Clovis à Reims. A-t-il, dès lors, baptisé la France ? Et toi, connais-tu la date de ton baptême ? Un bel anniversaire à retrouver... et célébrer !

2e dimanche du temps ordinaire

Lève-toi !

Mots-clés

Appel
Corps
Écoute

Lève-toi !

Notre foi endormie ne demande qu'à se réveiller et prendre conscience que Dieu est là en nous. Dieu t'appelle, sauras-tu l'entendre ?

Première lecture

LECTURE DU PREMIER LIVRE DE SAMUEL 3, 3B-10. 19

Me voici !

En ces jours-là, le jeune Samuel était couché dans le temple du Seigneur à Silo, où se trouvait l'arche de Dieu. Le Seigneur appela Samuel, qui répondit : « Me voici ! » Il courut vers le prêtre Éli, et il dit : « Tu m'as appelé, me voici. » Éli répondit : « Je n'ai pas appelé. Retourne te coucher. » L'enfant alla se coucher. De nouveau, le Seigneur appela Samuel. Et Samuel se leva. Il alla auprès d'Éli, et il dit : « Tu m'as appelé, me voici. » Éli répondit : « Je n'ai pas appelé, mon fils. Retourne te coucher. » Samuel ne connaissait pas encore le Seigneur, et la parole du Seigneur ne lui avait pas encore été révélée.

De nouveau, le Seigneur appela Samuel. Celui-ci se leva. Il alla auprès d'Éli, et il dit : « Tu m'as appelé, me voici. » Alors Éli comprit que c'était le Seigneur qui appelait l'enfant, et il lui dit : « Va te recoucher, et s'il t'appelle, tu diras : "Parle, Seigneur, ton serviteur écoute." » Samuel alla se recoucher à sa place habituelle. Le Seigneur vint, il se tenait là et il appela comme les autres fois : « Samuel ! Samuel ! » Et Samuel répondit : « Parle, ton serviteur écoute. » Samuel grandit. Le Seigneur était avec lui, et il ne laissa aucune de ses paroles sans effet.

Psaume

39 (40), 2ABC. 4AB, 7-8A, 8B-9, 10CD. 11CD

Mon corps, messager de la parole de Dieu

℟ *Me voici, Seigneur,*
je viens faire ta volonté.

D'un grand espoir, j'espérais le Seigneur :
il s'est penché sur moi.
Dans ma bouche il a mis un chant nouveau,
une louange à notre Dieu. ℟

Tu ne voulais ni offrande ni sacrifice,
tu as ouvert mes oreilles ;
tu ne demandais ni holocauste ni victime,
alors j'ai dit : « Voici, je viens. » ℟

« Dans le livre, est écrit pour moi
ce que tu veux que je fasse.
Mon Dieu, voilà ce que j'aime :
ta loi me tient aux entrailles. » ℟

Vois, je ne retiens pas mes lèvres,
Seigneur, tu le sais.
J'ai dit ton amour et ta vérité
à la grande assemblée. ℟

Deuxième lecture

LECTURE DE LA PREMIÈRE LETTRE DE SAINT PAUL APÔTRE AUX CORINTHIENS 6, 13C-15A. 17-20

Le corps, signe de Dieu

Frères, le corps n'est pas pour la débauche, il est pour le Seigneur, et le Seigneur est pour le corps ; et Dieu, par sa puissance, a ressuscité le Seigneur et nous ressuscitera nous aussi. Ne le savez-vous pas ? Vos corps sont les membres du Christ. Celui qui s'unit au Seigneur ne fait avec lui qu'un seul esprit. Fuyez la débauche. Tous les péchés que l'homme peut commettre sont extérieurs à son corps ; mais l'homme qui se livre à la débauche commet un péché contre son propre corps.

Ne le savez-vous pas ? Votre corps est un sanctuaire de l'Esprit Saint, lui qui est en vous et que vous avez reçu de Dieu ; vous ne vous appartenez plus à vous-mêmes, car vous avez été achetés à grand prix. Rendez donc gloire à Dieu dans votre corps.

Acclamation de l'Évangile

Alléluia. Alléluia. En Jésus Christ, nous avons reconnu le Messie : par lui sont venues la grâce et la vérité. ***Alléluia.***

Évangile

ÉVANGILE DE JÉSUS CHRIST SELON SAINT JEAN 1, 35-42

Pas besoin de discours

En ce temps-là, Jean le Baptiste se trouvait avec deux de ses disciples. Posant son regard sur Jésus qui allait et venait, il dit : « Voici l'Agneau de Dieu. » Les deux disciples entendirent ce qu'il disait, et ils suivirent Jésus. Se retournant, Jésus vit qu'ils le suivaient, et leur dit : « Que cherchez-vous ? » Ils lui répondirent : « Rabbi – ce qui veut dire : Maître –, où demeures-tu ? » Il leur dit : « Venez, et vous verrez. » Ils allèrent donc, ils virent où il demeurait, et ils restèrent auprès de lui ce jour-là. C'était vers la dixième heure (environ quatre heures de l'après-midi). André, le frère de Simon-Pierre, était l'un des deux disciples qui avaient entendu la parole de Jean et qui avaient suivi Jésus. Il trouve d'abord

Simon, son propre frère, et lui dit : « Nous avons trouvé le Messie » – ce qui veut dire : Christ. André amena son frère à Jésus. Jésus posa son regard sur lui et dit : « Tu es Simon, fils de Jean ; tu t'appelleras Kèphas » – ce qui veut dire : Pierre.

Comprendre

Samuel

Grand prophète qui a vécu à l'époque des premiers rois d'Israël (1 000 av. J.-C.). Son nom signifie « Dieu écoute » ou « son nom est Dieu ».

Débauche

Excès, mauvaise conduite touchant spécialement la sexualité ou la nourriture. Paul rappelle que le corps est le sanctuaire de l'Esprit.

L'Agneau de Dieu

Jean Baptiste fait référence à l'agneau sacrifié pendant la Pâque juive qui est le signe de la libération. Jésus, nouvel agneau, libère son peuple.

Vibration

« Parle, Seigneur, ton serviteur écoute. »

Comment te prépares-tu à écouter la parole de Dieu ? Par une attitude, un geste ? Donnes-tu du sens au signe de croix que tu traces sur ton front, ta bouche et ton cœur avant l'Évangile ?

« Ils allèrent donc, ils virent où il demeurait, et ils restèrent auprès de lui ce jour-là. »

Prends-tu du temps dans ta journée, en réunion, en week-end pour écouter la parole de Dieu ?

« Tu es Simon, fils de Jean ; tu t'appelleras Kèphas »

Fais-tu des relectures de journée ? Crois-tu que Dieu t'invite à vivre autrement ? Comment fais-tu pour le savoir ?

Inspiration

Chacun de nous porte en lui l'espérance. C'est elle qui nous met en mouvement. C'est aussi elle qui nous fait vivre pleinement nos projets. Nous pouvons ainsi connecter nos jeux, nos amitiés, notre travail, toute notre vie à cette espérance.

Sommes-nous prêts comme Samuel à bondir pour écouter et grandir avec le Seigneur ? Sommes-nous confiants comme Jean Baptiste, André et Simon pour venir et voir le Christ ? Il n'est pas loin, il se tient présent, il est en nous. C'est par notre corps, nos actions, nos relations que Dieu est présent au monde. Sachons l'écouter et nous mettre en mouvement !

CLAIRE BOUDIER

Ancienne accompagnatrice compagnons du groupe de Châtenay-Malabry (Hauts-de-Seine)

Le mémo de la semaine

Jeudi 21 janvier 2021 : Journée internationale des embrassades, ou câlins (*hug* en anglais). Créée, dit-on, par un pasteur américain pour les familles souffrant du manque de lumière au cœur de l'hiver.

MAYLIS RIBIER

3e dimanche du temps ordinaire
Dimanche de la Parole

Incroyable, Dieu veut me parler

Mots-clés

Écoute
Parole
Suivre

Incroyable, Dieu veut me parler

Quand Dieu nous parle, c'est pour annoncer une nouvelle importante : « le règne de Dieu est proche. » Si nous ne voulons pas manquer ce bonheur promis, vite, suivons Jésus.

Première lecture

LECTURE DU LIVRE DE JONAS 3, 1-5.10

Ninive a écouté le prophète Jonas

La parole du Seigneur fut adressée de nouveau à Jonas : « Lève-toi, va à Ninive, la grande ville païenne, proclame le message que je te donne sur elle. » Jonas se leva et partit pour Ninive, selon la parole du Seigneur. Or, Ninive était une ville extraordinairement grande : il fallait trois jours pour la traverser. Jonas la parcourut une journée à peine en proclamant : « Encore quarante jours, et Ninive sera détruite ! » Aussitôt, les gens de Ninive crurent en Dieu. Ils annoncèrent un jeûne, et tous, du plus grand au plus petit, se vêtirent de toile à sac. En voyant leur réaction, et comment ils se détournaient de leur conduite mauvaise, Dieu renonça au châtiment dont il les avait menacés.

Psaume

24 (25), 4-5AB, 6-7BC, 8-9

Le Seigneur sait nous guider

℟ ***Seigneur, enseigne-moi tes chemins.***

Seigneur, enseigne-moi tes voies,
fais-moi connaître ta route.
Dirige-moi par ta vérité, enseigne-moi,
car tu es le Dieu qui me sauve. ℟

Rappelle-toi, Seigneur, ta tendresse,
ton amour qui est de toujours.
Dans ton amour, ne m'oublie pas,
en raison de ta bonté, Seigneur. ℟

Il est droit, il est bon, le Seigneur,
lui qui montre aux pécheurs le chemin.
Sa justice dirige les humbles,
il enseigne aux humbles son chemin. ℟

Deuxième lecture

LECTURE DE LA PREMIÈRE LETTRE DE SAINT PAUL APÔTRE AUX CORINTHIENS 7, 29-31

Il n'y a pas de temps à perdre

Frères, je dois vous le dire : le temps est limité. Dès lors, que ceux qui ont une femme soient comme s'ils n'avaient pas de femme, ceux qui pleurent, comme s'ils ne pleuraient pas, ceux qui ont de la joie, comme s'ils n'en avaient pas, ceux qui font des achats, comme s'ils ne possédaient rien, ceux qui profitent de ce monde, comme s'ils n'en profitaient pas vraiment. Car il passe, ce monde tel que nous le voyons.

Acclamation de l'Évangile

Alléluia. Alléluia. Le règne de Dieu est tout proche. Convertissez-vous et croyez à l'Évangile. ***Alléluia.***

Évangile

ÉVANGILE DE JÉSUS CHRIST SELON SAINT MARC 1, 14-20

Les Apôtres, les premiers à le suivre

Après l'arrestation de Jean le Baptiste, Jésus partit pour la Galilée proclamer l'Évangile de Dieu ; il disait : « Les temps sont accomplis : le règne de Dieu est tout proche. Convertissez-vous et croyez à l'Évangile. » Passant le long de la mer de Galilée, Jésus vit Simon et André, le frère de Simon, en train de jeter les filets dans la mer, car c'étaient des pêcheurs. Il leur dit : « Venez à ma suite. Je vous ferai devenir pêcheurs d'hommes. » Aussitôt, laissant leurs filets, ils le suivirent. Jésus avança un peu et il vit Jacques, fils de Zébédée, et son frère Jean, qui étaient dans la barque et réparaient les filets. Aussitôt, Jésus les appela. Alors, laissant dans la barque leur père Zébédée avec ses ouvriers, ils partirent à sa suite.

Comprendre

Jonas
Prophète envoyé par Dieu pour convertir des païens, il refuse, s'enfuit, fait naufrage et passe trois jours dans le ventre d'une baleine avant d'accomplir sa mission.

Ninive
Capitale du royaume assyrien qui représente dans le livre de Jonas la grande ville païenne.

Toile à sac
Toile très inconfortable, qui gratte et irrite, que les gens portaient en signe de pénitence.

Vibration

« ***La parole de Dieu fut adressée à Jonas.*** »
Est-ce que dans ta vie il y a de la place pour écouter ?

« ***Convertissez-vous et croyez à la Bonne nouvelle.*** »
Ce n'est pas forcément triste quand Dieu nous parle. C'est peut-être la route du bonheur.

« ***Aussitôt, laissant leurs filets, ils le suivirent.*** »
Et toi, quand le Seigneur parle à ton cœur, n'aie pas peur, laisse-toi aimer. Acceptes-tu d'être son ami, de mettre tes pas dans les siens ?

Inspiration

Si le pape François a voulu instituer ce dimanche de la parole de Dieu, c'est pour nous inviter à la mettre au cœur de notre vie. Car, aussi incroyable que ça puisse paraître, Dieu, qui a parlé par les prophètes, veut encore nous parler et parler à chacun de nous.

À la fin de l'Apocalypse, il est écrit : « Voici que je me tiens à la porte et je frappe. Si quelqu'un entend ma voix et ouvre la porte, j'entrerai chez lui, je prendrai mon repas avec lui, et lui avec moi » (3, 20).

Si tu n'entends pas, essaie de comprendre pourquoi il y a tant de bruits dans ta vie, si peu de silence et si peu de moments pour écouter vraiment.

Le plus étonnant est que Dieu nous parle pour nous montrer le chemin du bonheur. C'est pourquoi il nous propose de mettre nos pas dans les siens, de devenir ses disciples, ou même mieux, de devenir ses amis.

Être l'ami de Dieu, n'est ce pas incroyable ? Pourtant c'est à ça que nous sommes appelés et c'est pour ça que la parole de Dieu est une bonne nouvelle. Offerte à chacun.

Alors, vite, écoute, suis-le.

FRÈRE JEAN-JACQUES PÉRENNÈS
Dominicain, directeur de l'École biblique
et archéologique française de Jérusalem

m

Le mémo de la semaine

Lundi 25 janvier 2021 : conversion de saint Paul, une grande fête pour le patron des coups de foudre spirituels.

MAYLIS REBEYROTTE

4e dimanche du temps ordinaire

S'ouvrir aux autres, facile ?

Mots-clés

Écoute
Ouverture

S'ouvrir aux autres, facile ?

Lors de son passage à Capharnaüm, Jésus se fait remarquer par son enseignement et surtout par ses actes. On en parle partout !

Première lecture

LECTURE DU LIVRE DU DEUTÉRONOME 18, 15-20

Une annonce de taille

Moïse disait au peuple : « Au milieu de vous, parmi vos frères, le Seigneur votre Dieu fera se lever un prophète comme moi, et vous l'écouterez. C'est bien ce que vous avez demandé au Seigneur votre Dieu, au mont Horeb, le jour de l'assemblée, quand vous disiez : "Je ne veux plus entendre la voix du Seigneur mon Dieu, je ne veux plus voir cette grande flamme, je ne veux pas mourir !" Et le Seigneur me dit alors : "Ils ont bien fait de dire cela. Je ferai se lever au milieu de leurs frères un prophète comme toi ; je mettrai dans sa bouche mes paroles, et il leur dira tout ce que je lui prescrirai. Si quelqu'un n'écoute pas les paroles que ce prophète prononcera en mon nom, moi-même je lui en demanderai compte. Mais un prophète qui aurait la présomption de dire en mon nom une parole que je ne lui aurais pas prescrite, ou qui parlerait au nom d'autres dieux, ce prophète-là mourra." »

Psaume

94 (95), 1-2, 6-7ABC, 7D-9

Le peuple en marche

℟ *Aujourd'hui, ne fermez pas votre cœur, mais écoutez la voix du Seigneur.*

Venez, crions de joie pour le Seigneur,
acclamons notre Rocher, notre salut !
Allons jusqu'à lui en rendant grâce,
par nos hymnes de fête acclamons-le ! ℟

Entrez, inclinez-vous, prosternez-vous,
adorons le Seigneur qui nous a faits.
Oui, il est notre Dieu ;
nous sommes le peuple qu'il conduit
le troupeau guidé par sa main. ℟

Aujourd'hui écouterez-vous sa parole ?
« Ne fermez pas votre cœur comme au désert,
comme au jour de tentation et de défi,
où vos pères m'ont tenté et provoqué, et pourtant ils avaient vu mon exploit. » ℟

Deuxième lecture

LECTURE DE LA PREMIÈRE LETTRE DE SAINT PAUL APÔTRE AUX CORINTHIENS 7, 32-35

Un conseil osé !

Frères, j'aimerais vous voir libres de tout souci. Celui qui n'est pas marié a le souci des affaires du Seigneur, il cherche comment plaire au Seigneur. Celui qui est marié a le souci des affaires de ce monde, il cherche comment plaire à sa femme, et il se trouve divisé. La femme sans mari, ou celle qui reste vierge, a le souci des affaires du Seigneur, afin d'être sanctifiée dans son corps et son esprit. Celle qui est mariée a le souci des affaires de ce monde, elle cherche comment plaire à son mari. C'est dans votre intérêt que je dis cela ; ce n'est pas pour vous tendre un piège, mais pour vous proposer ce qui est bien, afin que vous soyez attachés au Seigneur sans partage.

Acclamation de l'Évangile

Alléluia. Alléluia. Le peuple qui habitait dans les ténèbres a vu une grande lumière. Sur ceux qui habitaient dans le pays et l'ombre de la mort, une lumière s'est levée. ***Alléluia.***

Évangile

ÉVANGILE DE JÉSUS CHRIST SELON SAINT MARC 1, 21-28

Un acte vaut mieux que mille mots

Jésus et ses disciples entrèrent à Capharnaüm. Aussitôt, le jour du sabbat, il se rendit à la synagogue, et là, il enseignait. On était frappé par son enseignement, car il enseignait en homme qui a autorité, et non pas comme les scribes. Or, il y avait dans leur synagogue un homme tourmenté par un esprit impur, qui se mit à crier : « Que nous veux-tu, Jésus de Nazareth ? Es-tu venu pour nous perdre ? Je sais qui tu es : tu es le Saint de Dieu. » Jésus l'interpella vivement : « Tais-toi !

Sors de cet homme. » L'esprit impur le fit entrer en convulsions, puis, poussant un grand cri, sortit de lui. Ils furent tous frappés de stupeur et se demandaient entre eux : « Qu'est-ce que cela veut dire ? Voilà un enseignement nouveau, donné avec autorité ! Il commande même aux esprits impurs, et ils lui obéissent. » Sa renommée se répandit aussitôt partout, dans toute la région de la Galilée.

Comprendre

Psaume 94
Ce psaume appelé « invitatoire », invite à la prière : « Venez ! ». Il est chanté par les religieux lors de la première prière du matin.

Capharnaüm
Signifie « village de la consolation ». Petit village de pêcheurs sur les bords du lac de Tibériade où Jésus a choisi d'annoncer l'Évangile.

Esprit impur
Mauvais esprit, démon. Plus largement, c'est l'esprit de l'insensé, qui s'est détourné de la loi de Dieu.

Vibration

« ***Ne fermez pas votre cœur comme au désert.*** »
Et toi, comment ouvres-tu chaque jour ton cœur à celles et ceux que tu rencontres ?

« ***Celui qui est marié a le souci des affaires de ce monde.*** »
Eh bien, Paul affirme quelque chose de troublant ! Comment le comprends-tu ?

« ***Que nous veux-tu, Jésus de Nazareth ?*** »
C'est vrai ça, que peut bien te vouloir Jésus lorsque tu prends du temps pour écouter sa parole ?

Inspiration

Jésus me paraît souvent très intrigant. Quand il ne parle pas par énigme, il peut se montrer très autoritaire, à l'image de l'évangile d'aujourd'hui. Qui peut affirmer tout comprendre de ses gestes et de ses paroles ?

Lorsque j'écoute l'évangile, c'est pour en apprendre un peu plus sur lui et sur ce qu'il a fait, mais aussi pour réfléchir à ma vie, pour prendre du recul sur mon quotidien et sur les choix que je prends.

Lorsque mon cœur est à l'écoute de mon voisin, il est aussi à l'écoute de Dieu. « Ce que vous avez fait à l'un de ces plus petits de mes frères, c'est à moi que vous l'avez fait. » Qui est le plus petit à mes côtés, et comment puis-je l'aider ? Parfois, est-ce que j'accepte d'être le plus petit ?

Quand Jésus chasse mon esprit impur, il me pardonne mes fautes et mes erreurs, mais est-ce que j'ose les lui dire ? Le premier pas est toujours difficile, quelle que soit la tâche. À moi de prendre mon courage à deux mains et d'aller de l'avant !

JOACHIM SERRE
Chef pionniers-caravelles
du groupe Abbé-Pierre d'Irigny (Rhône)

m

Le mémo de la semaine

Mardi 2 février 2021 : présentation du Seigneur. Un texte qui nous délivre trois messages : Jésus était juif, c'est la fête des religieux et religieuses, et la rencontre avec les vieillards Syméon et Anne célèbre les relations intergénérationnelles. À toi de creuser dans la lumière !

5e dimanche du temps ordinaire

Le chemin est plein d'ornières, et pourtant…

Mots-clés
Guérison
Peine

Le chemin est plein d'ornières, et pourtant...

Toute tranche de vie, même banale, même difficile, trouve son sens si elle est vécue avec le Seigneur. Il la magnifiera !

Première lecture

LECTURE DU LIVRE DE JOB 7, 1-4. 6-7

Quel est le sens de ma vie ?

Job prit la parole et dit : « Vraiment, la vie de l'homme sur la terre est une corvée, il fait des journées de manœuvre. Comme l'esclave qui désire un peu d'ombre, comme le manœuvre qui attend sa paye, depuis des mois je n'ai en partage que le néant, je ne compte que des nuits de souffrance. À peine couché, je me dis : "Quand pourrai-je me lever ?" Le soir n'en finit pas : je suis envahi de cauchemars jusqu'à l'aube. Mes jours sont plus rapides que la navette du tisserand, ils s'achèvent faute de fil. Souviens-toi, Seigneur : ma vie n'est qu'un souffle, mes yeux ne verront plus le bonheur. »

Psaume

146 (147A), 1. 3, 4-5, 6-7

Louez Dieu qui vous aime et vous soutient !

℟ *Bénissons le Seigneur qui guérit nos blessures !*
ou : ***Alléluia !***

Il est bon de fêter notre Dieu,
il est beau de chanter sa louange :
il guérit les cœurs brisés
et soigne leurs blessures. ℟

Il compte le nombre des étoiles,
il donne à chacune un nom ;
il est grand, il est fort, notre Maître :
nul n'a mesuré son intelligence. ℟

Le Seigneur élève les humbles
et rabaisse jusqu'à terre les impies.
Entonnez pour le Seigneur l'action de grâce,
jouez pour notre Dieu sur la cithare ! ℟

Deuxième lecture

LECTURE DE LA PREMIÈRE LETTRE DE SAINT PAUL APÔTRE AUX CORINTHIENS 9, 16-19. 22-23

Éloge de l'humilité

Frères, annoncer l'Évangile, ce n'est pas là pour moi un motif de fierté, c'est une nécessité qui s'impose à moi. Malheur à moi si je n'annonçais pas l'Évangile ! Certes, si je le fais de moi-même, je mérite une récompense. Mais je ne le fais pas de moi-même, c'est une mission qui m'est confiée. Alors quel est mon mérite ? C'est d'annoncer l'Évangile sans rechercher aucun avantage matériel, et sans faire valoir mes droits de prédicateur de l'Évangile. Oui, libre à l'égard de tous, je me suis fait l'esclave de tous afin d'en gagner le plus grand nombre possible. Avec les faibles, j'ai été faible, pour gagner les faibles. Je me suis fait tout à tous pour en sauver à tout prix quelques-uns. Et tout cela, je le fais à cause de l'Évangile, pour y avoir part, moi aussi.

Acclamation de l'Évangile

Alléluia. Alléluia. Le Christ a pris nos souffrances, il a porté nos maladies. ***Alléluia.***

Évangile

ÉVANGILE DE JÉSUS CHRIST SELON SAINT MARC 1, 29-39

Et toi, cherches-tu Jésus ?

En ce temps-là, aussitôt sortis de la synagogue de Capharnaüm, Jésus et ses disciples allèrent, avec Jacques et Jean, dans la maison de Simon et d'André. Or, la belle-mère de Simon était au lit, elle avait de la fièvre. Aussitôt, on parla à Jésus de la malade. Jésus s'approcha, la saisit par la main et la fit lever. La fièvre la quitta, et elle les servait. Le soir venu, après le coucher du soleil, on lui amenait tous ceux qui étaient atteints d'un mal ou possédés par des démons. La ville entière se pressait à la porte. Il guérit beaucoup de gens atteints de toutes sortes de maladies, et il expulsa beaucoup de démons ; il empêchait les démons de parler, parce qu'ils savaient, eux, qui il était. Le lendemain, Jésus se leva, bien avant l'aube. Il sortit et se rendit dans un endroit désert, et là il priait. Simon et ceux qui étaient avec lui partirent à sa recherche. Ils le trouvent et lui disent : « Tout le monde te cherche. » Jésus leur dit : « Allons ailleurs, dans les villages voisins, afin que là aussi je proclame l'Évangile ; car c'est pour cela que je suis sorti. »

Et il parcourut toute la Galilée, proclamant l'Évangile dans leurs synagogues, et expulsant les démons.

Comprendre

Livre de Job

Sorte de long poème qui montre la souffrance inexplicable d'un homme saint et juste qui reste pourtant fidèle à Dieu.

Se pressait à la porte

Jésus créait beaucoup d'agitation à Capharnaüm, d'où l'expression française « c'est un véritable Capharnaüm ! ».

Je suis sorti

Jésus est sorti de Capharnaüm, bien sûr, mais ici Jésus nous dit aussi qu'il est sorti du Père, lui, le Fils. Il est sorti du Père pour annoncer l'Évangile.

Vibration

« ***Vraiment, la vie de l'homme sur la terre est une corvée.*** »
Que faire quand on trouve, comme Job, que la vie est vide de sens ?

« ***Il sortit et se rendit dans un endroit désert, et là il priait.*** »
Quelle est la place de la gratitude dans ta vie quotidienne ? De la louange ? Comment penses-tu que la prière pourrait transformer ta vie ?

Inspiration

Il n'est pas toujours facile d'être reconnaissant quand le quotidien me pèse, quand je ne vois pas où je vais, que mes repères s'écroulent, que j'ai honte de moi-même... Pourtant, dans ces moments où j'ai plus de mal à voir les merveilles du Seigneur, je peux être certain qu'il est plus que jamais à mes côtés.

Louer, chanter sa grandeur, me permet de sortir de ma misère, d'ouvrir mon cœur pour voir plus loin. Quel cadeau que la louange ! Ça commence souvent avec un chant fredonné machinalement, puis délicatement les barrières de la peur, de la honte, de la haine tombent... Jésus console et guérit !

Veux-tu qu'il fasse des miracles dans ta vie ? Fais-lui une petite place ! Il t'aime et te respecte tellement qu'il n'interviendra que si tu lui ouvres ta porte. Comme un père le ferait pour son enfant devenu adulte. Alors chante, fais confiance et laisse-toi aimer !

ANNE-LAURE CAMARROQUE
Responsable farfadet du groupe Saint-Raphaël de Vienne (Isère)

Le mémo de la semaine

Jeudi 11 février 2021 : on célèbre Notre-Dame de Lourdes, ce lieu où tu peux venir servir comme scout et guide et te découvrir pèlerin.

MAYLIS RIBIER

6e dimanche du temps ordinaire

Avance avec audace vers le Christ !

Mots-clés

Espérance
Pardon
Péché

Avance avec audace vers le Christ !

Le péché nous éloigne des autres et du Christ. Si nous nous tournons vers Dieu, son pardon nous délivre et nous permet de nous mettre à sa suite pour œuvrer pour le bien commun.

Première lecture

LECTURE DU LIVRE DES LÉVITES

13, 1-2. 45-46

Le péché nous écarte de Dieu

Le Seigneur parla à Moïse et à son frère Aaron, et leur dit : « Quand un homme aura sur la peau une tumeur, une inflammation ou une pustule, qui soit une tache de lèpre, on l'amènera au prêtre Aaron ou à l'un des prêtres ses fils. Le lépreux atteint d'une tache portera des vêtements déchirés et les cheveux en désordre, il se couvrira le haut du visage jusqu'aux lèvres, et il criera : "Impur ! Impur !" Tant qu'il gardera cette tache, il sera vraiment impur. C'est pourquoi il habitera à l'écart, son habitation sera hors du camp. »

Psaume

31 (32), 1-2, 5AB, 5C. 11

Dieu me délivre

℟ *Tu es un refuge pour moi ;*
de chants de délivrance, tu m'as entouré.

Heureux l'homme dont la faute est enlevée,
et le péché remis !
Heureux l'homme dont le Seigneur ne retient pas l'offense,
dont l'esprit est sans fraude ! ℟

Je t'ai fait connaître ma faute,
je n'ai pas caché mes torts.
J'ai dit : « Je rendrai grâce au Seigneur
en confessant mes péchés. » ℟

Toi, tu as enlevé l'offense de ma faute.
Que le Seigneur soit votre joie !
Exultez, hommes justes !
Hommes droits, chantez votre allégresse ! ℟

Deuxième lecture

LECTURE DE LA PREMIÈRE LETTRE DE SAINT PAUL APÔTRE AUX CORINTHIENS 10, 31 – 11, 1

Imiter le Christ

Frères, tout ce que vous faites : manger, boire, ou toute autre action, faites-le pour la gloire de Dieu. Ne soyez un obstacle pour personne, ni pour les Juifs, ni pour les païens, ni pour l'Église de Dieu. Ainsi, moi-même, en toute circonstance, je tâche de m'adapter à tout le monde, sans chercher mon intérêt personnel, mais celui de la multitude des hommes, pour qu'ils soient sauvés. Imitez-moi, comme moi aussi j'imite le Christ.

Acclamation de l'Évangile

Alléluia. Alléluia. Un grand prophète s'est levé parmi nous, et Dieu a visité son peuple. ***Alléluia.***

Évangile

ÉVANGILE DE JÉSUS CHRIST SELON SAINT MARC 1, 40-45

L'audace de l'espérance, le pardon du Christ

En ce temps-là, un lépreux vint auprès de Jésus ; il le supplia et, tombant à ses genoux, lui dit : « Si tu le veux, tu peux me purifier. » Saisi de compassion, Jésus étendit la main, le toucha et lui dit : « Je le veux, sois purifié. » À l'instant même, la lèpre le quitta et il fut purifié. Avec fermeté, Jésus le renvoya aussitôt en lui disant : « Attention, ne dis rien à personne, mais va te montrer au prêtre, et donne pour ta purification ce que Moïse a prescrit dans la Loi : cela sera pour les gens un témoignage. » Une fois parti, cet homme se mit à proclamer et à répandre la nouvelle, de sorte que Jésus ne pouvait plus entrer ouvertement dans une ville, mais restait à l'écart, dans des endroits déserts. De partout cependant on venait à lui.

Comprendre

Livre des Lévites (ou Lévitique)
Troisième livre de la Bible, ce « livre des prêtres » énonce de très nombreuses règles concernant la pureté, la nourriture…

Lèpre
Maladie très contagieuse considérée comme une punition divine dans la Bible. Un lépreux était totalement coupé de la communauté.

Purification
On considérait que la guérison de la lèpre était une purification qui permettait d'être réintégré dans la communauté.

Vibration

« *Je t'ai fait connaître ma faute, je n'ai pas caché mes torts.* »
Quels sont les actes qui t'éloignent de Dieu ? Prends-tu du temps pour le rencontrer et lui confier tes péchés simplement et avec confiance ?

« *Si tu le veux, tu peux me purifier.* »
Crois-tu, comme ce lépreux, avec audace et espérance, que Jésus peut te guérir et te pardonner tes péchés ?

« *Ainsi, moi-même, en toute circonstance, je tâche de m'adapter à tout le monde, sans chercher mon intérêt personnel.* »
Dans ta vie quotidienne, dans tes projets, dans ta vie scoute, cherches-tu toujours le bien commun sans avoir une démarche intéressée ?

Inspiration

Peut-être aujourd'hui, toi aussi, comme ce lépreux, es-tu confiné chez toi pour des raisons sanitaires. Ou peut-être circules-tu librement mais, malgré cette liberté, tu te sens confiné dans ta vie, isolé par tes péchés, enfermé avec eux sans pouvoir t'en sortir. Alors, le texte de l'évangile d'aujourd'hui te donne une formidable espérance : la guérison du lépreux par Jésus nous enseigne que le mal peut être vaincu si nous avons la foi et l'espérance en lui.

La foi, c'est cette audace de croire que quelque chose nous dépasse, que nous ne comprenons pas forcément, mais qui va nous permettre de ne pas nous laisser abattre par les maux de notre monde si nous nous tournons avec confiance vers Dieu. Nous pouvons confier au Seigneur nos péchés : il aura sur nous ce regard d'amour qui, par son pardon, nous libèrera et nous donnera cette énergie pour avancer et agir pour le bien commun.

Cette formidable espérance, c'est de te mettre en chemin à la suite de Jésus pour, à ton tour, participer à construire ce monde un peu meilleur comme te le propose le scoutisme.

FLORE ET KARINE MARGUIER
Caravelle et animatrice Cléophas du groupe
de Notre-Dame-Jeanne d'Arc de Versailles (Yvelines)

Le mémo de la semaine

Mercredi 17 février 2021 : Mercredi des Cendres. « Tu es poussière et tu retourneras en poussière », « Convertis-toi et crois à l'Évangile ». Quarante jours pour y penser... et agir.

RAPHAËL MENNESSON

Mercredi des Cendres

Un rendez-vous d'amour

Mots-clés

Amour
Grâce
Péché

Un rendez-vous d'amour

Aujourd'hui, un rendez-vous nous est donné, celui de l'amour. Un amour qui se crie et qui se vit mais qui se construit aussi dans l'intimité.

Première lecture

LECTURE DU LIVRE DU PROPHÈTE JOËL 2, 12-18

Une invitation à la fête

Maintenant – oracle du Seigneur – revenez à moi de tout votre cœur, dans le jeûne, les larmes et le deuil ! Déchirez vos cœurs et non pas vos vêtements, et revenez au Seigneur votre Dieu, car il est tendre et miséricordieux, lent à la colère et plein d'amour, renonçant au châtiment. Qui sait ? Il pourrait revenir, il pourrait renoncer au châtiment, et laisser derrière lui sa bénédiction : alors, vous pourrez présenter offrandes et libations au Seigneur votre Dieu. Sonnez du cor dans Sion : prescrivez un jeûne sacré, annoncez une fête solennelle, réunissez le peuple, tenez une assemblée sainte, rassemblez les anciens, réunissez petits enfants et nourrissons ! Que le jeune époux sorte de sa maison, que la jeune mariée quitte sa chambre ! Entre le portail et l'autel, les prêtres, serviteurs du Seigneur, iront pleurer et diront : « Pitié, Seigneur, pour ton peuple, n'expose pas ceux qui t'appartiennent à l'insulte et aux moqueries des païens ! Faudra-t-il qu'on dise : "Où donc est leur Dieu ?" »

Et le Seigneur s'est ému en faveur de son pays, il a eu pitié de son peuple.

Psaume

50 (51), 3-4, 5-6AB, 12-13, 14.17

Un amour qui sauve

℟ *Pitié, Seigneur, car nous avons péché !*

Pitié pour moi, mon Dieu, dans ton amour,
selon ta grande miséricorde, efface mon péché.
Lave-moi tout entier de ma faute,
purifie-moi de mon offense. ℟

Oui, je connais mon péché,
ma faute est toujours devant moi.
Contre toi, et toi seul, j'ai péché,
ce qui est mal à tes yeux, je l'ai fait. ℟

Crée en moi un cœur pur, ô mon Dieu,
renouvelle et raffermis au fond de moi mon esprit.
Ne me chasse pas loin de ta face,
ne me reprends pas ton esprit saint. ℟

Rends-moi la joie d'être sauvé ;
que l'esprit généreux me soutienne.
Seigneur, ouvre mes lèvres,
et ma bouche annoncera ta louange. ℟

Deuxième lecture

LECTURE DE LA DEUXIÈME LETTRE DE SAINT PAUL APÔTRE AUX CORINTHIENS 5, 20 – 6, 2

Le moment favorable

Frères, nous sommes les ambassadeurs du Christ, et par nous c'est Dieu lui-même qui lance un appel : nous le demandons au nom du Christ, laissez-vous réconcilier avec Dieu. Celui qui n'a pas connu le péché, Dieu l'a pour nous identifié au péché, afin qu'en lui nous devenions justes de la justice même de Dieu. En tant que coopérateurs de Dieu, nous vous exhortons encore à ne pas laisser sans effet la grâce reçue de lui. Car il dit dans l'Écriture : *Au moment favorable je t'ai exaucé, au jour du salut je t'ai secouru*. Le voici maintenant le moment favorable, le voici maintenant le jour du salut.

Acclamation de l'Évangile

Ta parole, Seigneur, est vérité, et ta loi, délivrance.
Aujourd'hui, ne fermez pas votre cœur, mais écoutez la voix du Seigneur. ***Ta parole, Seigneur, est vérité, et ta loi, délivrance.***

Évangile

ÉVANGILE DE JÉSUS CHRIST SELON SAINT MATTHIEU 6, 1-6. 16-18

Une relation intime

En ce temps-là, Jésus disait à ses disciples : « Ce que vous faites pour devenir des justes, évitez de l'accomplir devant les hommes pour vous faire remarquer. Sinon, il n'y a pas de récompense pour vous auprès de votre Père qui est aux cieux.

Ainsi, quand tu fais l'aumône, ne fais pas sonner la trompette devant toi, comme les hypocrites qui se donnent en spectacle dans les synagogues et dans les rues, pour obtenir la gloire qui vient des hommes. Amen, je vous le déclare : ceux-là ont reçu leur récompense. Mais toi, quand tu fais l'aumône, que ta main gauche ignore ce que fait ta main droite, afin que ton aumône reste dans le secret ; ton Père qui voit dans le secret te le rendra.

Et quand vous priez, ne soyez pas comme les hypocrites : ils aiment à se tenir debout dans les synagogues et aux carrefours pour bien se montrer aux hommes quand ils prient. Amen, je vous le déclare : ceux-là ont reçu leur récompense. Mais toi, quand tu pries, retire-toi dans ta pièce la plus retirée, ferme la porte, et prie ton Père qui est présent dans le secret ; ton Père qui voit dans le secret te le rendra.

Et quand vous jeûnez, ne prenez pas un air abattu, comme les hypocrites : ils prennent une mine défaite pour bien montrer aux hommes qu'ils jeûnent. Amen, je vous le déclare : ceux-là ont reçu leur récompense. Mais toi, quand tu jeûnes, parfume-toi la tête et lave-toi le visage ; ainsi, ton jeûne ne sera pas connu des hommes, mais seulement de ton Père qui est présent au plus secret ; ton Père qui voit au plus secret te le rendra. »

Comprendre

Livre de Joël

Joël est l'un des douze petits prophètes. Face à la famine qui touche Israël, le prophète promet que Dieu bénira à nouveau son peuple si celui-ci se convertit.

Libations

Rituel qui consiste à verser un liquide (vin, huile…) en offrande à la divinité, type de sacrifice.

Jeûne

Privation volontaire de nourriture en signe de pénitence et de conversion. Les Juifs du temps de Jésus le pratiquaient fréquemment à l'occasion de fêtes.

Vibration

« *Nous sommes les ambassadeurs du Christ.* »
Comment vis-tu ta foi ? Plutôt en l'annonçant haut et fort ou plutôt en la vivant secrètement ?

« *Lent à la colère et plein d'amour.* »
Qu'est-ce qui te met en colère ? Comment réussis-tu à faire place à l'amour ? Ressens-tu le besoin de te confier à Dieu ?

Inspiration

Dieu nous fait une promesse, celle de l'amour, un amour inconditionnel pour nous. Il nous invite à en faire de même avec lui et avec les autres. Cela semble simple lorsqu'on lit la Bible mais si difficile lorsqu'on essaie de vivre cela au quotidien. Les épreuves de la vie, les tentations, des événements insurmontables nous font souvent trébucher sur ce chemin. Il semble alors plus facile de remettre cela pour plus tard... Mais Dieu est patient et a mis en nous sa grâce. Prenons le temps de la repérer dans nos vies et la faire fructifier. Chez les Scouts et Guides, la loi nous y invite aussi en participant à la construction d'un monde de justice et de paix. C'est un beau défi à relever !

CAROLINE LE GAC DE LANSALUT
Déléguée nationale Éducation, pédagogie et activités des Scouts et Guides de France (2016-2020)

PITCH MERCADAL

DIMANCHE 21 FÉVRIER 2021

1er dimanche du Carême

Le Carême est un arc-en-ciel !

Mots-clés

Alliance
Baptême
Désert

Le Carême est un arc-en-ciel !

Arrêtons de construire des murs, Dieu pose un pont entre lui et nous.

Première lecture

LECTURE DU LIVRE DE LA GENÈSE 9, 8-15

Après le déluge, un arc-en-ciel

Dieu dit à Noé et à ses fils : « Voici que moi, j'établis mon alliance avec vous, avec votre descendance après vous, et avec tous les êtres vivants qui sont avec vous : les oiseaux, le bétail, toutes les bêtes de la terre, tout ce qui est sorti de l'arche. Oui, j'établis mon alliance avec vous : aucun être de chair ne sera plus détruit par les eaux du déluge, il n'y aura plus de déluge pour ravager la terre. » Dieu dit encore : « Voici le signe de l'alliance que j'établis entre moi et vous, et avec tous les êtres vivants qui sont avec vous, pour les générations à jamais : je mets mon arc au milieu des nuages, pour qu'il soit le signe de l'alliance entre moi et la terre. Lorsque je rassemblerai les nuages au-dessus de la terre, et que l'arc apparaîtra au milieu des nuages, je me souviendrai de mon alliance qui est entre moi et vous, et tous les êtres vivants : les eaux ne se changeront plus en déluge pour détruire tout être de chair. »

Psaume

24 (25), 4-5AB, 6-7BC, 8-9

Seigneur, guide-moi sur le chemin !

℟ *Tes chemins, Seigneur,*
sont amour et vérité
pour qui garde ton alliance.

Seigneur, enseigne-moi tes voies,
fais-moi connaître ta route.
Dirige-moi par ta vérité, enseigne-moi,
car tu es le Dieu qui me sauve. ℟

Rappelle-toi, Seigneur, ta tendresse,
ton amour qui est de toujours.
Dans ton amour, ne m'oublie pas,
en raison de ta bonté, Seigneur. ℟

Il est droit, il est bon, le Seigneur,
lui qui montre aux pécheurs le chemin.
Sa justice dirige les humbles,
il enseigne aux humbles son chemin. ℟

Deuxième lecture

LECTURE DE LA PREMIÈRE LETTRE DE SAINT PIERRE APÔTRE 3, 18-22

L'engagement du baptême

Bien-aimés, le Christ, lui aussi, a souffert pour les péchés, une seule fois, lui, le juste, pour les injustes, afin de vous introduire devant Dieu ; il a été mis à mort dans la chair, mais vivifié dans l'Esprit. C'est en lui qu'il est parti proclamer son message aux esprits qui étaient en captivité. Ceux-ci, jadis, avaient refusé d'obéir, au temps où se prolongeait la patience de Dieu, quand Noé construisit l'arche, dans laquelle un petit nombre, en tout huit personnes, furent sauvées à travers l'eau. C'était une figure du baptême qui vous sauve maintenant : le baptême ne purifie pas de souillures extérieures, mais il est l'engagement envers Dieu d'une conscience droite et il sauve par la résurrection de Jésus Christ, lui qui est à la droite de Dieu, après s'en être allé au ciel, lui à qui sont soumis les anges, ainsi que les Souverainetés et les Puissances.

Acclamation de l'Évangile

Ta parole, Seigneur, est vérité, et ta loi, délivrance. L'homme ne vit pas seulement de pain, mais de toute parole qui sort de la bouche de Dieu. ***Ta parole, Seigneur, est vérité, et ta loi, délivrance.***

Évangile

ÉVANGILE DE JÉSUS CHRIST SELON SAINT MARC 1, 12-15

Une pause avant la mission

En ce temps-là, Jésus venait d'être baptisé. Aussitôt l'Esprit le pousse au désert et, dans le désert, il resta quarante jours, tenté par Satan. Il vivait parmi les bêtes sauvages, et les anges le servaient. Après l'arrestation de Jean, Jésus partit pour la Galilée proclamer l'Évangile de Dieu ; il disait : « Les temps sont accomplis : le règne de Dieu est tout proche. Convertissez-vous et croyez à l'Évangile. »

Comprendre

Livre de la Genèse
Premier livre de la Bible qui raconte le « commencement, l'origine » non seulement du monde mais aussi de l'alliance entre Dieu et les Hébreux.

Alliance
Contrat, entente réciproque entre Dieu et les hommes. Dieu s'engage à protéger les hommes et les hommes s'engagent à obéir à Dieu.

Évangile
Ce terme, avant de désigner les quatre livres de la Bible, signifie « la Bonne Nouvelle », le contenu du message annoncé par Jésus lui-même.

Vibration

« Voici le signe de l'alliance. »
As-tu déjà réfléchi à ce que Dieu te donne ou t'a donné dans ta vie ? Comment réalise-t-il aussi sa promesse envers toi ?

« L'Esprit le pousse au désert. »
Dans nos vies trépidantes, prends-tu toi aussi le temps de te poser ? Que voudrais-tu changer pour laisser plus de place à Dieu ?

« Les anges le servaient. »
Le service pour toi, qu'est-ce que c'est ? Es-tu prêt à te mettre au service ?

Inspiration

Ce début de Carême est l'occasion de se rappeler les signes de l'alliance avec Dieu : le signe de l'arc-en-ciel qu'il met dans le ciel de Noé nous rappelle l'alliance établie avec son peuple. Pierre, lui, nous rappelle la valeur du baptême, cette relation privilégiée à Dieu.

Dieu est prêt à tout recommencer avec toi. Il t'envoie un signe. Il trace un arc-en-ciel et pose un pont entre lui et toi. Oseras-tu le franchir ? Oseras-tu prendre ton salut en main, et témoigner de ton baptême ? Et si tu te servais de ton baptême pour raviver les couleurs de ta vie ? S'il te poussait à aller vers les autres, à t'engager ? L'arc-en-ciel est pour tous ! Quels sont tes engagements ? Comment es-tu acteur de l'Évangile ? Es-tu fier de porter ta chemise et ton foulard, fier d'être « arc-en-ciel » ? Dieu t'invite à construire des ponts, et à mettre des couleurs dans ta vie. Quarante jours pour choisir de réveiller le bonheur qui dort au fond de toi, écouter Dieu, te mettre au service des autres et de Dieu.

DOMINIQUE VACQUIER
Comité de rédaction de *Cléophas*

Le mémo de la semaine

Samedi 27 février 2021 :
Journée mondiale
des ONG fondée…
par un étudiant letton
de 24 ans. À toi de jouer !

ARTHUR LABAT

2e dimanche du Carême

Ces choses qui nous dépassent

Mots-clés

Foi
Résurrection
Serviteur

Ces choses qui nous dépassent

En haut du mont Thabor, Jésus est transfiguré devant trois de ses disciples : Pierre, Jean et Jacques. À cette occasion, il leur annonce que le Fils de Dieu ressuscitera d'entre les morts.

Première lecture

LECTURE DU LIVRE DE LA GENÈSE 22, 1-2.9-13.15-18

Et Dieu mit Abraham à l'épreuve

En ces jours-là, Dieu mit Abraham à l'épreuve. Il lui dit : « Abraham ! » Celui-ci répondit : « Me voici ! » Dieu dit : « Prends ton fils, ton unique, celui que tu aimes, Isaac, va au pays de Moriah, et là tu l'offriras en holocauste sur la montagne que je t'indiquerai. » Ils arrivèrent à l'endroit que Dieu avait indiqué. Abraham y bâtit l'autel et disposa le bois ; puis il lia son fils Isaac et le mit sur l'autel, par-dessus le bois. Abraham étendit la main et saisit le couteau pour immoler son fils. Mais l'ange du Seigneur l'appela du haut du ciel et dit : « Abraham ! Abraham ! » Il répondit : « Me voici ! » L'ange lui dit : « Ne porte pas la main sur le garçon ! Ne lui fais aucun mal ! Je sais maintenant que tu crains Dieu : tu ne m'as pas refusé ton fils, ton unique. » Abraham leva les yeux et vit un bélier retenu par les cornes dans un buisson. Il alla prendre le bélier et l'offrit en holocauste à la place de son fils. Du ciel, l'ange du Seigneur appela une seconde fois Abraham. Il déclara : « Je le jure par moi-même, oracle du Seigneur : parce que tu as fait cela, parce que tu ne m'as pas refusé ton fils, ton unique, je te comblerai de bénédictions, je rendrai ta descendance aussi nombreuse que les étoiles du ciel et que le sable au bord de la mer, et ta descendance occupera les places fortes de ses ennemis. Puisque tu as écouté ma voix, toutes les nations de la terre s'adresseront l'une à l'autre la bénédiction par le nom de ta descendance. »

Psaume

115, (116B), 10.15, 16AC-17, 18-19

Je suis ton serviteur, Seigneur

℟ *Je marcherai en présence du Seigneur sur la terre des vivants.*

Je crois, et je parlerai,
moi qui ai beaucoup souffert.
Il en coûte au Seigneur
de voir mourir les siens ! ℟

Ne suis-je pas, Seigneur, ton serviteur,
moi, dont tu brisas les chaînes ?
Je t'offrirai le sacrifice d'action de grâce,
j'invoquerai le nom du Seigneur. ℟

Je tiendrai mes promesses au Seigneur,
oui, devant tout son peuple,
à l'entrée de la maison du Seigneur,
au milieu de Jérusalem ! ℟

Deuxième lecture

LECTURE DE LA LETTRE DE SAINT PAUL APÔTRE AUX ROMAINS 8, 31B-34

Le don de Dieu

Frères, si Dieu est pour nous, qui sera contre nous ? Il n'a pas épargné son propre Fils, mais il l'a livré pour nous tous : comment pourrait-il, avec lui, ne pas nous donner tout ? Qui accusera ceux que Dieu a choisis ? Dieu est celui qui rend juste : alors, qui pourra condamner ? Le Christ Jésus est mort ; bien plus, il est ressuscité, il est à la droite de Dieu, il intercède pour nous.

Acclamation de l'Évangile

Gloire au Christ, Parole éternelle du Dieu vivant. Gloire à toi, Seigneur. De la nuée lumineuse, la voix du Père a retenti : « Celui-ci est mon Fils bien-aimé, écoutez-le ! » ***Gloire au Christ, Parole éternelle du Dieu vivant. Gloire à toi, Seigneur.***

Évangile

ÉVANGILE DE JÉSUS CHRIST SELON SAINT MARC 9, 2-10

La gloire de Jésus

En ce temps-là, Jésus prit avec lui Pierre, Jacques et Jean, et les emmena, eux seuls, à l'écart sur une haute montagne. Et il fut transfiguré devant eux. Ses vêtements devinrent resplendissants, d'une blancheur telle que personne sur terre ne peut obtenir une blancheur pareille. Élie leur apparut avec Moïse, et tous deux s'entretenaient avec Jésus. Pierre alors prend la parole et dit à Jésus : « Rabbi, il est bon que nous soyons ici ! Dressons donc trois tentes : une pour toi, une pour Moïse, et une pour Élie. » De fait, Pierre ne savait que dire, tant leur frayeur était grande. Survint une nuée qui les couvrit de son ombre, et de la nuée une voix se fit entendre : « Celui-ci est mon Fils bien-aimé : écoutez-le ! » Soudain, regardant tout autour, ils ne virent plus que Jésus seul avec eux. Ils descendirent de la montagne, et Jésus leur ordonna de ne raconter à personne ce qu'ils avaient vu, avant que le Fils de l'homme soit ressuscité d'entre les morts. Et ils restèrent fermement attachés à cette parole, tout en se demandant entre eux ce que voulait dire : « ressusciter d'entre les morts ».

Comprendre

Pays de Moriah
Dans une tradition juive assez tardive, le mont Moriah est identifié au mont du Temple, à Jérusalem.

Lettre aux Romains
Saint Paul n'a pas fondé l'Église de Rome mais a des échanges avec elle et essaie de résoudre les conflits entre les chrétiens issus du judaïsme et les chrétiens issus du paganisme (romains ou grecs).

Transfiguré
Le visage de Jésus a changé d'aspect, a été « métamorphosé ».

Vibration

« Abraham ! » « Me voici ! »
As-tu déjà entendu un appel dans ta vie ? Comment y as-tu répondu ?

« Et il fut transfiguré devant eux. »
À l'occasion d'un moment important de ta vie, t'es-tu déjà senti transporté ? Des personnes de ton entourage t'ont-elles alors dit que tu étais rayonnant ? Souviens-toi du plus beau moment que tu as déjà vécu. Reconnais-tu dans ce moment quelque chose de plus grand, qui te dépasse ?

« Et ils restèrent fermement attachés à cette parole. »
Comment ces petits instants « hors du temps » orientent-ils le reste de ta vie quotidienne ?

Inspiration

Combien de fois me suis-je sentie sur mon petit nuage, très loin de ma réalité, après des moments forts de ma vie ? Après ma semaine de formation BAFA à Jambville, il m'a fallu plusieurs jours pour redescendre sur terre.

Ces camps, ces projets scouts d'où l'on revient transformé, transfiguré, ces moments dont on ressort rayonnant, pouvons-nous même les raconter à ceux qui sont restés loin de tout cela ? Nous racontons de petites choses, mais nous ne trouvons pas les mots pour exprimer les sentiments les plus forts, ceux qui nous dépassent. Les disciples non plus ne raconteront rien de ce qu'ils ont vu et entendu. Reconnaissons la présence de Dieu dans ces instants « hors du temps » qui donnent du sens à toute notre vie.

LOUISE DEVILLE
Cheftaine louveteaux-jeannettes
du groupe de Yerres (Essonne)

Le mémo de la semaine

Mercredi 3 mars 2021 : Journée mondiale de la vie sauvage. Histoire d'aimer la Création et de protéger la vie sur la planète.

MAYLIS RIBIER

3e dimanche du Carême

La loi et la Parole

Mots-clés

Amour
Commandement
Confiance

DIMANCHE 7 MARS 2021

La loi et la Parole

Faire le vide de ce qui encombre dans sa vie pour donner sens et cohérence à ses actions.

Première lecture

LECTURE DU LIVRE DE L'EXODE 20, 1-17

De saints commandements

En ces jours-là, sur le Sinaï, Dieu prononça toutes les paroles que voici : « Je suis le Seigneur ton Dieu, qui t'ai fait sortir du pays d'Égypte, de la maison d'esclavage. Tu n'auras pas d'autres dieux en face de moi. Tu ne feras aucune idole, aucune image de ce qui est là-haut dans les cieux, ou en bas sur la terre, ou dans les eaux par-dessous la terre. Tu ne te prosterneras pas devant ces dieux, pour leur rendre un culte. Car moi, le Seigneur ton Dieu, je suis un Dieu jaloux : chez ceux qui me haïssent, je punis la faute des pères sur les fils, jusqu'à la troisième et la quatrième génération ; mais ceux qui m'aiment et observent mes commandements, je leur montre ma fidélité jusqu'à la millième génération. Tu n'invoqueras pas en vain le nom du Seigneur ton Dieu, car le Seigneur ne laissera pas impuni celui qui invoque en vain son nom.

Souviens-toi du jour du sabbat pour le sanctifier. Pendant six jours tu travailleras et tu feras tout ton ouvrage ; mais le septième jour est le jour du repos, sabbat en l'honneur du Seigneur ton Dieu : tu ne feras aucun ouvrage, ni toi, ni ton fils, ni ta fille, ni ton serviteur, ni ta servante, ni tes bêtes, ni l'immigré qui est dans ta ville. Car en six jours le Seigneur a fait le ciel, la terre, la mer et tout ce qu'ils contiennent, mais il s'est reposé le septième jour. C'est pourquoi le Seigneur a béni le jour du sabbat et l'a sanctifié. Honore ton père et ta mère, afin d'avoir longue vie sur la terre que te donne le Seigneur ton Dieu. Tu ne commettras pas de meurtre. Tu ne commettras pas d'adultère. Tu ne commettras pas de vol. Tu ne porteras pas de faux témoignage contre ton prochain. Tu ne convoiteras pas la maison de ton prochain ; tu ne convoiteras pas la femme de ton prochain, ni son serviteur, ni sa servante, ni son bœuf, ni son âne : rien de ce qui lui appartient. »

Psaume

18B (19), 8, 9, 10, 11

Paroles pour vivre en parfaite harmonie

℟ **_Seigneur, tu as les paroles de la vie éternelle._**

La loi du Seigneur est parfaite,
qui redonne vie ;
la charte du Seigneur est sûre,
qui rend sages les simples. ℟

Les préceptes du Seigneur sont droits,
ils réjouissent le cœur ;
le commandement du Seigneur est limpide,
il clarifie le regard. ℟

La crainte qu'il inspire est pure,
elle est là pour toujours ;
les décisions du Seigneur sont justes
et vraiment équitables : ℟

plus désirables que l'or,
qu'une masse d'or fin,
plus savoureuses que le miel
qui coule des rayons. ℟

Deuxième lecture

LECTURE DE LA PREMIÈRE LETTRE DE SAINT PAUL APÔTRE AUX CORINTHIENS 1, 22-25

Sagesse ou folie ?

Frères, alors que les Juifs réclament des signes miraculeux, et que les Grecs recherchent une sagesse, nous, nous proclamons un Messie crucifié, scandale pour les Juifs, folie pour les nations païennes. Mais pour ceux que Dieu appelle, qu'ils soient juifs ou grecs, ce Messie, ce Christ, est puissance de Dieu et sagesse de Dieu. Car ce qui est folie de Dieu est plus sage que les hommes, et ce qui est faiblesse de Dieu est plus fort que les hommes.

Acclamation de l'Évangile

Gloire au Christ, Sagesse éternelle du Dieu vivant. Gloire à toi, Seigneur. Dieu a tellement aimé le monde qu'il a donné son Fils unique, afin que ceux qui croient en lui aient la vie éternelle. ***Gloire au Christ, Sagesse éternelle du Dieu vivant. Gloire à toi, Seigneur.***

Évangile

ÉVANGILE DE JÉSUS CHRIST SELON SAINT JEAN 2, 13-25

La vie simple ou simplement la vie

Comme la Pâque juive était proche, Jésus monta à Jérusalem. Dans le Temple, il trouva installés les marchands de bœufs, de brebis et de colombes, et les changeurs. Il fit un fouet avec des cordes, et les chassa tous du Temple, ainsi que les brebis et les bœufs ; il jeta par terre la monnaie des changeurs, renversa leurs comptoirs, et dit aux marchands de colombes : « Enlevez cela d'ici. Cessez de faire de la maison de mon Père une maison de commerce. » Ses disciples se rappelèrent qu'il est écrit : *L'amour de ta maison fera mon tourment*. Des Juifs l'interpellèrent : « Quel signe peux-tu nous donner pour agir ainsi ? » Jésus leur répondit : « Détruisez ce sanctuaire, et en trois jours je le relèverai. » Les Juifs lui répliquèrent : « Il a fallu quarante-six ans pour bâtir ce sanctuaire, et toi, en trois jours tu le relèverais ! » Mais lui parlait du sanctuaire de son corps.

Aussi, quand il se réveilla d'entre les morts, ses disciples se rappelèrent qu'il avait dit cela ; ils crurent à l'Écriture et à la parole que Jésus avait dite. Pendant qu'il était à Jérusalem pour la fête de la Pâque, beaucoup crurent en son nom, à la vue des signes qu'il accomplissait. Jésus, lui, ne se fiait pas à eux, parce qu'il les connaissait tous et n'avait besoin d'aucun témoignage sur l'homme ; lui-même, en effet, connaissait ce qu'il y a dans l'homme.

Comprendre

Sabbat

Septième jour de la Création, jour où Dieu non seulement n'a pas œuvré (en hébreu *shabbat* veut dire « repos, arrêt »), mais jour où Dieu a spiritualisé et sanctifié le monde.

Fête de la Pâque

Jésus, en juif pratiquant, montait trois fois à Jérusalem pour les fêtes de pèlerinage (Pâque, Pentecôte, fête des Tentes). La Pâque juive commémore la sortie d'Égypte sous la conduite de Moïse.

Changeur

On ne pouvait pas déposer de l'argent « profane », normal, dans le Temple. Il fallait le changer en « monnaie du Temple ».

Vibration

« Car moi, le Seigneur ton Dieu, je suis un Dieu jaloux. »

Quel est donc ce Dieu qui dirige ? Est-ce le Dieu que tu connais ? Mais quelle image as-tu donc de Dieu ?

Inspiration

Quelques jours avant la Pâque juive, à Jérusalem, les marchands sont là pour permettre aux croyants d'accomplir les sacrifices rituels. Mais Jésus les chasse hors du Temple. Il veut que la maison de son Père s'ouvre à la prière de toutes les nations, il ne veut pas que l'on défigure le visage de Dieu en faisant commerce.

Dans notre monde, aujourd'hui, nous sommes témoins de beaucoup de problèmes – chômage, repli sur soi, attentats, guerres –, qui défigurent le monde. Nous devons trouver un sens à notre vie, une cohérence entre ce que nous vivons et le message du Christ. Donnons-nous pour mission de répondre à une nouvelle loi : la loi de l'amour. Faire des rencontres, mettre en place des amitiés durables, témoigner de gestes fraternels, c'est accomplir cette loi. Aussi, sur ce chemin de Pâques, essayons de nous débarrasser de ce qui encombre notre vie, suivons le chemin en vivant l'Évangile en acte, trouvons une foi personnelle pour découvrir que nous sommes vraiment tous aimés de Dieu.

ISABELLE ARTIÈRES
Ancienne animatrice Cléophas
Territoire de l'Hérault

m

Le mémo de la semaine

Lundi 8 mars 2021 :
Journée internationale des femmes, appelée en France Journée internationale du droit des femmes, et médiatiquement Journée de la femme. Créée en Union soviétique en 1921 et reprise par l'Onu en 1977.

LAUREN ET XAVIER ORTOLLAND

4e dimanche du Carême

Ton amour nous conduit à la lumière

Mots-clés

Amour
Miséricorde
Vérité

Ton amour nous conduit à la lumière

Malgré nos fautes, le Seigneur ne nous abandonne jamais. Il nous invite à être en vérité, avec nous-mêmes et avec les autres, pour vivre dans la joie.

Première lecture

LECTURE DU DEUXIÈME LIVRE DES CHRONIQUES 36, 14-16. 19-23

Au-delà de la colère, la miséricorde

En ces jours-là, tous les chefs des prêtres et du peuple multipliaient les infidélités, en imitant toutes les abominations des nations païennes, et ils profanaient la Maison que le Seigneur avait consacrée à Jérusalem. Le Seigneur, le Dieu de leurs pères, sans attendre et sans se lasser, leur envoyait des messagers, car il avait pitié de son peuple et de sa Demeure. Mais eux tournaient en dérision les envoyés de Dieu, méprisaient ses paroles, et se moquaient de ses prophètes ; finalement, il n'y eut plus de remède à la fureur grandissante du Seigneur contre son peuple. Les Babyloniens brûlèrent la Maison de Dieu, détruisirent le rempart de Jérusalem, incendièrent tous ses palais, et réduisirent à rien tous leurs objets précieux. Nabucodonosor déporta à Babylone ceux qui avaient échappé au massacre ; ils devinrent les esclaves du roi et de ses fils jusqu'au temps de la domination des Perses. Ainsi s'accomplit la parole du Seigneur proclamée par Jérémie : *La terre sera dévastée et elle se reposera durant 70 ans, jusqu'à ce qu'elle ait compensé par ce repos tous les sabbats profanés.* Or, la première année du règne de Cyrus, roi de Perse, pour que soit accomplie la parole du Seigneur proclamée par Jérémie, le Seigneur inspira Cyrus, roi de Perse. Et celui-ci fit publier dans tout son royaume – et même consigner par écrit – : « Ainsi parle Cyrus, roi de Perse : Le Seigneur, le Dieu du ciel, m'a donné tous les royaumes de la terre ; et il m'a chargé de lui bâtir une maison à Jérusalem, en Juda. Quiconque parmi vous fait partie de son peuple, que le Seigneur son Dieu soit avec lui, et qu'il monte à Jérusalem ! »

Psaume

136 (137), 1-2, 3, 4-5, 6

Pas de joie loin de toi

℟ *Que ma langue s'attache à mon palais*
si je perds ton souvenir !

Au bord des fleuves de Babylone nous étions assis et nous pleurions,
nous souvenant de Sion ;
aux saules des alentours
nous avions pendu nos harpes. ℟

C'est là que nos vainqueurs nous demandèrent des chansons,
et nos bourreaux, des airs joyeux :
« Chantez-nous, disaient-ils,
quelque chant de Sion. » ℟

Comment chanterions-nous un chant du Seigneur
sur une terre étrangère ?
Si je t'oublie, Jérusalem,
que ma main droite m'oublie ! ℟

Je veux que ma langue s'attache à mon palais
si je perds ton souvenir,
si je n'élève Jérusalem
au sommet de ma joie. ℟

Deuxième lecture

LECTURE DE LA LETTRE DE SAINT PAUL APÔTRE AUX ÉPHÉSIENS 2, 4-10

Ta miséricorde infinie nous relève

Frères, Dieu est riche en miséricorde ; à cause du grand amour dont il nous a aimés, nous qui étions des morts par suite de nos fautes, il nous a donné la vie avec le Christ : c'est bien par grâce que vous êtes sauvés. Avec lui, il nous a ressuscités et il nous a fait siéger aux cieux, dans le Christ Jésus. Il a voulu ainsi montrer, au long des âges futurs, la richesse surabondante de sa grâce, par sa bonté pour nous dans le Christ Jésus. C'est bien par la grâce que vous êtes sauvés, et par le moyen de la foi. Cela ne vient pas de vous, c'est le don de Dieu. Cela ne vient pas des actes : personne ne peut en tirer orgueil. C'est Dieu qui nous a faits, il nous a créés dans le Christ Jésus, en vue de la réalisation d'œuvres bonnes qu'il a préparées d'avance pour que nous les pratiquions.

Acclamation de l'Évangile

Gloire et louange à toi, Seigneur Jésus ! Dieu a tellement aimé le monde qu'il a donné son Fils unique, afin que ceux qui croient en lui aient la vie éternelle. ***Gloire et louange à toi, Seigneur Jésus !***

Évangile

ÉVANGILE DE JÉSUS CHRIST SELON SAINT JEAN 3, 14-21

De la vérité à la vie

En ce temps-là, Jésus disait à Nicodème : « De même que le serpent de bronze fut élevé par Moïse dans le désert, ainsi faut-il que le Fils de l'homme soit élevé, afin qu'en lui tout homme qui croit ait la vie éternelle. Car Dieu a tellement aimé le monde qu'il a donné son Fils unique, afin que quiconque croit en lui ne se perde pas, mais obtienne la vie éternelle. Car Dieu a envoyé son Fils dans le monde, non pas pour juger le monde, mais pour que, par lui, le monde soit sauvé. Celui qui croit en lui échappe au Jugement, celui qui ne croit pas est déjà jugé, du fait qu'il n'a pas cru au nom du Fils unique de Dieu. Et le

Jugement, le voici : la lumière est venue dans le monde, et les hommes ont préféré les ténèbres à la lumière, parce que leurs œuvres étaient mauvaises. Celui qui fait le mal déteste la lumière : il ne vient pas à la lumière, de peur que ses œuvres ne soient dénoncées ; mais celui qui fait la vérité vient à la lumière, pour qu'il soit manifeste que ses œuvres ont été accomplies en union avec Dieu. »

Comprendre

Livres des Chroniques
Ces deux livres reprennent toute l'histoire d'Israël depuis la Création jusqu'à la déportation à Babylone et insistent sur le péché des hommes et les punitions divines.

Abomination
Dans la Bible, désigne un culte idolâtre, païen, qui déplaît à Dieu et entraîne la punition du peuple pécheur.

Jugement
En saint Jean, le Jugement n'est pas réellement un jugement à la fin des temps mais un jugement immédiat : chacun est jugé selon ses actes.

Vibration

« ***Nous étions assis et nous pleurions.*** »
Dans l'épreuve ou la difficulté, quelles personnes ou paroles t'ont aidé à te relever ?

« ***Dieu est riche en miséricorde.*** »
Et toi, peux-tu faire le premier pas pour renouer une relation tendue ou rompue ?

« ***Celui qui fait la vérité vient à la lumière.*** »
As-tu le courage de rester en vérité avec toi-même, avec les autres, avec Dieu ? Qu'est-ce qui t'aide à le faire ou t'en empêche ?

Inspiration

Que ce soit à la maison, dans notre environnement scolaire ou professionnel, ou dans nos activités, nous sommes tous confrontés à la même difficulté de garder de bonnes relations avec chacun, au-delà de notre intérêt personnel. Aujourd'hui, le Seigneur nous redit son amour au-delà de nos faiblesses ! Il nous invite à ne pas désespérer de nous-mêmes et des autres et nous donne le courage de renouer des relations fraternelles. Quel beau message d'espérance ! Laissons-nous habiter par son amour miséricordieux ! Que son Esprit inspire nos paroles et nos actes, pour nous permettre de nous rapprocher les uns des autres, et de vivre des relations sincères et durables nous apportant joie et paix.

ANNE-CLAIRE ET GILLES WITTMANN
Animateurs Cléophas
Territoire vallé Sud de Seine

Le mémo de la semaine

Samedi 20 mars 2021 :
Bon, hier c'était saint Joseph, solennité au cœur du Carême ! Aujourd'hui : Journée mondiale de la francophonie.
Une langue chérie par 70 États et gouvernements du monde entier.

CÉCILE MERCADAL

DIMANCHE 21 MARS 2021

5e dimanche du Carême

L'Alliance nouvelle et éternelle

Mots-clés

Générosité
Pardon
Réconciliation

L'Alliance nouvelle et éternelle

Le Carême est un temps de réconciliation avec Dieu et les autres. L'occasion d'un grand ménage de printemps ? La « service attitude » ? Seigneur Jésus, apprends-nous !

Première lecture

LECTURE DU LIVRE DU PROPHÈTE JÉRÉMIE 31, 31-34

Comme on se retrouve !

Voici venir des jours – oracle du Seigneur –, où je conclurai avec la maison d'Israël et avec la maison de Juda une alliance nouvelle. Ce ne sera pas comme l'alliance que j'ai conclue avec leurs pères, le jour où je les ai pris par la main pour les faire sortir du pays d'Égypte : mon alliance, c'est eux qui l'ont rompue, alors que moi, j'étais leur maître – oracle du Seigneur.

Mais voici quelle sera l'alliance que je conclurai avec la maison d'Israël quand ces jours-là seront passés – oracle du Seigneur. Je mettrai ma Loi au plus profond d'eux-mêmes ; je l'inscrirai sur leur cœur. Je serai leur Dieu, et ils seront mon peuple. Ils n'auront plus à instruire chacun son compagnon, ni chacun son frère en disant : « Apprends à connaître le Seigneur ! » Car tous me connaîtront, des plus petits jusqu'aux plus grands – oracle du Seigneur. Je pardonnerai leurs fautes, je ne me rappellerai plus leurs péchés.

Psaume

50 (51), 3-4, 12-13, 14-15

Chantez le pardon !

℟ ***Crée en moi un cœur pur, ô mon Dieu.***

Pitié pour moi, mon Dieu, dans ton amour,
selon ta grande miséricorde, efface mon péché.
Lave-moi tout entier de ma faute,
purifie-moi de mon offense. ℟

Crée en moi un cœur pur, ô mon Dieu,
renouvelle et raffermis au fond de moi mon esprit.
Ne me chasse pas loin de ta face,
ne me reprends pas ton esprit saint. ℟

Rends-moi la joie d'être sauvé ;
que l'esprit généreux me soutienne.
Aux pécheurs, j'enseignerai tes chemins ;
vers toi, reviendront les égarés. ℟

Deuxième lecture

LECTURE DE LA LETTRE AUX HÉBREUX 5, 7-9

Le Christ livré pour nous !

Le Christ, pendant les jours de sa vie dans la chair, offrit, avec un grand cri et dans les larmes, des prières et des supplications à Dieu qui pouvait le sauver de la mort, et il fut exaucé en raison de son grand respect. Bien qu'il soit le Fils, il apprit par ses souffrances l'obéissance et, conduit à sa perfection, il est devenu pour tous ceux qui lui obéissent la cause du salut éternel.

Acclamation de l'Évangile

Gloire à toi, Seigneur, gloire à toi. Si quelqu'un veut me servir, qu'il me suive, dit le Seigneur ; et là où moi je suis, là aussi sera mon serviteur. ***Gloire à toi, Seigneur, gloire à toi.***

Évangile

ÉVANGILE DE JÉSUS CHRIST SELON SAINT JEAN 12, 20-33

Ce que l'on sème !

En ce temps-là, il y avait quelques Grecs parmi ceux qui étaient montés à Jérusalem pour adorer Dieu pendant la fête de la Pâque. Ils abordèrent Philippe, qui était de Bethsaïde en Galilée, et lui firent cette demande : « Nous voudrions voir Jésus. » Philippe va le dire à André, et tous deux vont le dire à Jésus. Alors Jésus leur déclare : « L'heure est venue où le Fils de l'homme doit être glorifié. Amen, amen, je vous le dis : si le grain de blé tombé en terre ne meurt pas, il reste seul ; mais s'il meurt, il porte beaucoup de fruit. Qui aime sa vie la perd ; qui s'en détache en ce monde la gardera pour la vie éternelle. Si quelqu'un veut me servir, qu'il me suive ; et là où moi je suis, là aussi sera mon serviteur. Si quelqu'un me sert, mon Père l'honorera. Maintenant mon âme est bouleversée. Que vais-je dire ? "Père, sauve-moi de cette heure" ? – Mais non ! C'est pour cela que je suis parvenu à cette heure-ci ! Père, glorifie ton nom ! » Alors, du ciel vint une voix qui disait : « Je l'ai glorifié et je le glorifierai encore. » En l'entendant, la foule qui se tenait là disait que c'était un coup de tonnerre. D'autres disaient : « C'est un ange qui lui a parlé. » Mais Jésus leur répondit : « Ce n'est pas pour moi qu'il y a eu cette voix, mais pour vous. Maintenant a lieu le jugement de ce monde ; maintenant le prince de ce monde va être jeté dehors ; et moi, quand j'aurai été élevé de terre, j'attirerai à moi tous les hommes. » Il signifiait par là de quel genre de mort il allait mourir.

Comprendre

Psaume 50
Appelé « Miserere » dans la tradition, c'est par exemple le psaume qui témoigne d'une grande repentance, d'un regret du péché.

Lettre aux Hébreux
Longtemps attribuée à saint Paul, cette lettre montre comment le Christ a remplacé le culte du Temple de Jérusalem.

Salut éternel
Désigne la vie promise par Dieu, la joie qui consiste à voir éternellement Dieu.

Vibration

« Si le grain de blé tombé en terre ne meurt pas, il reste seul ; mais s'il meurt, il donne beaucoup de fruit. »
Jésus donne sa vie pour nous sauver. Et toi, quels sont les gestes de générosité que tu fais dans ta vie de tous les jours ?

« Selon ta grande miséricorde, efface mon péché. »
Demandes-tu souvent à Jésus de te pardonner ?
Et toi, effaces-tu facilement le mal que les autres t'ont fait ?

Inspiration

Et si je faisais un point sur ma relation avec les autres ? Dieu ? Ma famille ? Mes amis ? Y a-t-il des tensions avec certaines personnes ? Jésus nous dit : « Aimez-vous les uns les autres ». C'est toujours compliqué de trouver la force d'aimer tout le monde, notamment quand on a du mal à s'entendre avec la personne.

C'est pourquoi Dieu nous propose un renouveau : « Ceci est la coupe de mon sang, le sang de l'Alliance nouvelle et éternelle, qui sera versé pour vous et pour la multitude en rémission des péchés. ». Jésus s'est sacrifié pour nous. Chaque dimanche, il nous permet de recommencer pour faire mieux. Plus encore en cette période de Carême, essayons de changer nos mauvaises habitudes et de faire un pas vers l'autre.

Un petit geste simple d'amour désintéressé peut changer la journée de quelqu'un. Pourquoi ne pas essayer ? Et si tu as peur de te lancer, tu peux organiser un Ange gardien avec le reste du groupe, chaque personne veillant sur une autre durant la journée.

MAËLLE MADELÉNAT ET CLAIRE MATHON
Cheftaines Scouts et Guides
Groupe Stered An Oriant, Lorient (Morbihan)

Le mémo de la semaine

Jeudi 25 mars 2021 :
Annonciation du Seigneur.
Dans neuf mois c'est Noël !
L'islam fête aussi
cet événement de la vie
de la Vierge Marie.
Pour les musulmans, Isa
(Jésus) n'est pas le Seigneur,
mais un très grand prophète.

CÉCILE MERCADAL

Dimanche des Rameaux et de la Passion

Jésus nous ouvre la voie !

Mots-clés

Confiance
Courage
Doute

Jésus nous ouvre la voie !

Le Christ s'est fait petit en entrant à Jérusalem sur un âne. Il y a été accueilli comme un roi. Mais c'est abandonné de tous, sauf du Père, qu'il va affronter sa crucifixion.

Évangile de la procession des Rameaux

ÉVANGILE DE JÉSUS CHRIST SELON SAINT JEAN 12, 12-16

Entrée messianique à Jérusalem

En ce temps-là, quelques jours avant la Pâque, la grande foule venue pour la fête apprit que Jésus arrivait à Jérusalem. Les gens prirent des branches de palmiers et sortirent à sa rencontre. Ils criaient : « Hosanna ! Béni soit celui qui vient au nom du Seigneur ! Béni soit le roi d'Israël ! » Jésus, trouvant un petit âne, s'assit dessus, comme il est écrit : *Ne crains pas, fille de Sion. Voici ton roi qui vient, assis sur le petit d'une ânesse.* Cela, ses disciples ne le comprirent pas sur le moment ; mais, quand Jésus fut glorifié, ils se rappelèrent que l'Écriture disait cela de lui : c'était bien ce qu'on lui avait fait.

On peut lire aussi Marc 11, 1-10.

Première lecture

LECTURE DU LIVRE DU PROPHÈTE ISAÏE 50, 4-7

Une source intarissable de courage

Le Seigneur mon Dieu m'a donné le langage des disciples, pour que je puisse, d'une parole, soutenir celui qui est épuisé. Chaque matin, il éveille, il éveille mon oreille pour qu'en disciple, j'écoute. Le Seigneur mon Dieu m'a ouvert l'oreille, et moi, je ne me suis pas révolté, je ne me suis pas dérobé. J'ai présenté mon dos à ceux qui me frappaient, et mes joues à ceux qui m'arrachaient la barbe. Je n'ai pas caché ma face devant les outrages et les crachats. Le Seigneur mon Dieu vient à mon secours ; c'est pourquoi je ne suis pas atteint par les outrages, c'est pourquoi j'ai rendu ma face dure comme pierre : je sais que je ne serai pas confondu.

Psaume

21 (22), 8-9, 17-18A, 19-20, 22C-24A

Le Seigneur répond à nos doutes !

℟ *Mon Dieu, mon Dieu,*
pourquoi m'as-tu abandonné ?

Tous ceux qui me voient me bafouent,
ils ricanent et hochent la tête :
« Il comptait sur le Seigneur : qu'il le délivre !
Qu'il le sauve, puisqu'il est son ami ! » ℟

Oui, des chiens me cernent,
une bande de vauriens m'entoure.
Ils me percent les mains et les pieds ;
je peux compter tous mes os.

℟ Mon Dieu, mon Dieu,
pourquoi m'as-tu abandonné ?

Ils partagent entre eux mes habits
et tirent au sort mon vêtement.
Mais toi, Seigneur, ne sois pas loin :
ô ma force, viens vite à mon aide ! ℟

Tu m'as répondu !
Et je proclame ton nom devant mes frères,
je te loue en pleine assemblée.
Vous qui le craignez, louez le Seigneur. ℟

Deuxième lecture

LECTURE DE LA LETTRE DE SAINT PAUL APÔTRE AUX PHILIPPIENS 2, 6-11

Un Dieu qui s'est fait petit parmi nous

Le Christ Jésus, ayant la condition de Dieu, ne retint pas jalousement le rang qui l'égalait à Dieu. Mais il s'est anéanti, prenant la condition de serviteur, devenant semblable aux hommes. Reconnu homme à son aspect, il s'est abaissé, devenant obéissant jusqu'à la mort, et la mort de la croix. C'est pourquoi Dieu l'a exalté : il l'a doté du Nom qui est au-dessus de tout nom, afin qu'au nom de Jésus tout genou fléchisse au ciel, sur terre et aux enfers, et que toute langue proclame : « Jésus Christ est Seigneur » à la gloire de Dieu le Père.

Acclamation de l'Évangile

Gloire et louange à toi, Seigneur Jésus ! Pour nous, le Christ est devenu obéissant, jusqu'à la mort, et la mort de la croix. C'est pourquoi Dieu l'a exalté : il l'a doté du nom qui est au-dessus de tout nom. ***Gloire et louange à toi, Seigneur Jésus !***

Évangile

LA PASSION DE NOTRE SEIGNEUR JÉSUS CHRIST SELON SAINT MARC 14-1 – 15, 47

Souffrances du Christ, doutes et confiance

Indications pour la lecture dialoguée. Les sigles désignant les divers interlocuteurs sont les suivants : **✢** *= Jésus ;* **L.** *= lecteur ;* **D.** *= disciples et amis ;* **F.** *= foule ;* **A.** *= autres personnages.*

Complot et trahison

L. La fête de la Pâque et des pains sans levain allait avoir lieu deux jours après. Les grands prêtres et les scribes cherchaient comment arrêter Jésus par ruse, pour le faire mourir. Car ils se disaient : **A.** « Pas en pleine fête, pour éviter des troubles dans le peuple. »

L. Jésus se trouvait à Béthanie, dans la maison de Simon le lépreux. Pendant qu'il était à table, une femme entra, avec un flacon d'albâtre contenant un parfum très pur et de grande valeur. Brisant le flacon, elle lui versa le parfum sur la tête. Or, de leur côté, quelques-uns s'indignaient : **A.** « À quoi bon gaspiller ce parfum ? On aurait pu, en effet, le vendre pour plus de trois cents pièces d'argent, que l'on aurait données aux pauvres. » **L.** Et ils la rudoyaient. Mais Jésus leur dit : **✢** « Laissez-la ! Pourquoi la tourmenter ? Il est beau, le geste qu'elle a fait envers moi. Des pauvres, vous en aurez toujours avec vous, et, quand vous le voulez, vous pouvez leur faire du bien ; mais moi, vous ne m'aurez pas pour toujours. Ce qu'elle pouvait faire, elle l'a fait. D'avance elle a parfumé mon corps pour mon ensevelissement. Amen, je vous le dis : partout où l'Évangile sera proclamé – dans le monde entier –, on racontera, en souvenir d'elle, ce qu'elle vient de faire. »

L. Judas Iscariote, l'un des Douze, alla trouver les grands prêtres pour leur livrer Jésus. À cette nouvelle, ils se réjouirent et promirent de lui donner de l'argent. Et Judas cherchait comment le livrer au moment favorable.

Le repas du Seigneur

Le premier jour de la fête des pains sans levain, où l'on immolait l'agneau pascal, les disciples de Jésus lui disent : **D.** « Où veux-tu que nous allions faire les préparatifs pour que tu manges la Pâque ? » **L.** Il envoie deux de ses disciples en leur disant : ✢ « Allez à la ville ; un homme portant une cruche d'eau viendra à votre rencontre. Suivez-le, et là où il entrera, dites au propriétaire : "Le Maître te fait dire : Où est la salle où je pourrai manger la Pâque avec mes disciples ?" Il vous indiquera, à l'étage, une grande pièce aménagée et prête pour un repas. Faites-y pour nous les préparatifs. » **L.** Les disciples partirent, allèrent à la ville ; ils trouvèrent tout comme Jésus leur avait dit, et ils préparèrent la Pâque.

Le soir venu, Jésus arrive avec les Douze. Pendant qu'ils étaient à table et mangeaient, Jésus déclara : ✢ « Amen, je vous le dis : l'un de vous, qui mange avec moi, va me livrer. » **L.** Ils devinrent tout tristes et, l'un après l'autre, ils lui demandaient : **D.** « Serait-ce moi ? » **L.** Il leur dit : ✢ « C'est l'un des Douze, celui qui est en train de se servir avec moi dans le plat. Le Fils de l'homme s'en va, comme il est écrit à son sujet ; mais malheureux celui par qui le Fils de l'homme est livré ! Il vaudrait mieux pour lui qu'il ne soit pas né, cet homme-là ! » **L.** Pendant le repas, Jésus, ayant pris du pain et prononcé la bénédiction, le rompit, le leur donna, et dit : ✢ « Prenez, ceci est mon corps. » **L.** Puis, ayant pris une coupe et ayant rendu grâce, il la leur donna, et ils en burent tous. Et il leur dit : ✢ « Ceci est mon sang, le sang de l'Alliance, versé pour la multitude. Amen, je vous le dis : je ne boirai plus du fruit de la vigne, jusqu'au jour où je le boirai, nouveau, dans le royaume de Dieu. »

L. Après avoir chanté les psaumes, ils partirent pour le mont des Oliviers. Jésus leur dit : ✢ « Vous allez tous être exposés à tomber, car il est écrit : *Je frapperai le berger, et les brebis seront dispersées*. Mais, une fois ressuscité, je vous précéderai en Galilée. » **L.** Pierre lui dit alors : **D.** « Même si tous viennent à tomber, moi, je ne tomberai pas. » **L.** Jésus lui répond : ✢ « Amen, je te le dis : toi, aujourd'hui, cette nuit même, avant que le coq chante deux fois, tu m'auras renié trois fois. » **L.** Mais lui reprenait de plus belle : **D.** « Même si je dois mourir avec toi, je ne te renierai pas. » **L.** Et tous en disaient autant.

Gethsémani

Ils parviennent à un domaine appelé Gethsémani. Jésus dit à ses disciples : ✝ « Asseyez-vous ici, pendant que je vais prier. Puis il emmène avec lui Pierre, Jacques et Jean, et commence à ressentir frayeur et angoisse. Il leur dit : ✝ « Mon âme est triste à mourir. Restez ici et veillez. » **L.** Allant un peu plus loin, il tombait à terre et priait pour que, s'il était possible, cette heure s'éloigne de lui. Il disait : ✝ « *Abba*… Père, tout est possible pour toi. Éloigne de moi cette coupe. Cependant, non pas ce que moi, je veux, mais ce que toi, tu veux ! » **L.** Puis il revient et trouve les disciples endormis. Il dit à Pierre : ✝ « Simon, tu dors ! Tu n'as pas eu la force de veiller seulement une heure ? Veillez et priez, pour ne pas entrer en tentation ; l'esprit est ardent, mais la chair est faible. » **L.** De nouveau, il s'éloigna et pria, en répétant les mêmes paroles. Et de nouveau, il vint près des disciples qu'il trouva endormis, car leurs yeux étaient alourdis de sommeil. Et eux ne savaient que lui répondre. Une troisième fois, il revient et leur dit : ✝ « Désormais, vous pouvez dormir et vous reposer. C'est fait ; l'heure est venue : voici que le Fils de l'homme est livré aux mains des pécheurs. Levez-vous ! Allons ! Voici qu'il est proche, celui qui me livre. »

L. Jésus parlait encore quand Judas, l'un des Douze, arriva et avec lui une foule armée d'épées et de bâtons, envoyée par les grands prêtres, les scribes et les anciens. Or, celui qui le livrait leur avait donné un signe convenu : **D.** « Celui que j'embrasserai, c'est lui : arrêtez-le, et emmenez-le sous bonne garde. » **L.** À peine arrivé, Judas s'approchant de Jésus, lui dit : **D.** « Rabbi ! » **L.** Et il l'embrassa. Les autres mirent la main sur lui et l'arrêtèrent. Or un de ceux qui étaient là tira son épée, frappa le serviteur du grand prêtre et lui trancha l'oreille. Alors Jésus leur déclara : ✝ « Suis-je donc un bandit, pour que vous soyez venus vous saisir de moi, avec des épées et des bâtons ? Chaque jour, j'étais auprès de vous dans le Temple en train d'enseigner, et vous ne m'avez pas arrêté. Mais c'est pour que les Écritures s'accomplissent. » **L.** Les disciples l'abandonnèrent et s'enfuirent tous. Or, un jeune homme suivait Jésus ; il n'avait pour tout vêtement qu'un drap. On essaya de l'arrêter. Mais lui, lâchant le drap, s'enfuit tout nu.

Chez le grand prêtre

Ils emmenèrent Jésus chez le grand prêtre. Ils se rassemblèrent tous, les grands prêtres, les anciens et les scribes. Pierre avait suivi Jésus à distance, jusqu'à l'intérieur du palais du grand prêtre, et là, assis avec les gardes, il se chauffait près du feu. Les grands prêtres et tout le Conseil suprême cherchaient un témoignage contre Jésus pour le faire mettre à mort, et ils n'en trouvaient pas. De fait, beaucoup portaient de faux témoignages contre Jésus, et ces témoignages ne concordaient pas. Quelques-uns se levèrent pour porter contre lui ce faux témoignage : **A.** « Nous l'avons entendu dire : "Je détruirai ce sanctuaire fait de main d'homme, et en trois jours j'en rebâtirai un autre qui ne sera pas fait de main d'homme." » **L.** Et même sur ce point, leurs témoignages n'étaient pas concordants. Alors s'étant levé, le grand prêtre, devant tous, interrogea Jésus : **A.** « Tu ne réponds rien ? Que dis-tu des témoignages qu'ils portent contre toi ? » **L.** Mais lui gardait le silence et ne répondait rien. Le grand prêtre l'interrogea de nouveau : **A.** « Es-tu le Christ, le Fils du Dieu béni ? » **L.** Jésus lui dit : ✢ « Je le suis. Et vous verrez le Fils de l'homme siéger à la droite du Tout-Puissant, et venir parmi les nuées du ciel. » Alors, le grand prêtre déchire ses vêtements et dit : **A.** « Pourquoi nous faut-il encore des témoins ? Vous avez entendu le blasphème. Qu'en pensez-vous ? » **L.** Tous prononcèrent qu'il méritait la mort. Quelques-uns se mirent à cracher sur lui, couvrirent son visage d'un voile, et le giflèrent, en disant : **F.** « Fais le prophète ! » **L.** Et les gardes lui donnèrent des coups.

Comme Pierre était en bas, dans la cour, arrive une des jeunes servantes du grand prêtre. Elle voit Pierre qui se chauffe, le dévisage et lui dit : **A.** « Toi aussi, tu étais avec Jésus de Nazareth ! » **L.** Pierre le nia : **D.** « Je ne sais pas, je ne comprends pas de quoi tu parles. » **L.** Puis il sortit dans le vestibule, au-dehors. Alors un coq chanta. La servante, ayant vu Pierre, se mit de nouveau à dire à ceux qui se trouvaient là : **A.** « Celui-ci est l'un d'entre eux ! » **L.** De nouveau, Pierre le niait. Peu après, ceux qui se trouvaient là lui disaient à leur tour : **F.** « Sûrement tu es l'un d'entre eux ! D'ailleurs, tu es Galiléen. » **L.** Alors il se mit à protester violemment et à jurer : **D.** « Je ne connais pas cet homme dont vous parlez. » **L.** Et aussitôt, pour la seconde fois, un coq chanta. Alors Pierre se rappela cette parole que Jésus lui avait dite : « Avant que le coq chante deux fois, tu m'auras renié trois fois. » Et il fondit en larmes.

Chez le gouverneur : procès, condamnation et outrages

Dès le matin, les grands prêtres convoquèrent les anciens et les scribes, et tout le Conseil suprême. Puis, après avoir ligoté Jésus, ils l'emmenèrent et le livrèrent à Pilate. Celui-ci l'interrogea : **A.** « Es-tu le roi des Juifs ? » Jésus répondit : ✠ « C'est toi-même qui le dis. » **L.** Les grands prêtres multipliaient contre lui les accusations. Pilate lui demanda à nouveau : **A.** « Tu ne réponds rien ? Vois toutes les accusations qu'ils portent contre toi. » **L.** Mais Jésus ne répondit plus rien, si bien que Pilate fut étonné. À chaque fête, il leur relâchait un prisonnier, celui qu'ils demandaient. Or, il y avait en prison un dénommé Barabbas, arrêté avec des émeutiers pour un meurtre qu'ils avaient commis lors de l'émeute. La foule monta donc chez Pilate, et se mit à demander ce qu'il leur accordait d'habitude. Pilate leur répondit : **A.** « Voulez-vous que je vous relâche le roi des Juifs ? » **L.** Il se rendait bien compte que c'était par jalousie que les grands prêtres l'avaient livré. Ces derniers soulevèrent la foule pour qu'il leur relâche plutôt Barabbas. Et comme Pilate reprenait : **A.** « Que voulez-vous donc que je fasse de celui que vous appelez le roi des Juifs ? », **L.** de nouveau ils crièrent : **F.** « Crucifie-le ! » **L.** Pilate leur disait : « Qu'a-t-il donc fait de mal ? » **L.** Mais ils crièrent encore plus fort : **F.** « Crucifie-le ! » **L.** Pilate, voulant contenter la foule, relâcha Barabbas et, après avoir fait flageller Jésus, il le livra pour qu'il soit crucifié.

Les soldats l'emmenèrent à l'intérieur du palais, c'est-à-dire dans le Prétoire. Alors ils rassemblent toute la garde, ils le revêtent de pourpre, et lui posent sur la tête une couronne d'épines qu'ils ont tressée. Puis ils se mirent à lui faire des salutations, en disant : **F.** « Salut, roi des Juifs ! » **L.** Ils lui frappaient la tête avec un roseau, crachaient sur lui, et s'agenouillaient pour lui rendre hommage. Quand ils se furent bien moqués de lui, ils lui enlevèrent le manteau de pourpre, et lui remirent ses vêtements.

Crucifixion et mort de Jésus, Fils de Dieu

Puis, de là, ils l'emmènent pour le crucifier, et ils réquisitionnent, pour porter sa croix, un passant, Simon de Cyrène, le père d'Alexandre et de Rufus, qui revenait des champs. Et ils amènent Jésus au lieu dit Golgotha, ce qui se traduit : Lieu-du-Crâne (ou Calvaire). Ils lui donnaient du vin aromatisé de myrrhe ; mais il n'en prit pas. Alors ils le crucifient, puis se partagent ses vêtements, en tirant au sort pour savoir la part de chacun. C'était la troisième heure (c'est-à-dire : neuf heures du matin) lorsqu'on le crucifia. L'inscription indiquant le motif de sa condamnation portait ces mots : « Le roi des Juifs ». Avec lui ils crucifient deux bandits, l'un à sa droite, l'autre à sa gauche. Les passants l'injuriaient en hochant la tête ; ils disaient : **F.** « Hé ! toi qui détruis le Sanctuaire et le rebâtis en trois jours, sauve-toi toi-même, descends de la croix ! » **L.** De même, les grands prêtres se moquaient de lui avec les scribes, en disant entre eux : **A.** « Il en a sauvé d'autres, et il ne peut pas se sauver lui-même ! Qu'il descende maintenant de la croix, le Christ, le roi d'Israël ; alors nous verrons et nous croirons. » **L.** Même ceux qui étaient crucifiés avec lui l'insultaient.

Quand arriva la sixième heure (c'est-à-dire : midi), l'obscurité se fit sur toute la terre jusqu'à la neuvième heure. Et à la neuvième heure, Jésus cria d'une voix forte : ✢ *« Éloï, Éloï, lema sabactani ? »,* **L.** ce qui se traduit : ✢ « Mon Dieu, mon Dieu, pourquoi m'as-tu abandonné ? » **L.** L'ayant entendu, quelques-uns de ceux qui étaient là disaient : **F.** « Voilà qu'il appelle le prophète Élie ! » **L.** L'un d'eux courut tremper une éponge dans une boisson vinaigrée, il la mit au bout d'un roseau, et il lui donnait à boire, en disant : **A.** « Attendez ! Nous verrons bien si Élie vient le descendre de là ! » **L.** Mais Jésus, poussant un grand cri, expira.

(Ici on fléchit le genou et on s'arrête un instant.)

Le rideau du Sanctuaire se déchira en deux, depuis le haut jusqu'en bas. Le centurion qui était là en face de Jésus, voyant comment il avait expiré, déclara : **A.** « Vraiment, cet homme était Fils de Dieu ! »

Les femmes, témoins de la mort et de la sépulture

L. Il y avait aussi des femmes, qui observaient de loin, et parmi elles, Marie Madeleine, Marie, mère de Jacques le Petit et de José, et Salomé, qui suivaient Jésus et le servaient quand il était en Galilée, et encore beaucoup d'autres, qui étaient montées avec lui à Jérusalem. Déjà il se faisait tard ; or, comme c'était le jour de la Préparation, qui précède le sabbat, Joseph d'Arimathie intervint. C'était un homme influent, membre du Conseil, et il attendait lui aussi le règne de Dieu. Il eut l'audace d'aller chez Pilate pour demander le corps de Jésus. Pilate s'étonna qu'il soit déjà mort ; il fit appeler le centurion, et l'interrogea pour savoir si Jésus était mort depuis longtemps. Sur le rapport du centurion, il permit à Joseph de prendre le corps. Alors Joseph acheta un linceul, il descendit Jésus de la croix, l'enveloppa dans le linceul et le déposa dans un tombeau qui était creusé dans le roc. Puis il roula une pierre contre l'entrée du tombeau.

Or, Marie Madeleine et Marie, mère de José, observaient l'endroit où on l'avait mis.

Comprendre

Ânon

L'ânon est un animal royal. Les rois de l'Orient ancien utilisaient des ânes dans les processions.

Barabbas

signifie ironiquement « fils du père ». Jésus, le vrai « Fils du Père » va être tué tandis que le bandit sera sauvé.

Golgotha

Le « Lieu du Crâne » est le lieu où, selon la tradition, se trouvait le crâne d'Adam, le premier homme. Jésus, nouvel Adam, meurt au même endroit que le premier homme.

Rideau du Sanctuaire

Au cœur du Temple, se trouvait dans une pièce vide la Présence divine. Quand Jésus meurt, la Présence divine quitte le Temple.

Vibration

« Pour que je puisse, d'une parole, soutenir celui qui est épuisé. »
T'es-tu déjà senti abandonné ? Comment alors aller vers le Seigneur, même si parfois tu doutes ?

« Non pas ce que moi je veux, mais ce que toi tu veux. »
Comment sentir que la confiance dans le Seigneur t'aide à dépasser les obstacles ? Au quotidien, comment l'exemple de Jésus, qui affronte les difficultés courageusement, peut-il nous inspirer ? Quelles sont les autres personnes qui sont aussi pour toi des exemples de courage ?

Inspiration

Pas facile de toujours rester fidèle à ses amis ! Comme Judas, n'avons-nous pas parfois trahi nos amis ? Ou, comme Pierre, ne rejetons-nous pas aussi le Christ lorsque nous avons honte de dire que nous croyons en lui ? Mais le Seigneur est une source précieuse pour retrouver notre confiance. Son souffle d'amour traverse nos vies et, si nous savons nous mettre à l'écoute, il nous rappelle sans cesse qu'il est avec nous ! Mais même Jésus doute.

Comment puis-je avoir la force de croire dans les moments de souffrance ? Je peux me souvenir que Dieu est juste, contrairement au peuple qui condamne Jésus, ou à Pilate, qui ignore la justice. Dieu nous a donné son Fils, nous sommes nous aussi ses filles et ses fils, et il nous aime sans condition.

ÉLÉONORE ARIAGNO
Cheftaine pionnier-caravelle
Groupe d'Oullins (Rhône)
Territoire Sud-Ouest lyonnais

Le mémo de la semaine

Lundi 29 mars 2021 :
Lundi Saint. Mardi Saint.
Mercredi Saint…
La grande semaine
qui nous conduira
à la nuit de Pâques
est commencée.

EVA TISSEYRE

Jeudi saint – Cène du Seigneur

Aimer en toute humilité

Mots-clés

Dévouement
Humilité
Soin

Aimer en toute humilité

Jésus sait qu'un des apôtres va le trahir. Pour autant, il choisit de s'agenouiller humblement devant chacun et de les aimer. Quel geste fort et exemplaire !

Première lecture

LECTURE DU LIVRE DE L'EXODE 12, 1-8.11-14

Se mettre en route

En ces jours-là, dans le pays d'Égypte, le Seigneur dit à Moïse et à son frère Aaron : « Ce mois-ci sera pour vous le premier des mois, il marquera pour vous le commencement de l'année. Parlez ainsi à toute la communauté d'Israël : le dix de ce mois, que l'on prenne un agneau par famille, un agneau par maison. Si la maisonnée est trop peu nombreuse pour un agneau, elle le prendra avec son voisin le plus proche, selon le nombre des personnes. Vous choisirez l'agneau d'après ce que chacun peut manger. Ce sera une bête sans défaut, un mâle, de l'année. Vous prendrez un agneau ou un chevreau. Vous le garderez jusqu'au quatorzième jour du mois. Dans toute l'assemblée de la communauté d'Israël, on l'immolera au coucher du soleil. On prendra du sang, que l'on mettra sur les deux montants et sur le linteau des maisons où on le mangera. On mangera sa chair cette nuit-là, on la mangera rôtie au feu, avec des pains sans levain et des herbes amères. Vous mangerez ainsi : la ceinture aux reins, les sandales aux pieds, le bâton à la main. Vous mangerez en toute hâte : c'est la Pâque du Seigneur. Je traverserai le pays d'Égypte, cette nuit-là ; je frapperai tout premier-né au pays d'Égypte, depuis les hommes jusqu'au bétail. Contre tous les dieux de l'Égypte j'exercerai mes jugements : Je suis le Seigneur. Le sang sera pour vous un signe, sur les maisons où vous serez. Je verrai le sang, et je passerai : vous ne serez pas atteints par le fléau dont je frapperai le pays d'Égypte. Ce jour-là sera pour vous un mémorial. Vous en ferez pour le Seigneur une fête de pèlerinage. C'est un décret perpétuel : d'âge en âge vous la fêterez. »

Psaume

115 (116B), 12-13, 15-16AC, 17-18

Communier et remercier

℟ *La coupe de bénédiction*
est communion au sang du Christ.

Comment rendrai-je au Seigneur
tout le bien qu'il m'a fait ?
J'élèverai la coupe du salut,
j'invoquerai le nom du Seigneur. ℟

Il en coûte au Seigneur
de voir mourir les siens !
Ne suis-je pas, Seigneur, ton serviteur,
moi, dont tu brisas les chaînes ? ℟

Je t'offrirai le sacrifice d'action de grâce,
j'invoquerai le nom du Seigneur.
Je tiendrai mes promesses au Seigneur,
oui, devant tout son peuple. ℟

Deuxième lecture

LECTURE DE LA PREMIÈRE LETTRE DE SAINT PAUL APÔTRE AUX CORINTHIENS 11, 23-26

Une Alliance avec Dieu

Frères, moi, Paul, j'ai moi-même reçu ce qui vient du Seigneur, et je vous l'ai transmis : la nuit où il était livré, le Seigneur Jésus prit du pain, puis, ayant rendu grâce, il le rompit, et dit : « Ceci est mon corps, qui est pour vous. Faites cela en mémoire de moi. » Après le repas, il fit de même avec la coupe, en disant : « Cette coupe est la nouvelle Alliance en mon sang. Chaque fois que vous en boirez, faites cela en mémoire de moi. » Ainsi donc, chaque fois que vous mangez ce pain et que vous buvez cette coupe, vous proclamez la mort du Seigneur, jusqu'à ce qu'il vienne.

Acclamation de l'Évangile

Gloire et louange à toi, Seigneur Jésus ! Je vous donne un commandement nouveau, dit le Seigneur. Aimez-vous les uns les autres comme je vous ai aimés. ***Gloire et louange à toi, Seigneur Jésus !***

Évangile

ÉVANGILE DE JÉSUS CHRIST SELON SAINT JEAN 13, 1-15

Quand l'amour se fait petit

Avant la fête de la Pâque, sachant que l'heure était venue pour lui de passer de ce monde à son Père, Jésus, ayant aimé les siens qui étaient dans le monde, les aima jusqu'au bout. Au cours du repas, alors que le diable a déjà mis dans le cœur de Judas, fils de Simon l'Iscariote, l'intention de le livrer, Jésus, sachant que le Père a tout remis entre ses mains, qu'il est sorti de Dieu et qu'il s'en va vers Dieu, se lève de table, dépose son vêtement, et prend un linge qu'il se noue à la ceinture ; puis il verse de l'eau dans un bassin. Alors il se mit à laver les pieds des disciples et à les essuyer avec le linge qu'il avait à la ceinture. Il arrive donc à Simon-Pierre, qui lui dit : « C'est toi, Seigneur, qui me laves les pieds ? » Jésus lui répondit : « Ce que je veux faire, tu ne le sais pas maintenant ; plus tard tu comprendras. » Pierre lui dit : « Tu ne me laveras pas les pieds ; non, jamais ! » Jésus lui répondit : « Si je ne te lave pas, tu n'auras pas de part avec moi. » Simon-Pierre lui dit : « Alors, Seigneur, pas seulement les pieds, mais aussi les mains et la tête ! » Jésus lui dit : « Quand on vient de prendre un bain, on n'a pas besoin de se laver, sinon les pieds : on est pur tout entier. Vous-mêmes, vous êtes purs, mais non pas tous. » Il savait bien qui allait le livrer ; et c'est pourquoi il disait : « Vous n'êtes pas tous purs. » Quand il leur eut lavé les pieds, il reprit son vêtement, se remit à table et leur dit : « Comprenez-vous ce que je viens de faire pour vous ? Vous m'appelez "Maître" et "Seigneur", et vous avez raison, car vraiment je le suis. Si donc moi, le Seigneur et le Maître, je vous ai lavé les pieds, vous aussi, vous devez vous laver les pieds les uns aux autres. C'est un exemple que je vous ai donné afin que vous fassiez, vous aussi, comme j'ai fait pour vous. »

Comprendre

« Je passerai »

En hébreu « Pâque » veut dire « passer » c'est-à-dire « épargner ». À Pâque, le Seigneur passe et épargne son peuple, ne fait pas mourir les premiers-nés.

Laver les pieds

Saint Jean, dans son évangile, ne fait pas le récit de l'institution de l'eucharistie mais du lavement des pieds. Jésus est venu servir les hommes.

Action de grâce

Signifie « dire merci ». L'action de grâce est une prière où l'on remercie Dieu pour toutes les bonnes choses données.

Vibration

« Jésus, ayant aimé les siens qui étaient dans le monde, les aima jusqu'au bout. »

Qu'est-ce qu'aimer ? Est-il facile de se faire petit pour donner, de ne rien vouloir maîtriser, d'aimer malgré la trahison ?

« Si donc moi, le Seigneur et le Maître, je vous ai lavé les pieds, vous aussi, vous devez vous laver les pieds les uns aux autres. »

Est-ce simple de prendre soin les uns des autres ? De laisser l'autre prendre soin de soi ?

Inspiration

Se faire petit pour aimer et prendre soin, cela peut faire peur et paraître fragilisant. Mais l'homme grandit en acceptant de se détacher de tout mauvais orgueil. Jésus nous montre comment il est possible de garder pleinement sa place de maître, tout en se rendant accessible et en faisant preuve d'une véritable humilité. Quel plus bel exemple pour ne jamais oublier cela avec les jeunes qui nous sont confiés !

Aimons en acceptant de se mettre à leur hauteur. Prenons soin d'eux pour nourrir l'estime qu'ils se portent, et pour qu'ils apprennent à prendre soin d'eux-mêmes et des autres. C'est un cercle vertueux qui rend le monde meilleur.

Et n'oublions pas de prendre soin aussi de nous... Pour aimer, il faut déjà s'aimer. Soyons doux avec nous-mêmes et avec les autres, à l'image de Jésus.

MATHILDE COGNET
Équipière nationale du réseau santé
des Scouts et Guides de France

MAYLIS RIBIER

Vendredi saint – Passion du Seigneur

Qui aura le dernier mot ?

Mots-clés

Injustice
Mort
Vie

Qui aura le dernier mot ?

Tout semble laisser penser que la mort a toujours le dernier mot, sur l'homme humilié, sur Jésus, sur nous aujourd'hui. Et pourtant…

Première lecture

LECTURE DU LIVRE DU PROPHÈTE ISAÏE 52, 13 – 53, 12

Témoin de la vie, malgré tout

Mon serviteur réussira, dit le Seigneur ; il montera, il s'élèvera, il sera exalté ! La multitude avait été consternée en le voyant, car il était si défiguré qu'il ne ressemblait plus à un homme ; il n'avait plus l'apparence d'un fils d'homme. Il étonnera de même une multitude de nations ; devant lui les rois resteront bouche bée, car ils verront ce que, jamais, on ne leur avait dit, ils découvriront ce dont ils n'avaient jamais entendu parler.

Qui aurait cru ce que nous avons entendu ? Le bras puissant du Seigneur, à qui s'est-il révélé ? Devant lui, le serviteur a poussé comme une plante chétive, une racine dans une terre aride ; il était sans apparence ni beauté qui attire nos regards, son aspect n'avait rien pour nous plaire. Méprisé, abandonné des hommes, homme de douleurs, familier de la souffrance, il était pareil à celui devant qui on se voile la face ; et nous l'avons méprisé, compté pour rien. En fait, c'étaient nos souffrances qu'il portait, nos douleurs dont il était chargé. Et nous, nous pensions qu'il était frappé, meurtri par Dieu, humilié. Or, c'est à cause de nos révoltes qu'il a été transpercé, à cause de nos fautes qu'il a été broyé. Le châtiment qui nous donne la paix a pesé sur lui : par ses blessures, nous sommes guéris. Nous étions tous errants comme des brebis, chacun suivait son propre chemin. Mais le Seigneur a fait retomber sur lui nos fautes à nous tous.

Maltraité, il s'humilie, il n'ouvre pas la bouche : comme un agneau conduit à l'abattoir, comme une brebis muette devant les tondeurs, il n'ouvre pas la bouche. Arrêté, puis jugé, il a été supprimé. Qui donc s'est inquiété de son sort ? Il a été retranché de la terre des vivants, frappé à mort pour les révoltes de son peuple. On a placé sa tombe avec les méchants, son tombeau avec les riches ; et pourtant il n'avait pas commis de violence, on ne trouvait pas de tromperie dans sa bouche. Broyé par la souffrance, il a plu au Seigneur. S'il remet sa vie en sacrifice de réparation, il verra une descendance, il prolongera ses jours : par lui, ce qui plaît au Seigneur réussira.

Par suite de ses tourments, il verra la lumière, la connaissance le comblera. Le juste, mon serviteur, justifiera les multitudes, il se chargera de leurs fautes. C'est pourquoi, parmi les grands, je lui donnerai sa part, avec les puissants il partagera le butin, car il s'est dépouillé lui-même jusqu'à la mort, et il a été compté avec les pécheurs, alors qu'il portait le péché des multitudes et qu'il intercédait pour les pécheurs.

Psaume

30 (31), 2AB.6, 12, 13-14AD, 15-16, 17.25

Prier dans la désespérance

℟ ***Ô Père, en tes mains***
je remets mon esprit.

En toi, Seigneur, j'ai mon refuge ;
garde-moi d'être humilié pour toujours.
En tes mains je remets mon esprit ;
tu me rachètes, Seigneur, Dieu de vérité. ℟

Je suis la risée de mes adversaires
et même de mes voisins ;
je fais peur à mes amis,
s'ils me voient dans la rue, ils me fuient. ℟

On m'ignore comme un mort oublié,
comme une chose qu'on jette.
J'entends les calomnies de la foule :
ils s'accordent pour m'ôter la vie. ℟

Moi, je suis sûr de toi, Seigneur,
je dis : « Tu es mon Dieu ! »
Mes jours sont dans ta main : délivre-moi
des mains hostiles qui s'acharnent. ℟

Sur ton serviteur, que s'illumine ta face ;
sauve-moi par ton amour.
Soyez forts, prenez courage,
vous tous qui espérez le Seigneur ! ℟

Deuxième lecture

LECTURE DE LA LETTRE AUX HÉBREUX 4, 14-16 – 5, 7-9

Jésus, tout comme nous, jusque dans la mort

Frères, en Jésus, le Fils de Dieu, nous avons le grand prêtre par excellence, celui qui a traversé les cieux ; tenons donc ferme l'affirmation de notre foi. En effet, nous n'avons pas un grand prêtre incapable de compatir à nos faiblesses, mais un grand prêtre éprouvé en toutes choses, à notre ressemblance, excepté le péché. Avançons-nous donc avec assurance vers le Trône de la grâce, pour obtenir miséricorde et recevoir, en temps voulu, la grâce de son secours.

Le Christ, pendant les jours de sa vie dans la chair, offrit, avec un grand cri et dans les larmes, des prières et des supplications à Dieu qui pouvait le sauver de la mort, et il fut exaucé en raison de son grand respect. Bien qu'il soit le Fils, il apprit par ses souffrances l'obéissance et, conduit à sa perfection, il est devenu pour tous ceux qui lui obéissent la cause du salut éternel.

Acclamation de l'Évangile

Le Christ s'est anéanti, prenant la condition de serviteur. Pour nous, le Christ est devenu obéissant, jusqu'à la mort, et la mort de la croix. C'est pourquoi Dieu l'a exalté : il l'a doté du Nom qui est au-dessus de tout nom. ***Le Christ s'est anéanti, prenant la condition de serviteur.***

Évangile

LA PASSION DE NOTRE SEIGNEUR JÉSUS CHRIST SELON SAINT JEAN 18, 1 – 19, 42

Derniers moments d'un condamné ou bonne nouvelle ?

Indications pour la lecture dialoguée. Les sigles désignant les divers interlocuteurs sont les suivants : **✠** *= Jésus ;* **L.** *= lecteur ;* **D.** *= disciples et amis ;* **F.** *= foule ;* **A.** *= autres personnages.*

Arrestation de Jésus

L. En ce temps-là, après le repas, Jésus sortit avec ses disciples et traversa le torrent du Cédron ; il y avait là un jardin, dans lequel il entra avec ses disciples. Judas, qui le livrait, connaissait l'endroit, lui aussi, car Jésus et ses disciples s'y étaient souvent réunis. Judas, avec un détachement de soldats ainsi que des gardes envoyés par les grands prêtres et les pharisiens, arrive à cet endroit. Ils avaient des lanternes, des torches et des armes. Alors Jésus, sachant tout ce qui allait lui arriver, s'avança et leur dit : **✠** « Qui cherchez-vous ? » **L.** Ils lui répondirent : **F.** « Jésus le Nazaréen. » **L.** Il leur dit : **✠** « C'est moi, je le suis. » **L.** Judas, qui le livrait, se tenait avec eux. Quand Jésus leur répondit : « C'est moi, je le suis », ils reculèrent, et ils tombèrent à terre. Il leur demanda de nouveau : **✠** « Qui cherchez-vous ? » **L.** Ils dirent : **F.** « Jésus le Nazaréen. » **L.** Jésus répondit **✠** : « Je vous l'ai dit : c'est moi, je le suis. Si c'est bien moi que vous cherchez, ceux-là, laissez-les partir. » **L.** Ainsi s'accomplissait la parole qu'il avait dite : « Je n'ai perdu aucun de ceux que tu m'as donnés. » Or Simon-Pierre avait une épée ; il la tira, frappa le serviteur du grand prêtre et lui coupa l'oreille droite. Le nom de ce serviteur était Malcus Jésus dit à Pierre ✢ : « Remets ton épée au fourreau. La coupe que m'a donnée le Père, vais-je refuser de la boire ? »

Chez les grands prêtres : interrogatoire et reniement de Pierre

L. Alors la troupe, le commandant et les gardes juifs se saisirent de Jésus et le ligotèrent. Ils l'emmenèrent d'abord chez Hanne, beau-père de Caïphe, qui était grand prêtre cette année-là. Caïphe était celui qui avait donné aux Juifs ce conseil : « Il vaut mieux qu'un seul homme meure pour le peuple. »

Or Simon-Pierre, ainsi qu'un autre disciple, suivait Jésus. Comme ce disciple était connu du grand prêtre, il entra avec Jésus dans le palais du grand prêtre. Pierre se tenait près de la porte dehors. Alors l'autre disciple – celui qui était connu du grand prêtre – sortit, dit un mot à la servante qui gardait la porte, et fit entrer Pierre. Cette jeune servante dit alors à Pierre : **A.** « N'es-tu pas, toi aussi, l'un des disciples de cet homme ? » **L.** Il répondit : **D.** « Non, je ne le suis pas ! » **L.** Les serviteurs et les gardes se tenaient là ; comme il faisait froid, ils avaient fait un feu de braise pour se réchauffer. Pierre était avec eux, en train de se chauffer. Le grand prêtre interrogea Jésus sur ses disciples et sur son enseignement. Jésus lui répondit : ✢ « Moi, j'ai parlé au monde ouvertement. J'ai toujours enseigné à la synagogue et dans le Temple, là où tous les Juifs se réunissent, et je n'ai jamais parlé en cachette. Pourquoi m'interroges-tu ? Ce que je leur ai dit, demande-le à ceux qui m'ont entendu. Eux savent ce que j'ai dit. » **L.** À ces mots, un des gardes, qui était à côté de Jésus, lui donna une gifle en disant : **A.** « C'est ainsi que tu réponds au grand prêtre ! » **L.** Jésus lui répliqua : ✢ « Si j'ai mal parlé, montre ce que j'ai dit de mal. Mais si j'ai bien parlé, pourquoi me frappes-tu ? » **L.** Hanne l'envoya, toujours ligoté, au grand prêtre Caïphe.

Simon-Pierre était donc en train de se chauffer. On lui dit : **A.** « N'es-tu pas, toi aussi, l'un de ses disciples ? » **L.** Pierre le nia et dit : **D.** « Non, je ne le suis pas ! » **L.** Un des serviteurs du grand prêtre, parent de celui à qui Pierre avait coupé l'oreille, insista : **A.** « Est-ce que moi, je ne t'ai pas vu dans le jardin avec lui ? » **L.** Encore une fois, Pierre le nia. Et aussitôt un coq chanta.

Chez le gouverneur : procès et condamnation à mort

Alors on emmène Jésus de chez Caïphe au Prétoire. C'était le matin. Ceux qui l'avaient amené n'entrèrent pas dans le Prétoire, pour éviter une souillure et pouvoir manger l'agneau pascal. Pilate sortit donc à leur rencontre et demanda : **A.** « Quelle accusation portez-vous contre cet homme ? » **L.** Ils lui répondirent : **F.** « S'il n'était pas un malfaiteur, nous ne t'aurions pas livré cet homme. » **L.** Pilate leur dit : **A.** « Prenez-le vous-mêmes et jugez-le suivant votre loi. » **L.** Les Juifs lui dirent : **F.** « Nous n'avons pas le droit de mettre quelqu'un à mort. » **L.** Ainsi s'accomplissait la parole que Jésus avait dite pour signifier de quel genre de mort il allait mourir. Alors Pilate rentra dans le Prétoire ; il appela Jésus et lui dit : **A.** « Es-tu le roi des Juifs ? » **L.** Jésus lui demanda : ✠ « Dis-tu cela de toi-même, Ou bien d'autres te l'ont dit à mon sujet ? » **L.** Pilate répondit : **A.** « Est-ce que je suis juif, moi ? Ta nation et les grands prêtres t'ont livré à moi : qu'as-tu donc fait ? » **L.** Jésus déclara : ✠ « Ma royauté n'est pas de ce monde ; si ma royauté était de ce monde, j'aurais des gardes qui se seraient battus pour que je ne sois pas livré aux Juifs. En fait, ma royauté n'est pas d'ici. » **L.** Pilate lui dit : **A.** « Alors, tu es roi ? » **L.** Jésus répondit : ✠ « C'est toi-même qui dis que je suis roi. Moi, je suis né, je suis venu dans le monde pour ceci : rendre témoignage à la vérité. Quiconque appartient à la vérité écoute ma voix. » **L.** Pilate lui dit : **A.** « Qu'est-ce que la vérité ? » **L.** Ayant dit cela, il sortit de nouveau à la rencontre des Juifs, et il leur déclara : **A.** « Moi, je ne trouve en lui aucun motif de condamnation. Mais, chez vous, c'est la coutume que je vous relâche quelqu'un pour la Pâque : voulez-vous donc que je vous relâche le roi des Juifs ? » **L.** Alors ils répliquèrent en criant : **F.** « Pas lui ! Mais Barabbas ! » **L.** Or ce Barabbas était un bandit.

Alors Pilate fit saisir Jésus pour qu'il soit flagellé. Les soldats tressèrent avec des épines une couronne qu'ils lui posèrent sur la tête ; puis ils le revêtirent d'un manteau pourpre. Ils s'avançaient vers lui et ils disaient : **F.** « Salut à toi, roi des Juifs ! » **L.** Et ils le giflaient.

Pilate, de nouveau, sortit dehors et leur dit : **A.** « Voyez, je vous l'amène dehors pour que vous sachiez que je ne trouve en lui aucun motif de condamnation. » **L.** Jésus donc sortit dehors, portant la couronne d'épines et le manteau pourpre. Et Pilate leur déclara : **A.** « Voici l'homme. » **L.** Quand ils le virent, les grands prêtres et les gardes se mirent à crier : **F.** « Crucifie-le ! Crucifie-le ! » **L.** Pilate leur dit : **A.** « Prenez-le vous-mêmes, et crucifiez-le ; moi, je ne trouve en lui aucun motif de condamnation. » **L.** Ils lui répondirent : **F.** « Nous avons une Loi, et suivant la Loi il doit mourir, parce qu'il s'est fait Fils de Dieu. » **L.** Quand Pilate entendit ces paroles, il redoubla de crainte. Il rentra dans le Prétoire, et dit à Jésus : **A.** « D'où es-tu ? » **L.** Jésus ne lui fit aucune réponse. Pilate lui dit alors : **A.** « Tu refuses de me parler, à moi ? Ne sais-tu pas que j'ai pouvoir de te relâcher, et pouvoir de te crucifier ? » **L.** Jésus répondit : ✢ « Tu n'aurais aucun pouvoir sur moi si tu ne l'avais reçu d'en haut ; c'est pourquoi celui qui m'a livré à toi porte un péché plus grand. » **L.** Dès lors, Pilate cherchait à le relâcher ; mais des Juifs se mirent à crier : **F.** « Si tu le relâches, tu n'es pas un ami de l'empereur. Quiconque se fait roi s'oppose à l'empereur. » **L.** En entendant ces paroles, Pilate amena Jésus au-dehors ; il le fit asseoir sur une estrade au lieu dit le Dallage – en hébreu : Gabbatha. C'était le jour de la Préparation de la Pâque, vers la sixième heure, environ midi. Pilate dit aux Juifs : **A.** « Voici votre roi. » **L.** Alors ils crièrent : **F.** « À mort ! À mort ! Crucifie-le ! » **L.** Pilate leur dit : **A.** « Vais-je crucifier votre roi ? » **L.** Les grands prêtres répondirent : **F.** « Nous n'avons pas d'autre roi que l'empereur. » **L.** Alors, il leur livra Jésus pour qu'il soit crucifié.

Crucifixion et mort de Jésus

Ils se saisirent de Jésus. Et lui-même, portant sa croix, sortit en direction du lieu dit Le Crâne (ou Calvaire), qui se dit en hébreu Golgotha. C'est là qu'ils le crucifièrent, et deux autres avec lui, un de chaque côté, et Jésus au milieu. Pilate avait rédigé un écriteau qu'il fit placer sur la croix ; il était écrit : « Jésus le Nazaréen, roi des Juifs. » Beaucoup de Juifs lurent cet écriteau, parce que l'endroit où l'on avait crucifié Jésus était proche de la ville, et que c'était écrit en hébreu, en latin et en grec. Alors les grands prêtres des Juifs dirent à Pilate : **F.** « N'écris pas : "Roi des Juifs" ; mais : "Cet homme a dit : Je suis le roi des Juifs." » **L.** Pilate répondit : **A.** « Ce que j'ai écrit, je l'ai écrit. »

L. Quand les soldats eurent crucifié Jésus, ils prirent ses habits ; ils en firent quatre parts, une pour chaque soldat. Ils prirent aussi la tunique ; c'était une tunique sans couture, tissée tout d'une pièce de haut en bas. Alors ils se dirent entre eux : **A.** « Ne la déchirons pas, désignons par le sort celui qui l'aura. » **L.** Ainsi s'accomplissait la parole de l'Écriture : *Ils se sont partagé mes habits ; ils ont tiré au sort mon vêtement.* C'est bien ce que firent les soldats.

Or, près de la croix de Jésus se tenaient sa mère et la sœur de sa mère, Marie, femme de Cléophas, et Marie Madeleine. Jésus, voyant sa mère, et près d'elle le disciple qu'il aimait, dit à sa mère : ✢ « Femme, voici ton fils. » **L.** Puis il dit au disciple : ✢ « Voici ta mère. » **L.** Et à partir de cette heure-là, le disciple la prit chez lui. Après cela, sachant que tout, désormais, était achevé pour que l'Écriture s'accomplisse jusqu'au bout, Jésus dit : ✢ « J'ai soif. » **L.** Il y avait là un récipient plein d'une boisson vinaigrée. On fixa donc une éponge remplie de ce vinaigre à une branche d'hysope, et on l'approcha de sa bouche. Quand il eut pris le vinaigre, Jésus dit : ✢ « Tout est accompli. » **L.** Puis, inclinant la tête, il remit l'esprit.

(Ici on fléchit le genou, et on s'arrête un instant)

Comme c'était le jour de la Préparation (c'est-à-dire le vendredi), il ne fallait pas laisser les corps en croix durant le sabbat, d'autant plus que ce sabbat était le grand jour de la Pâque. Aussi les Juifs demandèrent à Pilate qu'on enlève les corps après leur avoir brisé les jambes. Les soldats allèrent donc briser les jambes du premier, puis de l'autre homme crucifié avec Jésus. Quand ils arrivèrent à Jésus, voyant qu'il était déjà mort, ils ne lui brisèrent pas les jambes, mais un des soldats avec sa lance lui perça le côté ; et aussitôt, il en sortit du sang et de l'eau. Celui qui a vu rend témoignage, et son témoignage est véridique ; et celui-là sait qu'il dit vrai afin que vous aussi, vous croyiez. Cela, en effet, arriva pour que s'accomplisse l'Écriture : *Aucun de ses os ne sera brisé.* Un autre passage de l'Écriture dit encore : *Ils lèveront les yeux vers celui qu'ils ont transpercé.*

Mise au tombeau

Après cela, Joseph d'Arimathie, qui était disciple de Jésus, mais en secret par crainte des Juifs, demanda à Pilate de pouvoir enlever le corps de Jésus. Et Pilate le permit. Joseph vint donc enlever le corps de Jésus. Nicodème – celui qui, au début, était venu trouver Jésus pendant la nuit – vint lui aussi ; il apportait un mélange de myrrhe et d'aloès pesant environ cent livres. Ils prirent donc le corps de Jésus, qu'ils lièrent de linges, en employant les aromates selon la coutume juive d'ensevelir les morts. À l'endroit où Jésus avait été crucifié, il y avait un jardin et, dans ce jardin, un tombeau neuf dans lequel on n'avait encore déposé personne. À cause de la Préparation de la Pâque juive, et comme ce tombeau était proche, c'est là qu'ils déposèrent Jésus.

Comprendre

Manteau pourpre

Les soldats se moquent de Jésus en lui donnant une couronne d'épines et un manteau pourpre, la pourpre étant la couleur royale. Ils le « déguisent » en roi et le torturent.

Roi des Juifs

On trouve cette inscription sur beaucoup de nos croix : « INRI » (Jésus le Nazaréen Roi des Juifs).

Prétoire

C'est le quartier général de l'armée romaine d'occupation où se trouve le « préteur », le général en chef.

Jardin

Saint Jean précise que Jésus est enterré dans un jardin, un jardin qui rappelle le jardin du paradis.

Préparation de la Pâque juive

Désigne le jour avant la Pâque pendant lequel on prépare la fête de Pâque : on nettoie tout et on doit faire attention à ne pas devenir « impur » pour pouvoir célébrer la fête.

Vibration

« Mon Dieu, mon Dieu, pourquoi m'as-tu abandonné ? »
Parfois il n'y a rien à faire : famines, catastrophes naturelles ou accidents, guerres et réfugiés qui se noient, maladie et mort. Que fait Dieu ?

« Mes jours sont dans ta main. »
Et si, discrètement, il tenait la main de celui qui sombre. Jésus qui meurt n'a-t-il pas le visage de tous ceux qui souffrent ? Et s'il était à nos côtés, la vie plus forte que tout ?

Inspiration

L'évangile raconte le procès, les souffrances et la mort de Jésus en deux ou trois pages. Il ne cherche pas le sensationnel, le sanguinolent. La mort de Jésus ressemble à toutes les morts. Pourtant cette mort est le corps-à-corps que Dieu livre contre le mal, l'injustice et la mort, combat apocalyptique. Jésus expire et la mort a le dernier mot.

Pas sûr. Jésus ne nous a pas lâchés. Jusqu'au bout, il demeure solidaire de ceux qui désespèrent. Sa fidélité à son père et aux hommes laisse entrevoir la mort de la mort. Des signes dans le texte éclairent doucement un chemin. Juste un exemple, à toi d'en chercher d'autres ! « Il remit l'esprit. » Drôle de formule : on dit normalement « il rendit l'âme », non ? Mais le dernier souffle de Jésus n'est pas que sa mort, il est surtout la transmission de son esprit qui « donne la vie ». Jésus nous confie son esprit, et nous vivons. Si les souffrances, les injustices et la mort demeurent, l'Esprit vit en nous et nous vivons, plus fort que la mort.

PÈRE PATRICK ROYANNAIS
Prêtre du diocèse de Lyon (Rhône)
Ancien aumônier du territoire de la Saône au Leman

MAYLIS REBEYROTTE

SAMEDI 3 AVRIL 2021

Veillée pascale

Triomphe de l'amour

Mots-clés

Baptême
Résurrection
Vie

Triomphe de l'amour

Au terme du Carême, nous célébrons Jésus vainqueur du mal et de la mort. Il a vaincu pour nous, pour que nous vivions ! Toute vie chrétienne prend là sa source.

Neuf lectures sont proposées : sept de l'Ancien Testament et deux du Nouveau. Si les circonstances le demandent, pour des motifs particuliers, on peut diminuer le nombre des lectures fixées. Mais on aura au moins trois lectures de l'Ancien Testament et, dans les cas les plus impérieux, au moins deux, avant l'épître et l'évangile. Mais on n'omettra jamais la 3e lecture (Ex 14, 15 – 15, 1a, p. 222) sur le passage de la mer Rouge.

Première lecture

LECTURE DU LIVRE DE LA GENÈSE 1, 1 – 2, 2

Ce que Dieu fait est très bon

Au commencement, Dieu créa le ciel et la terre. La terre était informe et vide, les ténèbres étaient au-dessus de l'abîme et le souffle de Dieu planait au-dessus des eaux.

Dieu dit : « Que la lumière soit. » Et la lumière fut. Dieu vit que la lumière était bonne, et Dieu sépara la lumière des ténèbres. Dieu appela la lumière « jour », il appela les ténèbres « nuit ». Il y eut un soir, il y eut un matin : premier jour.

Et Dieu dit : « Qu'il y ait un firmament au milieu des eaux, et qu'il sépare les eaux. » Dieu fit le firmament, il sépara les eaux qui sont au-dessous du firmament et les eaux qui sont au-dessus. Et ce fut ainsi. Dieu appela le firmament « ciel ». Il y eut un soir, il y eut un matin : deuxième jour.

Et Dieu dit : « Les eaux qui sont au-dessous du ciel, qu'elles se rassemblent en un seul lieu, et que paraisse la terre ferme. » Et ce fut ainsi. Dieu appela la terre ferme « terre », et il appela la masse des eaux « mer ». Et Dieu vit que cela était bon.

Dieu dit : « Que la terre produise l'herbe, la plante qui porte sa semence, et que, sur la terre, l'arbre à fruit donne, selon son espèce, le fruit qui porte sa semence. » Et ce fut ainsi. La terre produisit l'herbe, la plante qui porte sa semence, selon son espèce, et l'arbre qui donne, selon son espèce, le fruit qui porte sa semence. Et Dieu vit que cela était bon. Il y eut un soir, il y eut un matin : troisième jour.

Et Dieu dit : « Qu'il y ait des luminaires au firmament du ciel, pour séparer le jour de la nuit ; qu'ils servent de signes pour marquer les fêtes, les jours et les années ; et qu'ils soient, au firmament du ciel, des luminaires pour éclairer la terre. » Et ce fut ainsi. Dieu fit les deux grands luminaires : le plus grand pour commander au jour, le plus petit pour commander à la nuit ; il fit aussi les étoiles. Dieu les plaça au firmament du ciel pour éclairer la terre, pour commander au jour et à la nuit, pour séparer la lumière des ténèbres. Et Dieu vit que cela était bon. Il y eut un soir, il y eut un matin : quatrième jour.

Et Dieu dit : « Que les eaux foisonnent d'une profusion d'êtres vivants, et que les oiseaux volent au-dessus de la terre, sous le firmament du ciel. » Dieu créa, selon leur espèce, les grands monstres marins, tous les êtres vivants qui vont et viennent et foisonnent dans les eaux, et aussi, selon leur espèce, tous les oiseaux qui volent. Et Dieu vit que cela était bon. Dieu les bénit par ces paroles : « Soyez féconds et multipliez-vous, remplissez les mers, que les oiseaux se multiplient sur la terre. » Il y eut un soir, il y eut un matin : cinquième jour.

Et Dieu dit : « Que la terre produise des êtres vivants selon leur espèce, bestiaux, bestioles et bêtes sauvages selon leur espèce. » Et ce fut ainsi. Dieu fit les bêtes sauvages selon leur espèce, les bestiaux selon leur espèce, et toutes les bestioles de la terre selon leur espèce. Et Dieu vit que cela était bon.

Dieu dit : « Faisons l'homme à notre image, selon notre ressemblance. Qu'il soit le maître des poissons de la mer, des oiseaux du ciel, des bestiaux, de toutes les bêtes sauvages, et de toutes les bestioles qui vont et viennent sur la terre. » Dieu créa l'homme à son image, à l'image de Dieu il le créa, il les créa homme et femme. Dieu les bénit et leur dit :

« Soyez féconds et multipliez-vous, remplissez la terre et soumettez-la. Soyez les maîtres des poissons de la mer, des oiseaux du ciel, et de tous les animaux qui vont et viennent sur la terre. » Dieu dit encore : « Je vous donne toute plante qui porte sa semence sur toute la surface de la terre, et tout arbre dont le fruit porte sa semence : telle sera votre nourriture. À tous les animaux de la terre, à tous les oiseaux du ciel, à tout ce qui va et vient sur la terre et qui a souffle de vie, je donne comme nourriture toute herbe verte. » Et ce fut ainsi. Et Dieu vit tout ce qu'il avait fait ; et voici : cela était très bon. Il y eut un soir, il y eut un matin : sixième jour.

Ainsi furent achevés le ciel et la terre, et tout leur déploiement. Le septième jour, Dieu avait achevé l'œuvre qu'il avait faite. Il se reposa, le septième jour, de toute l'œuvre qu'il avait faite.

Psaume

103 (104), 1-2A, 5-6, 10.12, 13-14AB, 24.35C

Merveille, l'œuvre de Dieu

℟ Ô Seigneur, envoie ton Esprit
qui renouvelle la face de la terre !

Bénis le Seigneur, ô mon âme ;
Seigneur mon Dieu, tu es si grand !
Revêtu de magnificence,
tu as pour manteau la lumière ! ℟

Tu as donné son assise à la terre :
qu'elle reste inébranlable au cours des temps.
Tu l'as vêtue de l'abîme des mers :
les eaux couvraient même les montagnes. ℟

Dans les ravins tu fais jaillir des sources
et l'eau chemine aux creux des montagnes.
les oiseaux séjournent près d'elle :
dans le feuillage on entend leurs cris. ℟

De tes demeures tu abreuves les montagnes,
et la terre se rassasie du fruit de tes œuvres ;
tu fais pousser les prairies pour les troupeaux,
et les champs pour l'homme qui travaille. ℟

Quelle profusion dans tes œuvres, Seigneur !
Tout cela, ta sagesse l'a fait ;
la terre s'emplit de tes biens.
Bénis le Seigneur, ô mon âme ! ℟

Deuxième lecture

LECTURE DU LIVRE DE LA GENÈSE 22, 1-18

Dieu premier servi…

En ces jours-là, Dieu mit Abraham à l'épreuve. Il lui dit : « Abraham ! » Celui-ci répondit : « Me voici ! » Dieu dit : « Prends ton fils, ton unique, celui que tu aimes, Isaac, va au pays de Moriah, et là tu l'offriras en holocauste sur la montagne que je t'indiquerai. »

Abraham se leva de bon matin, sella son âne, et prit avec lui deux de ses serviteurs et son fils Isaac. Il fendit le bois pour l'holocauste, et se mit en route vers l'endroit que Dieu lui avait indiqué. Le troisième jour, Abraham, levant les yeux, vit l'endroit de loin. Abraham dit à ses serviteurs : « Restez ici avec l'âne. Moi et le garçon, nous irons jusque là-bas pour adorer, puis nous reviendrons vers vous. »

Abraham prit le bois pour l'holocauste et le chargea sur son fils Isaac ; il prit le feu et le couteau, et tous deux s'en allèrent ensemble. Isaac dit à son père Abraham : « Mon père ! – Eh bien, mon fils ? » Isaac reprit : « Voilà le feu et le bois, mais où est l'agneau pour l'holocauste ? » Abraham répondit : « Dieu saura bien trouver l'agneau pour l'holocauste, mon fils. » Et ils s'en allaient tous les deux ensemble.

Ils arrivèrent à l'endroit que Dieu avait indiqué. Abraham y bâtit l'autel et disposa le bois, puis il lia son fils Isaac et le mit sur l'autel, par-dessus le bois ; Abraham étendit la main et saisit le couteau pour immoler son fils. Mais l'ange du Seigneur l'appela du haut du ciel et dit : « Abraham ! Abraham ! » Il répondit : « Me voici ! » L'ange lui dit : « Ne porte pas la main sur le garçon ! Ne lui fais aucun mal ! Je sais maintenant que tu crains Dieu : tu ne m'as pas refusé ton fils, ton unique. » Abraham leva les yeux et vit un bélier retenu par les cornes dans un buisson. Il alla prendre le bélier et l'offrit en holocauste à la place de son fils. Abraham donna à ce lieu le nom de « Le-Seigneur-voit ». On l'appelle aujourd'hui : « Sur-le-mont-le-Seigneur-est-vu. »

Du ciel, l'ange du Seigneur appela une seconde fois Abraham. Il déclara : « Je le jure par moi-même, oracle du Seigneur : parce que tu as fait cela, parce que tu ne m'as pas refusé ton fils, ton unique, je te comblerai de bénédictions, je rendrai ta descendance aussi nombreuse que les étoiles du ciel et que le sable au bord de la mer, et ta descendance occupera les places fortes de ses ennemis. Puisque tu as écouté ma voix, toutes les nations de la terre s'adresseront l'une à l'autre la bénédiction par le nom de ta descendance. »

Psaume

15 (16), 5.8, 9-10, 11

De quoi aurais-je crainte ?

℟ Garde-moi, mon Dieu :
j'ai fait de toi mon refuge.

Seigneur, mon partage et ma coupe :
de toi dépend mon sort.
Je garde le Seigneur devant moi sans relâche ;
il est à ma droite : je suis inébranlable. ℟

Mon cœur exulte, mon âme est en fête,
ma chair elle-même repose en confiance :
tu ne peux m'abandonner à la mort
ni laisser ton ami voir la corruption. ℟

Tu m'apprends le chemin de la vie :
devant ta face, débordement de joie !
À ta droite, éternité de délices ! ℟

Troisième lecture

LECTURE DU LIVRE DE L'EXODE 14, 15 – 15, 1A

Dieu des victoires

En ces jours-là, le Seigneur dit à Moïse : « Pourquoi crier vers moi ? Ordonne aux fils d'Israël de se mettre en route ! Toi, lève ton bâton, étends le bras sur la mer, fends-la en deux, et que les fils d'Israël entrent au milieu de la mer à pied sec. Et moi, je ferai en sorte que les Égyptiens s'obstinent : ils y entreront derrière eux ; je me glorifierai aux dépens de Pharaon et de toute son armée, de ses chars et de ses guerriers. Les Égyptiens sauront que je suis le Seigneur, quand je me serai glorifié aux dépens de Pharaon, de ses chars et de ses guerriers. » L'ange de Dieu, qui marchait en avant d'Israël, se déplaça et marcha à l'arrière. La colonne de nuée se déplaça depuis l'avant-garde et vint se tenir à l'arrière, entre le camp des Égyptiens et le camp d'Israël. Cette nuée était à la fois ténèbres et lumière dans la nuit, si bien que, de toute la nuit, ils ne purent se rencontrer. Moïse étendit le bras sur la mer. Le Seigneur chassa la mer toute la nuit par un fort vent d'est ; il mit la mer à sec, et les eaux se fendirent. Les fils d'Israël entrèrent au milieu de la mer à pied sec, les eaux formant une muraille à leur droite et à leur gauche. Les Égyptiens les poursuivirent ; tous les chevaux de Pharaon, ses chars et ses guerriers entrèrent derrière eux jusqu'au milieu de la mer.

Aux dernières heures de la nuit, le Seigneur observa, depuis la colonne de feu et de nuée, l'armée des Égyptiens, et il la frappa de panique. Il faussa les roues de leurs chars, et ils eurent beaucoup de peine à les conduire. Les Égyptiens s'écrièrent : « Fuyons devant Israël, car c'est le Seigneur qui combat pour eux contre nous ! » Le Seigneur dit à Moïse : « Étends le bras sur la mer : que les eaux reviennent sur les Égyptiens, leurs chars et leurs guerriers ! » Moïse étendit le bras sur la mer. Au point du jour, la mer reprit sa place ; dans leur fuite, les Égyptiens s'y heurtèrent, et le Seigneur les précipita au milieu de la mer. Les eaux refluèrent et recouvrirent les chars et les guerriers, toute l'armée de Pharaon qui était entrée dans la mer à la poursuite d'Israël. Il n'en resta pas un seul. Mais les fils d'Israël avaient marché à pied sec au milieu de la mer, les eaux formant une muraille à leur droite et à leur gauche. Ce jour-là, le Seigneur sauva Israël de la main de l'Égypte, et Israël vit les Égyptiens morts sur le bord de la mer. Israël vit avec quelle main puissante le Seigneur avait agi contre l'Égypte. Le peuple craignit le Seigneur, il mit sa foi dans le Seigneur et dans son serviteur Moïse. Alors Moïse et les fils d'Israël chantèrent ce cantique au Seigneur :

Cantique

EX 15, 1B, 2, 3-4, 5-6, 17-18

Comment ne pas le louer ?

℟ *Chantons pour le Seigneur !*
Éclatante est sa gloire !

Je chanterai pour le Seigneur !
Éclatante est sa gloire :
il a jeté dans la mer
cheval et cavalier. ℟

Ma force et mon chant, c'est le Seigneur :
il est pour moi le salut.
Il est mon Dieu, je le célèbre ;
j'exalte le Dieu de mon père. ℟

Le Seigneur est le guerrier des combats ;
son nom est « Le Seigneur ».
Les chars du Pharaon et ses armées, il les lance dans la mer.
L'élite de leurs chefs a sombré dans la mer Rouge. ℟

L'abîme les recouvre :
ils descendent, comme la pierre, au fond des eaux.
Ta droite, Seigneur, magnifique en sa force,
ta droite, Seigneur, écrase l'ennemi. ℟

Tu les amènes, tu les plantes sur la montagne, ton héritage,
le lieu que tu as fait, Seigneur, pour l'habiter,
le sanctuaire, Seigneur, fondé par tes mains.
Le Seigneur régnera pour les siècles des siècles. ℟

Quatrième lecture

LECTURE DU LIVRE DU PROPHÈTE ISAÏE 54, 5-14

Fidélité et tendresse de Dieu

Parole du Seigneur adressée à Jérusalem : Ton époux, c'est Celui qui t'a faite, son nom est « Le Seigneur de l'univers ». Ton rédempteur, c'est le Saint d'Israël, il s'appelle « Dieu de toute la terre ». Oui, comme une femme abandonnée, accablée, le Seigneur te rappelle. Est-ce que l'on rejette la femme de sa jeunesse ? – dit ton Dieu. Un court instant, je t'avais abandonnée, mais dans ma grande tendresse, je te ramènerai. Quand ma colère a débordé, un instant, je t'avais caché ma face. Mais dans mon éternelle fidélité, je te montre ma tendresse, – dit le Seigneur, ton rédempteur. Je ferai comme au temps de Noé, quand j'ai juré que les eaux ne submergeraient plus la terre : de même, je jure de ne plus m'irriter contre toi, et de ne plus te menacer. Même si les montagnes s'écartaient, si les collines s'ébranlaient, ma fidélité ne s'écarterait pas de toi, mon alliance de paix ne serait pas ébranlée, – dit le Seigneur, qui te montre sa tendresse. Jérusalem, malheureuse, battue par la tempête, inconsolée, voici que je vais sertir tes pierres et poser tes fondations sur des saphirs. Je ferai tes créneaux avec des rubis, tes portes en cristal de roche, et toute ton enceinte avec des pierres précieuses. Tes fils seront tous disciples du Seigneur, et grande sera leur paix. Tu seras établie sur la justice : loin de toi l'oppression, tu n'auras plus à craindre ; loin de toi la terreur, elle ne t'approchera plus.

Psaume

29 (30), 3-4, 5-6AB, 6CD.12, 13

De l'ombre à la lumière

℟ *Je t'exalte, Seigneur : tu m'as relevé.*

Quand j'ai crié vers toi, Seigneur,
mon Dieu, tu m'as guéri ;
Seigneur, tu m'as fait remonter de l'abîme
et revivre quand je descendais à la fosse. ℟

Fêtez le Seigneur, vous, ses fidèles,
rendez grâce en rappelant son nom très saint.
Sa colère ne dure qu'un instant,
sa bonté, toute la vie. ℟

Avec le soir, viennent les larmes,
mais au matin, les cris de joie.
Tu as changé mon deuil en une danse,
mes habits funèbres en parure de joie. ℟

Que mon cœur ne se taise pas,
qu'il soit en fête pour toi,
et que sans fin, Seigneur, mon Dieu,
je te rende grâce ! ℟

Cinquième lecture

LECTURE DU LIVRE DU PROPHÈTE ISAÏE 55, 1-11

Pourquoi s'en priver ?

Ainsi parle le Seigneur : Vous tous qui avez soif, venez, voici de l'eau ! Même si vous n'avez pas d'argent, venez acheter et consommer, venez acheter du vin et du lait sans argent, sans rien payer. Pourquoi dépenser votre argent pour ce qui ne nourrit pas, vous fatiguer pour ce qui ne rassasie pas ? Écoutez-moi bien, et vous mangerez de bonnes choses, vous vous régalerez de viandes savoureuses ! Prêtez l'oreille ! Venez à moi ! Écoutez, et vous vivrez. Je m'engagerai envers vous par une alliance éternelle : ce sont les bienfaits garantis à David. Lui, j'en ai fait un témoin pour les peuples, pour les peuples, un guide et un chef. Toi, tu appelleras une nation inconnue de toi ; une nation qui ne te connaît pas accourra vers toi, à cause du Seigneur ton Dieu, à cause du Saint d'Israël, car il fait ta splendeur.

Cherchez le Seigneur tant qu'il se laisse trouver ; invoquez-le tant qu'il est proche. Que le méchant abandonne son chemin, et l'homme perfide, ses pensées ! Qu'il revienne vers le Seigneur qui lui montrera sa miséricorde, vers notre Dieu qui est riche en pardon. Car mes pensées ne sont pas vos pensées, et vos chemins ne sont pas mes chemins, – oracle du Seigneur. Autant le ciel est élevé au-dessus de la terre, autant mes chemins sont élevés au-dessus de vos chemins, et mes pensées, au-dessus de vos pensées.

La pluie et la neige qui descendent des cieux n'y retournent pas sans avoir abreuvé la terre, sans l'avoir fécondée et l'avoir fait germer, donnant la semence au semeur et le pain à celui qui doit manger ; ainsi ma parole, qui sort de ma bouche, ne me reviendra pas sans résultat, sans avoir fait ce qui me plaît, sans avoir accompli sa mission.

Cantique

IS 12, 2, 4BCD, 5-6

Sublime est son nom

℟ ***Exultant de joie,***
vous puiserez les eaux aux sources du salut !

Voici le Dieu qui me sauve :
j'ai confiance, je n'ai plus de crainte.
Ma force et mon chant, c'est le Seigneur ;
il est pour moi le salut. ℟

Rendez grâce au Seigneur,
proclamez son nom,
annoncez parmi les peuples ses hauts faits !
Redites-le : « Sublime est son nom ! » ℟

Jouez pour le Seigneur, il montre sa magnificence,
et toute la terre le sait.
Jubilez, criez de joie, habitants de Sion,
car il est grand au milieu de toi, le Saint d'Israël ! ℟

Sixième lecture

LECTURE DU LIVRE DU PROPHÈTE BARUC 3, 9-15.32 – 4, 4

La sagesse se laisse trouver

Écoute, Israël, les commandements de vie, prête l'oreille pour acquérir la connaissance. Pourquoi donc, Israël, pourquoi es-tu exilé chez tes ennemis, vieillissant sur une terre étrangère, souillé par le contact des cadavres, inscrit parmi les habitants du séjour des morts ? – Parce que tu as abandonné la Source de la Sagesse ! Si tu avais suivi les chemins de Dieu, tu vivrais dans la paix pour toujours. Apprends où se trouvent et la connaissance, et la force, et l'intelligence ; pour savoir en même temps où se trouvent de longues années de vie, la lumière des yeux et la paix.

Mais qui donc a découvert la demeure de la Sagesse, qui a pénétré jusqu'à ses trésors ? Celui qui sait tout en connaît le chemin, il l'a découvert par son intelligence. Il a pour toujours aménagé la terre, et l'a peuplée de troupeaux. Il lance la lumière, et elle prend sa course ; il la rappelle, et elle obéit en tremblant. Les étoiles brillent, joyeuses, à leur poste de veille ; il les appelle, et elles répondent : « Nous voici ! » Elles brillent avec joie pour celui qui les a faites. C'est lui qui est notre Dieu : aucun autre ne lui est comparable. Il a découvert les chemins du savoir, et il les a confiés à Jacob, son serviteur, à Israël, son bien-aimé.

Ainsi, la Sagesse est apparue sur la terre, elle a vécu parmi les hommes. Elle est le livre des préceptes de Dieu, la Loi qui demeure éternellement : tous ceux qui l'observent vivront, ceux qui l'abandonnent mourront. Reviens, Jacob, saisis-la de nouveau ; à sa lumière, marche vers la splendeur : ne laisse pas ta gloire à un autre, tes privilèges à un peuple étranger. Heureux sommes-nous, Israël ! Car ce qui plaît à Dieu, nous le connaissons.

Psaume

13B (19), 8, 9, 10, 11

Plus que l'or et le miel

℟ ***Seigneur, tu as les paroles de la vie éternelle.***

La loi du Seigneur est parfaite,
qui redonne vie ;
la charte du Seigneur est sûre,
qui rend sages les simples. ℟

Les préceptes du Seigneur sont droits,
ils réjouissent le cœur ;
le commandement du Seigneur est limpide,
il clarifie le regard. ℟

La crainte qu'il inspire est pure,
elle est là pour toujours ;
les décisions du Seigneur sont justes
et vraiment équitables : ℟

plus désirables que l'or,
qu'une masse d'or fin,
plus savoureuses que le miel
qui coule des rayons. ℟

Septième lecture

LECTURE DU LIVRE DU PROPHÈTE ÉZÉKIEL 36, 16-17A.18-28

Un cœur de chair

La parole du Seigneur me fut adressée : « Fils d'homme, lorsque les gens d'Israël habitaient leur pays, ils le rendaient impur par leur conduite et leurs actes. Alors j'ai déversé sur eux ma fureur, à cause du sang qu'ils avaient versé dans le pays, à cause des idoles immondes qui l'avaient rendu impur. Je les ai dispersés parmi les nations, ils ont été disséminés dans les pays étrangers. Selon leur conduite et leurs actes, je les ai jugés. Dans les nations où ils sont allés, ils ont profané mon saint nom, car on disait : "C'est le peuple du Seigneur, et ils sont sortis de son pays !" Mais j'ai voulu épargner mon saint nom, que les gens d'Israël avaient profané dans les nations où ils sont allés. Eh bien ! tu diras à la maison d'Israël : Ainsi parle le Seigneur Dieu : Ce n'est pas pour vous que je vais agir, maison d'Israël, mais c'est pour mon saint nom que vous avez profané dans les nations où vous êtes allés. Je sanctifierai mon grand nom, profané parmi les nations, mon nom que vous avez profané au milieu d'elles. Alors les nations sauront que Je suis le Seigneur – oracle du Seigneur Dieu – quand par vous je manifesterai ma sainteté à leurs yeux. Je vous prendrai du milieu des nations, je vous rassemblerai de tous les pays, je vous conduirai dans votre terre. Je répandrai sur vous une eau pure, et vous serez purifiés ; de toutes vos souillures, de toutes vos idoles, je vous purifierai. Je vous donnerai un cœur nouveau, je mettrai en vous un esprit nouveau. J'ôterai de votre chair le cœur de pierre, je vous donnerai un cœur de chair. Je mettrai en vous mon esprit, je ferai que vous marchiez selon mes lois, que vous gardiez mes préceptes et leur soyez fidèles. Vous habiterez le pays que j'ai donné à vos pères : vous, vous serez mon peuple, et moi, je serai votre Dieu. »

S'IL N'Y A PAS DE BAPTÊME

Psaume

41 (42), 3, 5EFGH ; 42 (43), 3, 4

Dieu est toute ma joie

℟ *Comme un cerf altéré cherche l'eau vive,*
ainsi mon âme te cherche, toi, mon Dieu.

Mon âme a soif de Dieu,
le Dieu vivant ;
quand pourrai-je m'avancer,
paraître face à Dieu ? ℟

Je conduisais vers la maison de mon Dieu
la multitude en fête,
parmi les cris de joie
et les actions de grâce. ℟

Envoie ta lumière et ta vérité :
qu'elles guident mes pas
et me conduisent à ta montagne sainte,
jusqu'en ta demeure. ℟

J'avancerai jusqu'à l'autel de Dieu,
vers Dieu qui est toute ma joie ;
je te rendrai grâce avec ma harpe,
Dieu, mon Dieu ! ℟

OU LORSQU'IL Y A BAPTÊME :

Psaume

50 (51), 12-13, 14-15, 18-19

Crée en moi un cœur pur, ô mon Dieu.

℟ **Crée en moi un cœur pur, ô mon Dieu.**

Crée en moi un cœur pur, ô mon Dieu,
renouvelle et raffermis au fond de moi mon esprit.
Ne me chasse pas loin de ta face,
ne me reprends pas ton esprit saint. ℟

Rends-moi la joie d'être sauvé ;
que l'esprit généreux me soutienne.
Aux pécheurs, j'enseignerai tes chemins ;
vers toi, reviendront les égarés. ℟

Si j'offre un sacrifice, tu n'en veux pas,
tu n'acceptes pas d'holocauste.
Le sacrifice qui plaît à Dieu, c'est un esprit brisé ;
tu ne repousses pas, ô mon Dieu, un cœur brisé et broyé. ℟

Lecture

LECTURE DE LA LETTRE DE SAINT PAUL APÔTRE AUX ROMAINS 6, 3B-11

Le baptisé, un autre Christ

Frères, nous tous qui par le baptême avons été unis au Christ Jésus, c'est à sa mort que nous avons été unis par le baptême. Si donc, par le baptême qui nous unit à sa mort, nous avons été mis au tombeau avec lui, c'est pour que nous menions une vie nouvelle, nous aussi, comme le Christ qui, par la toute-puissance du Père, est ressuscité d'entre les morts. Car, si nous avons été unis à lui par une mort qui ressemble à la sienne, nous le serons aussi par une résurrection qui ressemblera à la sienne. Nous le savons : l'homme ancien qui est en nous a été fixé à la croix avec lui pour que le corps du péché soit réduit à rien, et qu'ainsi nous ne soyons plus esclaves du péché. Car celui qui est mort est affranchi du péché.

Et si nous sommes passés par la mort avec le Christ, nous croyons que nous vivrons aussi avec lui. Nous le savons en effet : ressuscité d'entre les morts, le Christ ne meurt plus ; la mort n'a plus de pouvoir sur lui. Car lui qui est mort, c'est au péché qu'il est mort une fois pour toutes ; lui qui est vivant, c'est pour Dieu qu'il est vivant. De même, vous aussi, pensez que vous êtes morts au péché, mais vivants pour Dieu en Jésus Christ.

Psaume

117 (118), 1.2, 16-17, 22-23

Trop beau, trop bon !

℟ ***Alléluia, alléluia, alléluia !***

Rendez grâce au Seigneur : Il est bon !
Éternel est son amour !
Oui, que le dise Israël :
Éternel est son amour ! ℟

Le bras du Seigneur se lève,
le bras du Seigneur est fort !
Non, je ne mourrai pas, je vivrai
pour annoncer les actions du Seigneur. ℟

La pierre qu'ont rejetée les bâtisseurs
est devenue la pierre d'angle :
c'est là l'œuvre du Seigneur,
la merveille devant nos yeux. ℟

Évangile

ÉVANGILE DE JÉSUS CHRIST SELON SAINT MARC 16, 1-7

Son tombeau vide !

Le sabbat terminé, Marie Madeleine, Marie, mère de Jacques, et Salomé achetèrent des parfums pour aller embaumer le corps de Jésus. De grand matin, le premier jour de la semaine, elles se rendent au tombeau dès le lever du soleil. Elles se disaient entre elles : « Qui nous roulera la pierre pour dégager l'entrée du tombeau ? » Levant les yeux, elles s'aperçoivent qu'on a roulé la pierre, qui était pourtant très grande. En entrant dans le tombeau, elles virent, assis à droite, un jeune homme vêtu de blanc. Elles furent saisies de frayeur. Mais il leur dit : « Ne soyez pas effrayées ! Vous cherchez Jésus de Nazareth, le Crucifié ? Il est ressuscité : il n'est pas ici. Voici l'endroit où on l'avait déposé. Et maintenant, allez dire à ses disciples et à Pierre : "Il vous précède en Galilée. Là vous le verrez, comme il vous l'a dit." »

Comprendre

Luminaires

Dans la Bible, le soleil et la lune ne sont que des lampes contrairement aux peuples païens qui pensaient que ces deux astres étaient des dieux.

Se reposa

En hébreu, c'est *shabbat*. Dieu se repose le 7e jour, jour du shabbat.

Holocauste

Sacrifice offert à Dieu qui consistait à brûler l'animal tout entier. La fumée montait vers Dieu et cette odeur était supposée plaire à Dieu.

Colonne de nuée

Ce nuage lumineux, de fumée et de feu, est le signe visible de la présence de Dieu au milieu de son peuple. Cette colonne guidera les Hébreux dans le désert.

Exode 15
Ce chant de Myriam ou « chant de la mer » est sans doute l'un des textes les plus anciens de la Bible, il est écrit dans un hébreu très archaïque.

« Nation inconnue de toi »
Les chrétiens ont vu dans cette prophétie l'annonce de l'Église à venir.

Livre de Baruc
Ce livre aurait été écrit par Baruc, scribe et secrétaire du prophète Jérémie. Juifs et protestants n'ont pas inclus ce livre dans leurs Écritures (canon).

Profané
La « profanation du nom de Dieu » désigne dans le judaïsme ce qui survient lorsqu'un Juif, élu par Dieu, porte atteinte à l'honneur de Dieu par son comportement ou ses propos.

Homme ancien
Expression qui désigne l'homme porteur du péché originel, l'homme qui n'a pas encore reçu une vie renouvelée en Jésus Christ.

Embaumer
Traiter un corps mort avec des parfums et différentes substances pour empêcher qu'il ne se corrompe (pourrisse).

Vibration

« Prête l'oreille pour acquérir la connaissance. »
Pourquoi te propose-t-on tant de lectures ce samedi soir, qu'a-t-il de particulier ?

« Le Seigneur est le guerrier des combats. »
Dieu, un combattant ? Peux-tu dire quelle est sa grande victoire ?

« Elles se rendent au tombeau dès le lever du soleil. »
Quel rapport fais-tu entre le tombeau et le lever du soleil ? Entre le tombeau et Pâques ?

Inspiration

Pourquoi tant de textes bibliques si anciens ? On ne pourrait pas avoir un petit résumé, un genre de « tuto » qui nous présenterait le message rapidement ? Le message, rapidement, c'est simple : le Christ est ressuscité, il est vivant aujourd'hui et pour toujours, alléluia ! Mais il faut comprendre ce que ça signifie et change pour nous.

Alors, en parcourant l'histoire sainte nous comprenons que Jésus n'arrive pas comme un météore, mais qu'il s'inscrit dans cette longue histoire, l'histoire sainte de Dieu avec les hommes, avec son peuple. Et cette histoire, c'est un peu la nôtre : nous sommes créés à l'image de Dieu. Nous refusons Dieu, commettons le mal, sommes infidèles, nous préférons les idoles… La mort alors s'installe.

Mais au cœur de tout cela, l'amour de Dieu est fidèle, sa miséricorde nous relève toujours. La souffrance, le péché, la mort, qui marquent l'humanité et que Jésus prend sur lui, sont engloutis dans la Résurrection.

Il est vivant pour que nous soyons vraiment vivants !

MONSEIGNEUR PIERRE-ANTOINE BOZO
Évêque de Limoges (Haute-Vienne)
membre du Conseil pour la pastorale des enfants et des jeunes,
accompagnateur du scoutisme et du guidisme

EVA TISSEYRE

Dimanche de Pâques

Le tombeau est vide

Mots-clés

Confiance
Résurrection
Témoignage

DIMANCHE 4 AVRIL 2021

Le tombeau est vide

Pourquoi donc courir vers un tombeau pour retrouver un mort ? Le tombeau est vide : la seule course qui vaille, c'est celle qui mène au vivant, Jésus le Christ !

Première lecture

LECTURE DU LIVRE DES ACTES DES APÔTRES 10, 34A. 37-43

Des témoins choisis par Dieu

En ces jours-là, quand Pierre arriva à Césarée chez un centurion de l'armée romaine, il prit la parole et dit : « Vous savez ce qui s'est passé à travers tout le pays des Juifs, depuis les commencements en Galilée, après le baptême proclamé par Jean : Jésus de Nazareth, Dieu lui a donné l'onction d'Esprit Saint et de puissance. Là où il passait, il faisait le bien et guérissait tous ceux qui étaient sous le pouvoir du diable, car Dieu était avec lui. Et nous, nous sommes témoins de tout ce qu'il a fait dans le pays des Juifs et à Jérusalem. Celui qu'ils ont supprimé en le suspendant au bois du supplice, Dieu l'a ressuscité le troisième jour. Il lui a donné de se manifester, non pas à tout le peuple, mais à des témoins que Dieu avait choisis d'avance, à nous qui avons mangé et bu avec lui après sa Résurrection d'entre les morts. Dieu nous a chargés d'annoncer au peuple et de témoigner que lui-même l'a établi Juge des vivants et des morts. C'est à Jésus que tous les prophètes rendent ce témoignage : Quiconque croit en lui reçoit par son nom le pardon de ses péchés. »

Psaume

117 (118), 1. 2, 16-17, 22-23

La merveille de la Résurrection

℟ *Voici le jour que fit le Seigneur,*
Qu'il soit pour nous jour de fête et de joie !

Rendez grâce au Seigneur : Il est bon !
Éternel est son amour !
Oui, que le dise Israël :
Éternel est son amour ! ℟

Le bras du Seigneur se lève,
le bras du Seigneur est fort !
Non, je ne mourrai pas, je vivrai
pour annoncer les actions du Seigneur. ℟

La pierre qu'ont rejetée les bâtisseurs
est devenue la pierre d'angle :
c'est là l'œuvre du Seigneur,
la merveille devant nos yeux. ℟

Deuxième lecture

On peut choisir entre les deux textes suivants :

LECTURE DE LA LETTRE DE SAINT PAUL APÔTRE AUX COLOSSIENS 3, 1-4

Ressuscités avec Jésus

Frères, si vous êtes ressuscités avec le Christ, recherchez les réalités d'en haut : c'est là qu'est le Christ, assis à la droite de Dieu. Pensez aux réalités d'en haut, non à celles de la terre.

En effet, vous êtes passés par la mort, et votre vie reste cachée avec le Christ en Dieu. Quand paraîtra le Christ, votre vie, alors vous aussi, vous paraîtrez avec lui dans la gloire.

ou :

LECTURE DE LA PREMIÈRE LETTRE DE SAINT PAUL APÔTRE AUX CORINTHIENS 5, 6B-8

Frères, ne savez-vous pas qu'un peu de levain suffit pour que fermente toute la pâte ? Purifiez-vous donc des vieux ferments, et vous serez une pâte nouvelle, vous qui êtes le pain de la Pâque, celui qui n'a pas fermenté. Car notre agneau pascal a été immolé : c'est le Christ.

Ainsi, célébrons la Fête, non pas avec de vieux ferments, non pas avec ceux de la perversité et du vice, mais avec du pain non fermenté, celui de la droiture et de la vérité.

Séquence de Pâques

À la Victime pascale,
chrétiens, offrez le sacrifice
de louange.

L'Agneau a racheté les brebis ;
le Christ innocent a réconcilié
l'homme pécheur avec le Père.

La mort et la vie s'affrontèrent
en un duel prodigieux.
Le Maître de la vie mourut ;
vivant, il règne.

« Dis-nous, Marie Madeleine,
qu'as-tu vu en chemin ? »

« J'ai vu le sépulcre du Christ vivant,
j'ai vu la gloire du Ressuscité.

J'ai vu les anges ses témoins,
le suaire et les vêtements.

Le Christ, mon espérance, est ressuscité !
Il vous précédera en Galilée. »

Nous le savons : le Christ
est vraiment ressuscité des morts.

Roi victorieux,
prends-nous tous en pitié !
Amen.

Acclamation de l'Évangile

Alléluia. Alléluia. Notre Pâque immolée, c'est le Christ ! Célébrons la Fête dans le Seigneur ! ***Alléluia.***

Évangile

ÉVANGILE DE JÉSUS CHRIST SELON SAINT JEAN 20, 1-9

Pas besoin de voir pour croire !

Le premier jour de la semaine, Marie Madeleine se rend au tombeau de grand matin ; c'était encore les ténèbres. Elle s'aperçoit que la pierre a été enlevée du tombeau. Elle court donc trouver Simon-Pierre et l'autre disciple, celui que Jésus aimait, et elle leur dit : « On a enlevé le Seigneur de son tombeau, et nous ne savons pas où on l'a déposé. » Pierre partit donc avec l'autre disciple pour se rendre au tombeau. Ils couraient tous les deux ensemble, mais l'autre disciple courut plus vite que Pierre et arriva le premier au tombeau. En se penchant, il s'aperçoit que les linges sont posés à plat ; cependant il n'entre pas. Simon-Pierre, qui le suivait, arrive à son tour. Il entre dans le tombeau ; il aperçoit les linges, posés à plat, ainsi que le suaire qui avait entouré la tête de Jésus, non pas posé avec les linges, mais roulé à part à sa place. C'est alors qu'entra l'autre disciple, lui qui était arrivé le premier au tombeau. Il vit, et il crut. Jusque-là, en effet, les disciples n'avaient pas compris que, selon l'Écriture, il fallait que Jésus ressuscite d'entre les morts.

Comprendre

Lettre aux Colossiens
Saint Paul rappelle aux Colossiens la pureté de la foi. Il ne faut pas mêler des doctrines philosophiques ou l'adoration des anges à la vraie foi.

Marie Madeleine
Originaire de Magdala, au bord du lac de Tibériade, elle a reçu le pardon de Jésus pour ses nombreux péchés et a suivi Jésus jusqu'au pied de la croix.

Suaire
Morceau de tissu dans lequel on enterrait un mort. Ce suaire de Jésus serait, selon la tradition, celui qui est conservé à Turin en Italie.

Vibration

« On a enlevé le Seigneur de son tombeau. »
Es-tu comme Pierre qui voit les linges qui couvraient Jésus et ne croit pas, ou bien es-tu comme Jean qui ne voit rien mais croit ?

« Quiconque croit en lui reçoit par son nom le pardon. »
Finalement, qu'est-ce que croire ? Avoir la foi ?

« Nous sommes témoins de tout ce qu'il a fait. »
Depuis 2 000 ans, les chrétiens se transmettent cette bonne nouvelle. As-tu rencontré l'un de ces témoins ? Es-tu l'un d'eux ?

Inspiration

« Il vit et il crut. » Une simple petite phrase avec deux verbes. Une phrase si courte et pourtant si dense. Une phrase qui dit finalement l'essentiel : l'expérience des générations de ceux et celles qui croient que Jésus est vraiment ressuscité. Eux aussi, ils voient qu'il n'y a rien à voir ! Le tombeau est toujours vide hier comme aujourd'hui et demain. On pourrait dire, comme pour les événements de peu d'importance : « Circulez, il n'y a rien à voir ! » Pourtant s'il n'y a rien à voir, il y a tout à croire. Et Jean, le disciple qui courait vite, a compris que la foi n'est pas quelque chose à saisir, à vérifier ou à voir. Elle est la confiance, non pas que l'œil accorde, mais que le cœur donne sans calculer comme l'amour ou l'amitié.

Si nous ne voyons pas de nos yeux le Christ ressuscité – seuls quelques-uns l'ont vu –, nous croyons qu'il est présent à nos côtés et nous le voyons dans le visage du pauvre, dans la main tendue du malheureux, dans le regard inquiet de l'étranger.

MONSEIGNEUR LUC CREPY
Évêque du Puy-en-Velay (Haute-Loire)

m

Le mémo de la semaine

Mercredi 7 avril 2021 : Journée mondiale de la santé. Il y a un an, nous étions en plein confinement Covid 19. En cette semaine de la résurrection du Seigneur, souvenons-nous de tous ceux qui sont morts, de ceux qui ont soigné, des trésors de solidarité qui se sont déployés. Signes de vie…

MAYLIS RIBIER

2e dimanche de Pâques ou de la Divine Miséricorde

Il était là au milieu d'eux

Mots-clés

Doute
Faire route
Présence

DIMANCHE 11 AVRIL 2021

Il était là au milieu d'eux

La certitude ferme des portes, le doute les ouvre. Prendre et toucher rassurent, lâcher prise fait avancer. On peut voir plus clair parce qu'on est passé par la nuit.

Première lecture

LECTURE DU LIVRE DES ACTES DES APÔTRES 4, 32-35

Tout mettre en commun

La multitude de ceux qui étaient devenus croyants avait un seul cœur et une seule âme ; et personne ne disait que ses biens lui appartenaient en propre, mais ils avaient tout en commun. C'est avec une grande puissance que les Apôtres rendaient témoignage de la résurrection du Seigneur Jésus, et une grâce abondante reposait sur eux tous. Aucun d'entre eux n'était dans l'indigence, car tous ceux qui étaient propriétaires de domaines ou de maisons les vendaient, et ils apportaient le montant de la vente pour le déposer aux pieds des Apôtres ; puis on le distribuait en fonction des besoins de chacun.

Psaume

117 (118), 2-4, 16AB-18, 22-24

Prière de joie de Pâques

℟ ***Rendez grâce au Seigneur : Il est bon !***
Éternel est son amour !
OU : ***Alléluia***

Oui, que le dise Israël :
Éternel est son amour !
Que le dise la maison d'Aaron :
Éternel est son amour !
Qu'ils le disent, ceux qui craignent le Seigneur :
Éternel est son amour ! ℟

Le bras du Seigneur se lève,
le bras du Seigneur est fort !
Non, je ne mourrai pas, je vivrai
pour annoncer les actions du Seigneur.
Il m'a frappé, le Seigneur, il m'a frappé,
mais sans me livrer à la mort. ℟

La pierre qu'ont rejetée les bâtisseurs
est devenue la pierre d'angle :
c'est là l'œuvre du Seigneur,
la merveille devant nos yeux.
Voici le jour que fit le Seigneur,
qu'il soit pour nous jour de fête et de joie ! ℟

Deuxième lecture

LECTURE DE LA PREMIÈRE LETTRE DE SAINT JEAN 5, 1-6

Victoire du Christ victoire de l'amour

Bien-aimés, celui qui croit que Jésus est le Christ, celui-là est né de Dieu ; celui qui aime le Père qui a engendré aime aussi le Fils qui est né de lui. Voici comment nous reconnaissons que nous aimons les enfants de Dieu : lorsque nous aimons Dieu et que nous accomplissons ses commandements. Car tel est l'amour de Dieu : garder ses commandements ; et ses commandements ne sont pas un fardeau, puisque tout être qui est né de Dieu est vainqueur du monde. Or la victoire remportée sur le monde, c'est notre foi. Qui donc est vainqueur du monde ? N'est-ce pas celui qui croit que Jésus est le Fils de Dieu ?

C'est lui, Jésus Christ, qui est venu par l'eau et par le sang : non pas seulement avec l'eau, mais avec l'eau et avec le sang. Et celui qui rend témoignage, c'est l'Esprit, car l'Esprit est la vérité.

Acclamation de l'Évangile

Alléluia. Alléluia. Thomas, parce que tu m'as vu, tu crois, dit le Seigneur. Heureux ceux qui croient sans avoir vu ! ***Alléluia.***

Évangile

ÉVANGILE DE JÉSUS CHRIST SELON SAINT JEAN 20, 19-31

Heureux croyants

C'était après la mort de Jésus. Le soir venu, en ce premier jour de la semaine, alors que les portes du lieu où se trouvaient les disciples étaient verrouillées par crainte des Juifs, Jésus vint, et il était là au milieu d'eux. Il leur dit : « La paix soit avec vous ! » Après cette parole, il leur montra ses mains et son côté. Les disciples furent remplis de joie en voyant le Seigneur. Jésus leur dit de nouveau : « La paix soit avec vous ! De même que le Père m'a envoyé, moi aussi, je vous envoie. » Ayant ainsi parlé, il souffla sur eux et il leur dit : « Recevez l'Esprit Saint. À qui vous remettrez ses péchés, ils seront remis ; à qui vous maintiendrez ses péchés, ils seront maintenus. »

Or, l'un des Douze, Thomas, appelé Didyme (c'est-à-dire Jumeau), n'était pas avec eux quand Jésus était venu. Les autres disciples lui disaient : « Nous avons vu le Seigneur ! » Mais il leur déclara : « Si je ne vois pas dans ses mains la marque des clous, si je ne mets pas mon doigt dans la marque des clous, si je ne mets pas la main dans son côté, non, je ne croirai pas ! »

Huit jours plus tard, les disciples se trouvaient de nouveau dans la maison, et Thomas était avec eux. Jésus vient, alors que les portes étaient verrouillées, et il était là au milieu d'eux. Il dit : « La paix soit avec vous ! » Puis il dit à Thomas : « Avance ton doigt ici, et vois mes mains ; avance ta main, et mets-la dans mon côté : cesse d'être incrédule, sois croyant. » Alors Thomas lui dit : « Mon Seigneur et mon Dieu ! » Jésus lui dit : « Parce que tu m'as vu, tu crois. Heureux ceux qui croient sans avoir vu. »

Il y a encore beaucoup d'autres signes que Jésus a faits en présence des disciples et qui ne sont pas écrits dans ce livre. Mais ceux-là ont été écrits pour que vous croyiez que Jésus est le Christ, le Fils de Dieu, et pour qu'en croyant, vous ayez la vie en son nom.

Comprendre

Livre des Actes des Apôtres
Écrit par Luc, ce livre raconte les débuts de l'Église (Pentecôte, missions de saint Pierre et de saint Paul).

Indigence
Extrême pauvreté où l'on manque de tout, même de l'essentiel (habits, nourriture).

La paix soit avec vous
C'est la salutation que le prêtre, image du Christ, utilise au début de la messe.

Vibration

« Ils avaient tout en commun. »
Quel avantage vois-tu à mettre tes affaires en commun ?

« Qui donc est vainqueur du monde ? »
Quand tu organises le camp, choisis-tu des jeux de compétition ou des jeux de coopération ?

« Heureux ceux qui croient sans avoir vu. »
Est-ce facile pour toi de faire confiance, ou bien as-tu besoin de vérifier par toi-même ?

Inspiration

Dans l'évangile, tantôt Jésus marche devant pour montrer le chemin, tantôt il reste en arrière et invite ses disciples à préparer l'étape suivante. Parfois, il lui arrive de se mêler à la foule compacte de la ville ou bien de se retirer dans la solitude de la nuit, sans prévenir. Jésus n'est pas toujours là où on l'attend. C'est vrai de tout accompagnement respectueux. Tantôt indiquer le chemin, tantôt se faire discret et faire confiance.

Sa mort a mis un terme à sa proximité, dans la parole comme dans le silence. Son absence fait mal, sa disparition fait peur. Au soir du premier jour de la semaine, Jésus se présente au milieu de ses disciples. Malgré les portes verrouillées, sa présence s'impose. Non comme un coup de tonnerre, mais comme une paix. Sa voix est douce comme la brise légère. Ce soir-là est le premier de la semaine, il inaugure un commencement. Il y eut un deuxième soir, et Thomas était là, pour que d'autres, que l'on n'attendait pas, entrent à leur tour dans la joie de croire.

PÈRE ARNAUD FAVART
Vicaire général de la Mission de France,
membre d'honneur des Scouts et Guides de France

Le mémo de la semaine

Samedi 17 avril 2021 :
sainte Kateri Tekakwitha.
Première sainte amérindienne d'Amérique du Nord de l'histoire. Elle rend l'âme à 24 ans. Benoît XVI la canonise le 21 octobre 2012.
« Ô Seigneur la roue tourne entre tes mains… »

ELISE ROURE

3e dimanche de Pâques

Passe le relais !

DIMANCHE 18 AVRIL 2021

Mots-clés

Confiance
Engagement
Justice

Passe le relais !

Jésus a accompli sa mission, il passe le relais à son équipe et leur fait confiance.

Première lecture

LECTURE DU LIVRE DES ACTES DES APÔTRES 3, 13-15.17-19

L'erreur est humaine

En ces jours-là, devant le peuple, Pierre prit la parole : « Hommes d'Israël, le Dieu d'Abraham, d'Isaac et de Jacob, le Dieu de nos pères, a glorifié son serviteur Jésus, alors que vous, vous l'aviez livré, vous l'aviez renié en présence de Pilate qui était décidé à le relâcher. Vous avez renié le Saint et le Juste, et vous avez demandé qu'on vous accorde la grâce d'un meurtrier. Vous avez tué le Prince de la vie, lui que Dieu a ressuscité d'entre les morts, nous en sommes témoins. D'ailleurs, frères, je sais bien que vous avez agi dans l'ignorance, vous et vos chefs. Mais Dieu a ainsi accompli ce qu'il avait d'avance annoncé par la bouche de tous les prophètes : que le Christ, son Messie, souffrirait. Convertissez-vous donc et tournez-vous vers Dieu pour que vos péchés soient effacés. »

Psaume

4, 2, 4.7, 9

Se confier à un être invisible : serait-ce cela, la foi ?

℟ ***Sur nous, Seigneur, que s'illumine ton visage !***
OU : ***Alléluia !***

Quand je crie, réponds-moi,
Dieu, ma justice !
Toi qui me libères dans la détresse,
pitié pour moi, écoute ma prière ! ℟

Sachez que le Seigneur a mis à part son fidèle,
le Seigneur entend quand je crie vers lui.
Beaucoup demandent : « Qui nous fera voir le bonheur ? »
Sur nous, Seigneur, que s'illumine ton visage ! ℟

Dans la paix moi aussi,
je me couche et je dors,
car tu me donnes d'habiter, Seigneur,
seul, dans la confiance. ℟

Deuxième lecture

LECTURE DE LA PREMIÈRE LETTRE DE SAINT JEAN 2, 1-5A

Il ne suffit pas de dire, il faut faire !

Mes petits enfants, je vous écris cela pour que vous évitiez le péché. Mais si l'un de nous vient à pécher, nous avons un défenseur devant le Père : Jésus Christ, le Juste. C'est lui qui, par son sacrifice, obtient le pardon de nos péchés, non seulement des nôtres, mais encore de ceux du monde entier. Voici comment nous savons que nous le connaissons : si nous gardons ses commandements. Celui qui dit : « Je le connais », et qui ne garde pas ses commandements, est un menteur : la vérité n'est pas en lui. Mais en celui qui garde sa parole, l'amour de Dieu atteint vraiment la perfection.

Acclamation de l'Évangile

Alléluia. Alléluia. Seigneur Jésus, ouvre-nous les Écritures ! Que notre cœur devienne brûlant tandis que tu nous parles. ***Alléluia.***

Évangile

ÉVANGILE DE JÉSUS CHRIST SELON SAINT LUC 24, 35-48

En chair et en os

En ce temps-là, les disciples qui rentraient d'Emmaüs racontaient aux onze Apôtres et à leurs compagnons ce qui s'était passé sur la route, et comment le Seigneur s'était fait reconnaître par eux à la fraction du pain. Comme ils en parlaient encore, lui-même fut présent au milieu d'eux, et leur dit : « La paix soit avec vous ! » Saisis de frayeur et de crainte, ils croyaient voir un esprit. Jésus leur dit : « Pourquoi êtes-vous bouleversés ? Et pourquoi ces pensées qui surgissent dans votre cœur ? Voyez mes mains et mes pieds : c'est bien moi ! Touchez-moi, regardez : un esprit n'a pas de chair ni d'os comme vous constatez que j'en ai. » Après cette parole, il leur montra ses mains et ses pieds. Dans leur joie, ils n'osaient pas encore y croire, et restaient saisis d'étonnement. Jésus leur dit : « Avez-vous ici quelque chose à manger ? » Ils lui présentèrent une part de poisson grillé qu'il prit et mangea devant eux. Puis il leur déclara : « Voici les paroles que je vous ai dites quand j'étais encore avec vous : "Il faut que s'accomplisse tout ce qui a été écrit à mon sujet dans la loi de Moïse, les Prophètes et les Psaumes." » Alors il ouvrit leur intelligence à la compréhension des Écritures. Il leur dit : « Ainsi est-il écrit que le Christ souffrirait, qu'il ressusciterait d'entre les morts le troisième jour, et que la conversion serait proclamée en son nom, pour le pardon des péchés, à toutes les nations, en commençant par Jérusalem. À vous d'en être les témoins. »

Comprendre

Le Saint
Ce terme, réservé par excellence à Dieu, est ici utilisé par saint Pierre pour parler de Jésus qu'il reconnaît comme Fils de Dieu.

Emmaüs
Petite ville située entre Jérusalem et la mer Méditerranée où Jésus ressuscité est apparu à deux disciples.

Onze apôtres
Après la mort de Judas, les douze apôtres ne sont plus que onze, jusqu'à l'élection de Matthias, remplaçant de Judas.

Vibration

« Vous avez renié le Saint et le Juste. »
As-tu déjà souffert d'une injustice ? As-tu déjà agi de façon injuste ? Envers qui ? Pourquoi ?

« Celui qui dit "je le connais" et qui ne garde pas ses commandements est un menteur. »
Et toi quels sont tes commandements ? Quelles sont les valeurs qui te semblent importantes dans la vie ?
Arrives-tu à les respecter au quotidien ?

Inspiration

Le Christ retrouve ses amis et doit les rassurer car ils croient voir un fantôme ! Pour paraître plus humain il choisit de partager leur repas.

Il leur rappelle ce qu'ils s'étaient dit avant sa mort. Il leur reparle des Écritures. D'une certaine façon il leur rappelle l'engagement qu'ils avaient pris ensemble.

Ses amis réalisent alors que sa partie de la mission a été accomplie et que, maintenant, c'est à eux de prendre le relais ! De tenir leur engagement.

Dans mon expérience scoute, les décisions se prennent souvent autour d'un repas, d'un goûter, d'un apéro pour passer un bon moment. Une fois que l'on a choisi un projet, chacun s'engage sur des tâches différentes. En ayant confiance en l'autre, chacun peut se concentrer sur sa mission et tenter de servir au mieux le projet commun.

Ainsi, le projet s'enrichit des idées de toute l'équipe et on obtient en général un magnifique résultat (et/ou d'excellents souvenirs !). Comme dans une course de relais il faut savoir s'engager et faire confiance !

ADÈLE GRAVELLIER
Responsable de pôle pédagogique
Territoire Sud-Ouest lyonnais

m

Le mémo de la semaine

Jeudi 22 avril 2021 :
Journée de la Terre.
La plus importante célébration environnementale de la société civile.
Le lendemain : saint Georges, saint patron des scouts.

EVA TISSEYRE

4e dimanche de Pâques

Secret de beauté

Mots-clés

Beauté
Bonté
Don

Secret de beauté

Jésus est ressuscité ? Tant mieux pour lui ! Mais qu'est-ce que ça change pour moi ? Qu'est-ce que ça m'apporte, et quel style de vie ça m'invite à choisir ?

Première lecture

LECTURE DU LIVRE DES ACTES DES APÔTRES 4, 8-12

Qui pourra nous sauver ?

En ces jours-là, Pierre, rempli de l'Esprit Saint, déclara : « Chefs du peuple et anciens, nous sommes interrogés aujourd'hui pour avoir fait du bien à un infirme, et l'on nous demande comment cet homme a été sauvé. Sachez-le donc, vous tous, ainsi que tout le peuple d'Israël : c'est par le nom de Jésus le Nazaréen, lui que vous avez crucifié mais que Dieu a ressuscité d'entre les morts, c'est par lui que cet homme se trouve là, devant vous, bien portant. Ce Jésus est la pierre méprisée de vous, les bâtisseurs, mais devenue la pierre d'angle. En nul autre que lui, il n'y a de salut, car, sous le ciel, aucun autre nom n'est donné aux hommes, qui puisse nous sauver. »

Psaume

117 (118) 1.8-9, 21-23, 26.28-29

Compter sur Dieu

℟ ***La pierre qu'ont rejetée les bâtisseurs***
est devenue la pierre d'angle.
OU : ***Alléluia !***

Rendez grâce au Seigneur : Il est bon !
Éternel est son amour !
Mieux vaut s'appuyer sur le Seigneur
que de compter sur les hommes ;
mieux vaut s'appuyer sur le Seigneur
que de compter sur les puissants ! ℟

Je te rends grâce car tu m'as exaucé :
tu es pour moi le salut.
La pierre qu'ont rejetée les bâtisseurs
est devenue la pierre d'angle :
c'est là l'œuvre du Seigneur,
la merveille devant nos yeux. ℟

Béni soit au nom du Seigneur celui qui vient !
De la maison du Seigneur, nous vous bénissons !
Tu es mon Dieu, je te rends grâce,
mon Dieu, je t'exalte !
Rendez grâce au Seigneur : Il est bon !
Éternel est son amour ! ℟

Deuxième lecture

LECTURE DE LA PREMIÈRE LETTRE DE SAINT JEAN 3, 1-2

Connais-toi toi-même

Bien-aimés, voyez quel grand amour nous a donné le Père pour que nous soyons appelés enfants de Dieu – et nous le sommes. Voici pourquoi le monde ne nous connaît pas : c'est qu'il n'a pas connu Dieu. Bien-aimés, dès maintenant, nous sommes enfants de Dieu, mais ce que nous serons n'a pas encore été manifesté. Nous le savons : quand cela sera manifesté, nous lui serons semblables car nous le verrons tel qu'il est.

Acclamation de l'Évangile

Alléluia. Alléluia. Je suis le Bon Pasteur, dit le Seigneur ; je connais mes brebis et mes brebis me connaissent. ***Alléluia.***

Évangile

ÉVANGILE DE JÉSUS CHRIST SELON SAINT JEAN 10, 11-18

Tu as du prix pour Dieu

En ce temps-là, Jésus déclara : « Moi, je suis le bon pasteur, le vrai berger, qui donne sa vie pour ses brebis. Le berger mercenaire n'est pas le pasteur, les brebis ne sont pas à lui : s'il voit venir le loup, il abandonne les brebis et s'enfuit ; le loup s'en empare et les disperse. Ce berger n'est qu'un mercenaire, et les brebis ne comptent pas vraiment pour lui. Moi, je suis le bon pasteur ; je connais mes brebis, et mes brebis me connaissent, comme le Père me connaît, et que je connais le Père ; et je donne ma vie pour mes brebis. J'ai encore d'autres brebis, qui ne sont pas de cet enclos : celles-là aussi, il faut que je les conduise. Elles écouteront ma voix : il y aura un seul troupeau et un seul pasteur. Voici pourquoi le Père m'aime : parce que je donne ma vie, pour la recevoir de nouveau. Nul ne peut me l'enlever : je la donne de moi-même. J'ai le pouvoir de la donner, j'ai aussi le pouvoir de la recevoir de nouveau : voilà le commandement que j'ai reçu de mon Père. »

Comprendre

« Nazaréen »
Originaire de Nazareth. Ce mot, en hébreu et en arabe, signifie tout simplement « chrétien ».

Pierre d'angle
Pierre située à l'angle de deux murs d'un bâtiment, c'est une pierre très importante.

Mercenaire
Qui reçoit un salaire contre un service, qui n'est pas complètement dévoué à sa tâche.

Vibration

« En nul autre que lui, il n'y a de salut. »
Qu'est-ce qui nous menace ? Qu'est-ce qui t'inquiète pour l'avenir ? Qu'est-ce que tu attends de Jésus ?

« Dès maintenant, nous sommes enfants de Dieu, mais ce que nous serons n'a pas encore été manifesté. »
À ton avis, pourquoi ? Qu'est-ce qui nous manque ?

« Moi, je suis le bon pasteur. »
Un « bon pasteur », un « bon chef », un « bon leader »… C'est quoi pour toi ?

Inspiration

« Moi, je suis le bon pasteur » affirme Jésus. Mais on aurait pu tout aussi bien traduire « beau pasteur », car le mot grec d'origine veut dire les deux à la fois !

Qu'est-ce qui est beau ? Selon les époques, les artistes ont répondu différemment. Quand on visite une église baroque, ou le château de Versailles, on a l'impression que la beauté veut dire forcément richesse et abondance. Une belle œuvre, au fond, c'est une œuvre à laquelle on ne peut plus rien rajouter. Mais d'autres styles artistiques nous disent tout l'inverse : par leur dépouillement ils manifestent qu'une œuvre est belle quand on ne peut plus rien en retirer.

C'est en cela que consiste la beauté de Jésus : il est le Dieu qui se dépouille de tout lui-même, jusqu'à donner sa vie. C'est ce « secret de beauté » qu'il voudrait te transmettre, à toi qui aspires profondément à une vie belle, une vie réussie : donne-toi pour les autres, oublie-toi toi-même pour faire rayonner la beauté de l'autre, et alors tu donneras un sens à ta vie, et tu trouveras la joie.

MONSEIGNEUR BRUNO VALENTIN
Évêque auxiliaire de Versailles (Yvelines)

Le mémo de la semaine

Jeudi 29 avril 2021 : Journée internationale de la danse (et le 30 avril, Journée internationale du jazz). En l'honneur de Jean-Georges Noverre, le Français qui inventa le ballet moderne.

AUGUSTIN BALLU

5e dimanche de Pâques

Des fruits pour un monde meilleur

Mots-clés

Amitié

Amour

Des fruits pour un monde meilleur

« Demeurez en moi », nous dit Jésus. Ayez confiance ! En vérité et par son amour, nous apportons, donnons et offrons aux femmes et aux hommes un chemin de paix.

Première lecture

LECTURE DU LIVRE DES ACTES DES APÔTRES 9, 26-31

Saul fait peur

En ces jours-là, arrivé à Jérusalem, Saul cherchait à se joindre aux disciples, mais tous avaient peur de lui, car ils ne croyaient pas que lui aussi était un disciple. Alors Barnabé le prit avec lui et le présenta aux Apôtres ; il leur raconta comment, sur le chemin, Saul avait vu le Seigneur, qui lui avait parlé, et comment, à Damas, il s'était exprimé avec assurance au nom de Jésus. Dès lors, Saul allait et venait dans Jérusalem avec eux, s'exprimant avec assurance au nom du Seigneur. Il parlait aux Juifs de langue grecque, et discutait avec eux. Mais ceux-ci cherchaient à le supprimer. Mis au courant, les frères l'accompagnèrent jusqu'à Césarée et le firent partir pour Tarse.

L'Église était en paix dans toute la Judée, la Galilée et la Samarie ; elle se construisait et elle marchait dans la crainte du Seigneur ; réconfortée par l'Esprit Saint, elle se multipliait.

Psaume

21 (22), 26b-27, 28-29, 31-32

Un chemin, un appui, un roi

℟ *Tu seras ma louange, Seigneur,*
dans la grande assemblée.
OU : ***Alléluia !***

Devant ceux qui te craignent, je tiendrai mes promesses.
Les pauvres mangeront : ils seront rassasiés ;
ils loueront le Seigneur, ceux qui le cherchent :
« À vous, toujours, la vie et la joie ! » ℟

La terre entière se souviendra et reviendra vers le Seigneur,
chaque famille de nations se prosternera devant lui :
« Oui, au Seigneur la royauté,
le pouvoir sur les nations ! » ℟

Et moi, je vis pour lui : ma descendance le servira ;
on annoncera le Seigneur aux générations à venir.
On proclamera sa justice au peuple qui va naître :
Voilà son œuvre ! ℟

Deuxième lecture

LECTURE DE LA PREMIÈRE LETTRE DE SAINT JEAN 3, 18-24

L'amour est vérité

Petits enfants, n'aimons pas en paroles ni par des discours, mais par des actes et en vérité. Voilà comment nous reconnaîtrons que nous appartenons à la vérité, et devant Dieu nous apaiserons notre cœur ; car si notre cœur nous accuse, Dieu est plus grand que notre cœur, et il connaît toutes choses.

Bien-aimés, si notre cœur ne nous accuse pas, nous avons de l'assurance devant Dieu. Quoi que nous demandions à Dieu, nous le recevons de lui, parce que nous gardons ses commandements, et que nous faisons ce qui est agréable à ses yeux. Or, voici son commandement : mettre notre foi dans le nom de son Fils Jésus Christ, et nous aimer les uns les autres comme il nous l'a commandé. Celui qui garde ses commandements demeure en Dieu, et Dieu en lui ; et voilà comment nous reconnaissons qu'il demeure en nous, puisqu'il nous a donné part à son Esprit.

Acclamation de l'Évangile

Alléluia. Alléluia. Demeurez en moi, comme moi en vous, dit le Seigneur ; celui qui demeure en moi porte beaucoup de fruit. ***Alléluia.***

Évangile

ÉVANGILE DE JÉSUS CHRIST SELON SAINT JEAN 15, 1-8

Purifiés par la Parole

En ce temps-là, Jésus disait à ses disciples : « Moi, je suis la vraie vigne, et mon Père est le vigneron. Tout sarment qui est en moi, mais qui ne porte pas de fruit, mon Père l'enlève ; tout sarment qui porte du fruit, il le purifie en le taillant, pour qu'il en porte davantage. Mais vous, déjà vous voici purifiés grâce à la parole que je vous ai dite. Demeurez en moi, comme moi en vous. De même que le sarment ne peut pas porter de fruit par lui-même s'il ne demeure pas sur la vigne, de même vous non plus, si vous ne demeurez pas en moi.

« Moi, je suis la vigne, et vous, les sarments. Celui qui demeure en moi et en qui je demeure, celui-là porte beaucoup de fruit, car, en dehors de moi, vous ne pouvez rien faire. Si quelqu'un ne demeure pas en moi, il est, comme le sarment, jeté dehors, et il se dessèche. Les sarments secs, on les ramasse, on les jette au feu, et ils brûlent. Si vous demeurez en moi, et que mes paroles demeurent en vous, demandez tout ce que vous voulez, et cela se réalisera pour vous. Ce qui fait la gloire de mon Père, c'est que vous portiez beaucoup de fruit et que vous soyez pour moi des disciples. »

Comprendre

Saul
Nom juif de saint Paul. Après sa conversion, on ne l'appelle plus « Saul » mais « Paul » qui était son nom romain.

Judée, Galilée, Samarie
Les trois grandes régions de la Palestine, de la terre d'Israël.

Sarment
Rameau, branche de la vigne qui pousse sur le cep, le tronc
Le sarment porte les raisins.

Vibration

« Moi, je suis la vigne, et vous, les sarments. »
La présence de Dieu résonne-t-elle en toi ? Que t'apporte-t-elle ? Ou bien as-tu l'impression de chercher encore le chemin ?

« Alors Barnabé le prit avec lui et le présenta aux Apôtres. »
Dans ton équipe, tu es amené à accueillir de nouveaux scouts et guides. Quelle attention leur portes-tu ? Comment les accompagnes-tu dans ton unité ?

Inspiration

Un passage de l'évangile très imaginatif ! C'est ce que l'on appelle une parabole. Jésus est la vigne, le cep. Son Père est le vigneron et toi, tu es le sarment, la petite branche. Chacun a sa place et son rôle. Ainsi, Jésus nous explique que nous avons besoin les uns des autres, que nous sommes tous liés.

Le sarment ne portera pas de fruit s'il ne se nourrit pas et ne demeure pas sur le cep. Alors, le vigneron le coupera. Dieu attend de nous que nous produisions du fruit. Jésus nourrit notre foi en Dieu, nos prières et nos pensées par ses paroles. Cette nourriture, qui est vérité, nous remplit d'amour, d'amitié et de reconnaissance les uns envers les autres car nous sommes la branche accrochée à Jésus. Elle nous abreuve. Alors Dieu attend de nous que nous produisions, ensemble, de beaux fruits ; c'est-à-dire, tout ce que nous pouvons offrir aux autres, ce que nous donnons et ce qui vient de nous, ceci afin de construire un monde meilleur.

ISABELLE DELOYE
Chargée de mission du territoire
Auvergne – Terre du milieu

Le mémo de la semaine

Lundi 3 mai 2021 :
saint Philippe et saint Jacques, apôtres. Comme le Père faisait confiance à Jésus, Jésus fit confiance à ses apôtres. La confiance, ce joyau dans la vie des scouts et guides.

BENOIT ROYER

6e dimanche de Pâques

S'aimer les uns les autres, pas si facile !

Mots-clés

Amitié
Différence
Fratrie

S'aimer les uns les autres, pas si facile !

« La meilleure manière d'atteindre le bonheur est de le donner aux autres » (Robert Baden-Powell).

Première lecture

LECTURE DU LIVRE DES ACTES DES APÔTRES 10, 25-26. 34-35. 44-48

Dieu pour tous

Comme Pierre arrivait à Césarée chez Corneille, centurion de l'armée romaine, celui-ci vint à sa rencontre, et, tombant à ses pieds, il se prosterna. Mais Pierre le releva en disant : « Lève-toi. Je ne suis qu'un homme, moi aussi. » Alors Pierre prit la parole et dit : « En vérité, je le comprends, Dieu est impartial : il accueille, quelle que soit la nation, celui qui le craint et dont les œuvres sont justes. » Pierre parlait encore quand l'Esprit Saint descendit sur tous ceux qui écoutaient la Parole. Les croyants qui accompagnaient Pierre, et qui étaient juifs d'origine, furent stupéfaits de voir que, même sur les nations, le don de l'Esprit Saint avait été répandu. En effet, on les entendait parler en langues et chanter la grandeur de Dieu. Pierre dit alors : « Quelqu'un peut-il refuser l'eau du baptême à ces gens qui ont reçu l'Esprit Saint tout comme nous ? » Et il donna l'ordre de les baptiser au nom de Jésus Christ. Alors ils lui demandèrent de rester quelques jours avec eux.

Psaume

97 (98), 1, 2-3AB, 3CD-4

La joie au cœur des nations

℟ ***Le Seigneur a fait connaître sa victoire***
et révélé sa justice aux nations.
OU : ***Alléluia !***

Chantez au Seigneur un chant nouveau,
car il a fait des merveilles ;
par son bras très saint, par sa main puissante,
il s'est assuré la victoire. ℟

Le Seigneur a fait connaître sa victoire
et révélé sa justice aux nations ;
il s'est rappelé sa fidélité, son amour,
en faveur de la maison d'Israël. ℟

La terre tout entière a vu
la victoire de notre Dieu.
Acclamez le Seigneur, terre entière,
sonnez, chantez, jouez ! ℟

Deuxième lecture

LECTURE DE LA PREMIÈRE LETTRE DE SAINT JEAN 4, 7-10

L'amour vient de Dieu seul

Bien-aimés, aimons-nous les uns les autres, puisque l'amour vient de Dieu. Celui qui aime est né de Dieu et connaît Dieu. Celui qui n'aime pas n'a pas connu Dieu, car Dieu est amour. Voici comment l'amour de Dieu s'est manifesté parmi nous : Dieu a envoyé son Fils unique dans le monde pour que nous vivions par lui. Voici en quoi consiste l'amour : ce n'est pas nous qui avons aimé Dieu, mais c'est lui qui nous a aimés, et il a envoyé son Fils en sacrifice de pardon pour nos péchés.

Acclamation de l'Évangile

Alléluia. Alléluia. Si quelqu'un m'aime, il gardera ma parole, dit le Seigneur ; mon Père l'aimera, et nous viendrons vers lui. ***Alléluia.***

Évangile

ÉVANGILE DE JÉSUS CHRIST SELON SAINT JEAN 15, 9-17

Aimez-vous les uns les autres !

En ce temps-là, Jésus disait à ses disciples : « Comme le Père m'a aimé, moi aussi je vous ai aimés. Demeurez dans mon amour. Si vous gardez mes commandements, vous demeurerez dans mon amour, comme moi, j'ai gardé les commandements de mon Père, et je demeure dans son amour. Je vous ai dit cela pour que ma joie soit en vous, et que votre joie soit parfaite. Mon commandement, le voici : Aimez-vous les uns les autres comme je vous ai aimés. Il n'y a pas de plus grand amour que de donner sa vie pour ceux qu'on aime. Vous êtes mes amis si vous faites ce que je vous commande. Je ne vous appelle plus serviteurs, car le serviteur ne sait pas ce que fait son maître ; je vous appelle mes amis, car tout ce que j'ai entendu de mon Père, je vous l'ai fait connaître. Ce n'est pas vous qui m'avez choisi, c'est moi qui vous ai choisis et établis afin que vous alliez, que vous portiez du fruit, et que votre fruit demeure. Alors, tout ce que vous demanderez au Père en mon nom, il vous le donnera. Voici ce que je vous commande : c'est de vous aimer les uns les autres. »

Comprendre

Armée romaine
La Palestine était sous occupation romaine à l'époque du Christ et du début de l'Église.

Césarée
Grand port construit par le roi Hérode sur la côte méditerranéenne. On appelle cette ville « Césarée maritime ».

Demeurer
Verbe très important chez Jean, lié à l'incarnation, à la présence du Fils de Dieu parmi nous et en nous.

Vibration

« ***Lève-toi. Je ne suis qu'un homme, moi aussi.*** »
Comment accueilles-tu la différence dans ta vie ?

« ***Celui qui aime est né de Dieu et connaît Dieu.*** »
Comment arrives-tu à aimer les autres ?

« ***Aimez-vous les uns les autres comme je vous ai aimés.*** »
Comment l'amour des autres te transforme-t-il ?

Inspiration

Pas facile de s'aimer les uns les autres ! Aimer ceux que nous avons choisis, c'est déjà un peu compliqué, alors aimer ceux que nous ne connaissons pas, c'est encore plus difficile. C'est facile d'être tolérant et ouvert à tous. C'est plus difficile en revanche d'aller vers celui qui est différent, d'accueillir celui qui a pu être notre ennemi un jour, celui qui ne pense pas comme nous, celui qui vient d'ailleurs, d'un autre quartier, d'une autre école, d'une autre culture, d'une autre religion…

Et pourtant, c'est bien à cela que nous appelle Jésus. Nous sommes tous fils de Dieu, appelés à être frères et sœurs dans notre monde. Accueillir l'étranger, c'est se dépasser, c'est faire un pas de côté, c'est se mettre en danger… Faire ce choix de l'accueil et pas simplement de l'ouverture, c'est accepter de se transformer et d'être transformé par l'autre. C'est là, sans doute, que réside le bonheur.

ANTOINE ET LUCIE DULIN
Chargés de mission relations publiques
Scouts et Guides de France

Le mémo de la semaine

Mercredi 12 mai 2021 : saints Nérée, Achille et Pancrace, les « saints de glace ». Pourquoi ?

PITCH MERCADAL

Ascension du Seigneur

Prendre de la hauteur

JEUDI 13 MAI 2021

Mots-clés

Proclamer
Témoignage
Unité

Prendre de la hauteur

Jésus envolé, sous les yeux de ses disciples. Cette vision bouleversante peut inspirer nostalgie ou crainte. Mais cet apparent « départ » du Christ n'est en fait que la promesse de son retour.

Première lecture

LIVRE DES ACTES DES APÔTRES 1, 1-11

Une promesse et un départ

Cher Théophile, dans mon premier livre, j'ai parlé de tout ce que Jésus a fait et enseigné depuis le moment où il commença, jusqu'au jour où il fut enlevé au ciel, après avoir, par l'Esprit Saint, donné ses instructions aux Apôtres qu'il avait choisis. C'est à eux qu'il s'est présenté vivant après sa Passion ; il leur en a donné bien des preuves, puisque, pendant quarante jours, il leur est apparu et leur a parlé du royaume de Dieu.

Au cours d'un repas qu'il prenait avec eux, il leur donna l'ordre de ne pas quitter Jérusalem, mais d'y attendre que s'accomplisse la promesse du Père. Il déclara : « Cette promesse, vous l'avez entendue de ma bouche : alors que Jean a baptisé avec l'eau, vous, c'est dans l'Esprit Saint que vous serez baptisés d'ici peu de jours. » Ainsi réunis, les Apôtres l'interrogeaient : « Seigneur, est-ce maintenant le temps où tu vas rétablir le royaume pour Israël ? » Jésus leur répondit : « Il ne vous appartient pas de connaître les temps et les moments que le Père a fixés de sa propre autorité. Mais vous allez recevoir une force quand le Saint-Esprit viendra sur vous ; vous serez alors mes témoins à Jérusalem, dans toute la Judée et la Samarie, et jusqu'aux extrémités de la terre. » Après ces paroles, tandis que les Apôtres le regardaient, il s'éleva, et une nuée vint le soustraire à leurs yeux. Et comme ils fixaient encore le ciel où Jésus s'en allait, voici que, devant eux, se tenaient deux hommes en vêtements blancs, qui leur dirent : « Galiléens, pourquoi restez-vous là à regarder vers le ciel ? Ce Jésus qui a été enlevé au ciel d'auprès de vous, viendra de la même manière que vous l'avez vu s'en aller vers le ciel. »

Psaume

46 (47), 2-3, 6-7, 8-9

Nos cris de joie pour Dieu avec tous

℟ ***Dieu s'élève parmi les ovations,***
le Seigneur, aux éclats du cor.
OU : ***Alléluia !***

Tous les peuples, battez des mains,
acclamez Dieu par vos cris de joie !
Car le Seigneur est le Très-Haut, le redoutable,
le grand roi sur toute la terre. ℟

Dieu s'élève parmi les ovations,
le Seigneur, aux éclats du cor.
Sonnez pour notre Dieu, sonnez,
sonnez pour notre roi, sonnez ! ℟

Car Dieu est le roi de la terre,
que vos musiques l'annoncent !
Il règne, Dieu, sur les païens,
Dieu est assis sur son trône sacré. ℟

Deuxième lecture

LECTURE DE LA LETTRE DE SAINT PAUL APÔTRE AUX ÉPHÉSIENS 4, 1-13

Dieu au-dessus de nous et en nous

Frères, moi qui suis en prison à cause du Seigneur, je vous exhorte donc à vous conduire d'une manière digne de votre vocation : ayez beaucoup d'humilité, de douceur et de patience, supportez-vous les uns les autres avec amour ; ayez soin de garder l'unité dans l'Esprit par le lien de la paix. Comme votre vocation vous a tous appelés à une seule espérance, de même il y a un seul Corps et un seul Esprit. Il y a un seul Seigneur, une seule foi, un seul baptême, un seul Dieu et Père de tous, au-dessus de tous, par tous, et en tous. À chacun d'entre nous, la grâce a été donnée selon la mesure du don fait par le Christ. C'est pourquoi l'Écriture dit : Il est monté sur la hauteur, il a capturé des captifs, il a fait des dons aux hommes. Que veut dire : Il est monté ? – Cela veut dire qu'il était d'abord descendu dans les régions inférieures de la terre. Et celui qui était descendu est le même qui est monté au-dessus de tous les cieux pour remplir l'univers. Et les dons qu'il a faits, ce sont les Apôtres, et aussi les prophètes, les évangélisateurs, les pasteurs et ceux qui enseignent. De cette manière, les fidèles sont organisés pour que les tâches du ministère soient accomplies et que se construise le corps du Christ, jusqu'à ce que nous parvenions tous ensemble à l'unité dans la foi et la pleine connaissance du Fils de Dieu, à l'état de l'Homme parfait, à la stature du Christ dans sa plénitude.

Acclamation de l'Évangile

Alléluia. Alléluia. Allez ! De toutes les nations faites des disciples, dit le Seigneur. Moi, je suis avec vous tous les jours jusqu'à la fin du monde. ***Alléluia.***

Évangile

ÉVANGILE DE JÉSUS CHRIST SELON SAINT MARC 16, 15-20

De la terre au ciel

En ce temps-là, Jésus ressuscité se manifesta aux onze Apôtres et leur dit : « Allez dans le monde entier. Proclamez l'Évangile à toute la création. Celui qui croira et sera baptisé sera sauvé ; celui qui refusera de croire sera condamné. Voici les signes qui accompagneront ceux qui deviendront croyants : en mon nom, ils expulseront les démons ; ils parleront en langues nouvelles ; ils prendront des serpents dans leurs mains et, s'ils boivent un poison mortel, il ne leur fera pas de mal ; ils imposeront les mains aux malades, et les malades s'en trouveront bien. »

Le Seigneur Jésus, après leur avoir parlé, fut enlevé au ciel et s'assit à la droite de Dieu. Quant à eux, ils s'en allèrent proclamer partout l'Évangile. Le Seigneur travaillait avec eux et confirmait la Parole par les signes qui l'accompagnaient.

Comprendre

Théophile
Destinataire réel ou fictif des Actes des Apôtres. Son nom signifie « ami de Dieu » : figure du croyant qui veut en savoir plus sur Dieu.

Deux hommes en vêtements blancs
Selon la tradition, ce sont des anges.

Vibration

« À chacun d'entre nous, la grâce a été donnée selon la mesure du don fait par le Christ. »
As-tu déjà pris de la distance, de la hauteur avec toi-même pour comprendre, nommer ce que tu vis, y voir plus clair ?

« Ils s'en allèrent proclamer partout l'Évangile. »
As-tu choisi comment tu veux vivre, comment tu considères les autres et l'image que tu leur renvoies ?

« Le Seigneur travaillait avec eux. »
Es-tu confiant en toi, dans la force en toi ? Dans les autres ?

Inspiration

« Allez dans le monde entier. Proclamez la Bonne Nouvelle à toute la création. » Bougez-vous, nous dit Jésus, ce n'est pas le moment du repos ! Tous ont droit de connaître l'Évangile...

« Allez » : ce verbe de mouvement est adressé à chacun de nous. Il ne s'agit pas de rester assis, indifférent, ou de se fatiguer en s'agitant, non ! Il s'agit de se déplacer, de marcher à la rencontre des personnes, de découvrir un lieu.

Mais Jésus nous envoie avec des provisions, celles qu'il donne par sa relation, sa vie quotidienne, son regard dans la rencontre avec l'autre, son Esprit. Il nous exhorte à sortir de nous-mêmes pour aller ensemble sur le chemin de nos vies.

« Jésus fut enlevé au ciel et s'assit à la droite de Dieu ». Cette verticalité est symbolique. Le ciel est déjà en nous, il est l'avenir de l'homme et l'entrée heureuse dans la plénitude des choses. L'Ascension anticipe notre propre « montée ».

MARIE-CLAUDE VALROFF
Membre d'honneur des Scouts et Guides de France

MAYLIS RIBIER

7e dimanche de Pâques

La certitude d'un Dieu aimant

Mots-clés

Certitude
Joie
Espérance

La certitude d'un Dieu aimant

Le Seigneur nous veut dans notre monde pour vivre son message. Il nous y promet, avec certitude et joie, l'amour en son royaume.

Première lecture

LECTURE DU LIVRE DES ACTES DES APÔTRES 1, 15-17. 20A. 20C-26

Élus en l'amour du Christ

En ces jours-là, Pierre se leva au milieu des frères qui étaient réunis au nombre d'environ cent vingt personnes, et il déclara : « Frères, il fallait que l'Écriture s'accomplisse. En effet, par la bouche de David, l'Esprit Saint avait d'avance parlé de Judas, qui en est venu à servir de guide aux gens qui ont arrêté Jésus : ce Judas était l'un de nous et avait reçu sa part de notre ministère. Il est écrit au livre des Psaumes : Qu'un autre prenne sa charge. Or, il y a des hommes qui nous ont accompagnés durant tout le temps où le Seigneur Jésus a vécu parmi nous, depuis le commencement, lors du baptême donné par Jean, jusqu'au jour où il fut enlevé d'auprès de nous. Il faut donc que l'un d'entre eux devienne, avec nous, témoin de sa résurrection. » On en présenta deux : Joseph appelé Barsabbas, puis surnommé Justus, et Matthias. Ensuite, on fit cette prière : « Toi, Seigneur, qui connais tous les cœurs, désigne lequel des deux tu as choisi pour qu'il prenne, dans le ministère apostolique, la place que Judas a désertée en allant à la place qui est désormais la sienne. » On tira au sort entre eux, et le sort tomba sur Matthias, qui fut donc associé par suffrage aux onze Apôtres.

Psaume

102 (103), 1-2, 11-12, 19-20AB

Un message pour tous ceux qui croient au Christ

℟ ***Le Seigneur a son trône dans les cieux.***
OU : ***Alléluia !***

Bénis le Seigneur, ô mon âme,
bénis son nom très saint, tout mon être !
Bénis le Seigneur, ô mon âme,
n'oublie aucun de ses bienfaits ! ℟

Comme le ciel domine la terre,
fort est son amour pour qui le craint ;
aussi loin qu'est l'orient de l'occident,
il met loin de nous nos péchés. ℟

Le Seigneur a son trône dans les cieux :
sa royauté s'étend sur l'univers.
Messagers du Seigneur, bénissez-le,
invincibles porteurs de ses ordres ! ℟

Deuxième lecture

LECTURE DE LA PREMIÈRE LETTRE DE SAINT JEAN 4, 11-16

Nous sommes le corps du Christ

Bien-aimés, puisque Dieu nous a tellement aimés, nous devons, nous aussi, nous aimer les uns les autres. Dieu, personne ne l'a jamais vu. Mais si nous nous aimons les uns les autres, Dieu demeure en nous, et, en nous, son amour atteint la perfection. Voici comment nous reconnaissons que nous demeurons en lui et lui en nous : il nous a donné part à son Esprit. Quant à nous, nous avons vu et nous attestons que le Père a envoyé son Fils comme Sauveur du monde.

Celui qui proclame que Jésus est le Fils de Dieu, Dieu demeure en lui, et lui en Dieu. Et nous, nous avons reconnu l'amour que Dieu a pour nous, et nous y avons cru. Dieu est amour : qui demeure dans l'amour demeure en Dieu, et Dieu demeure en lui.

Acclamation de l'Évangile

Alléluia. Alléluia. Je ne vous laisserai pas orphelins, dit le Seigneur ; je reviens vers vous, et votre cœur se réjouira. ***Alléluia.***

Évangile

ÉVANGILE DE JÉSUS CHRIST SELON SAINT JEAN 17, 11B-19

Une mission pour les chrétiens

En ce temps-là, les yeux levés au ciel, Jésus priait ainsi : « Père saint, garde mes disciples unis dans ton nom, le nom que tu m'as donné, pour qu'ils soient un, comme nous-mêmes. Quand j'étais avec eux, je les gardais unis dans ton nom, le nom que tu m'as donné. J'ai veillé sur eux, et aucun ne s'est perdu, sauf celui qui s'en va à sa perte de sorte que l'Écriture soit accomplie. Et maintenant que je viens à toi, je parle ainsi, dans le monde, pour qu'ils aient en eux ma joie, et qu'ils en soient comblés. Moi, je leur ai donné ta parole, et le monde les a pris en haine parce qu'ils n'appartiennent pas au monde, de même que moi je n'appartiens pas au monde. Je ne prie pas pour que tu les retires du monde, mais pour que tu les gardes du Mauvais. Ils n'appartiennent pas au monde, de même que moi, je n'appartiens pas au monde. Sanctifie-les dans la vérité : ta parole est vérité. De même que tu m'as envoyé dans le monde, moi aussi, je les ai envoyés dans le monde. Et pour eux je me sanctifie moi-même, afin qu'ils soient, eux aussi, sanctifiés dans la vérité. »

Comprendre

Suffrage
Élection, vote.

Jean 17
Ce chapitre est appelé la prière sacerdotale de Jésus, une prière de prêtre où Jésus prêche l'unité, se présente comme le prêtre et la victime offerte.

Monde
Ce mot a des sens multiples. Le « monde » est souvent ce qui s'oppose à Dieu, c'est « l'esprit du monde ». Il faut tout de même aimer ce monde pour le changer.

Vibration

« Quand j'étais avec eux, je les gardais unis dans ton nom. »
Que penses-tu des divisions entre chrétiens ? Quelles actions peux-tu faire pour tendre la main vers d'autres chrétiens ?

« Je parle ainsi, dans le monde, pour qu'ils aient en eux ma joie, et qu'ils en soient comblés. »
La joie est-elle complète en toi ? Comment peux-tu la cultiver avec les autres et pour les autres ?

Inspiration

Être chrétien en aumônerie, dans le scoutisme, en famille c'est bien sympa, mais « dehors », face à une société sourde, divisée, indifférente, parfois hostile, c'est autre chose. On peut se demander : Est-ce cela vivre en chrétien avec deux visages, un pour mes frères, un pour les autres ? Quelle est réellement la volonté du Père ? Le doute peut nous éloigner de Dieu, nous faire craindre l'autre, ou nous radicaliser en réaction à ce monde où le message du Christ n'est pas présent.

Mais c'est justement au cœur de ce monde, que Dieu le Père nous garde comme chrétiens, comme témoins de son amour. Nous sommes le corps du Christ, unis les uns aux autres, avec pour mission de vivre au milieu de tous, simplement, visiblement et avec foi dans l'espérance et la joie de l'Évangile. Avec la mission d'être attentifs, comme l'était notre Seigneur, à ceux qui s'éloignent, à ceux qui souffrent, à ceux qui cherchent, à ceux qui sont indifférents, à ceux qui sont hostiles, afin de « garder » l'unité de son amour dans ce monde-ci.

XAVIER BUFFE
Chargé de mission du groupe St-Christophe de Javel (Paris)

m

Le mémo de la semaine

Samedi 22 mai 2021 : Journée internationale de la biodiversité.

MAYLIS RIBIER

Pentecôte

Au rendez-vous de l'Esprit Saint

Mots-clés

Choix
Église
Esprit
Jamboree

Au rendez-vous de l'Esprit Saint

Dieu organise une grande fête sur terre et au ciel. Son ingrédient secret pour avoir des invités en pleine forme ? Pas de substance illicite ni de boisson enivrante, juste l'Esprit Saint !

Première lecture

LECTURE DU LIVRE DES ACTES DES APÔTRES 2, 1-11

Vent et feu, l'Esprit rend heureux

Quand arriva le jour de la Pentecôte, au terme des cinquante jours après Pâques, ils se trouvaient réunis tous ensemble. Soudain un bruit survint du ciel comme un violent coup de vent : la maison où ils étaient assis en fut remplie tout entière. Alors leur apparurent des langues qu'on aurait dites de feu, qui se partageaient, et il s'en posa une sur chacun d'eux. Tous furent remplis d'Esprit Saint : ils se mirent à parler en d'autres langues, et chacun s'exprimait selon le don de l'Esprit.

Or, il y avait, résidant à Jérusalem, des Juifs religieux, venant de toutes les nations sous le ciel. Lorsque ceux-ci entendirent la voix qui retentissait, ils se rassemblèrent en foule. Ils étaient en pleine confusion parce que chacun d'eux entendait dans son propre dialecte ceux qui parlaient. Dans la stupéfaction et l'émerveillement, ils disaient : « Ces gens qui parlent ne sont-ils pas tous galiléens ? Comment se fait-il que chacun de nous les entende dans son propre dialecte, sa langue maternelle ? Parthes,

Mèdes et Élamites, habitants de la Mésopotamie, de la Judée et de la Cappadoce, de la province du Pont et de celle d'Asie, de la Phrygie et de la Pamphylie, de l'Égypte et des contrées de Libye proches de Cyrène, Romains de passage, Juifs de naissance et convertis, Crétois et Arabes, tous nous les entendons parler dans nos langues des merveilles de Dieu. »

Psaume

103 (104), 1AB. 24AC, 29BC-30, 31. 34

Le souffle qui crée

℟ *Ô Seigneur, envoie ton Esprit*
qui renouvelle la face de la terre !
OU : ***Alléluia !***

Bénis le Seigneur, ô mon âme ;
Seigneur mon Dieu, tu es si grand !
Quelle profusion dans tes œuvres, Seigneur !
La terre s'emplit de tes biens. ℟

Tu reprends leur souffle, ils expirent
et retournent à leur poussière.
Tu envoies ton souffle : ils sont créés ;
tu renouvelles la face de la terre. ℟

Gloire au Seigneur à tout jamais !
Que Dieu se réjouisse en ses œuvres !
Que mon poème lui soit agréable ;
moi, je me réjouis dans le Seigneur. ℟

Deuxième lecture

LECTURE DE LA PREMIÈRE LETTRE DE SAINT PAUL APÔTRE AUX GALATES 5, 16-25

La loi

Frères, je vous le dis : marchez sous la conduite de l'Esprit Saint, et vous ne risquerez pas de satisfaire les convoitises de la chair. Car les tendances de la chair s'opposent à l'Esprit, et les tendances de l'Esprit s'opposent à la chair. En effet, il y a là un affrontement qui vous empêche de faire tout ce que vous voudriez. Mais si vous vous laissez conduire par l'Esprit, vous n'êtes pas soumis à la Loi. On sait bien à quelles actions mène la chair : inconduite, impureté, débauche, idolâtrie, sorcellerie, haines, rivalité, jalousie, emportements, intrigues, divisions, sectarisme, envie, beuveries, orgies et autres choses du même genre. Je vous préviens, comme je l'ai déjà fait : ceux qui commettent de telles actions ne recevront pas en héritage le royaume de Dieu. Mais voici le fruit de l'Esprit : amour, joie, paix, patience, bonté, bienveillance, fidélité, douceur et maîtrise de soi. En ces domaines, la Loi n'intervient pas. Ceux qui sont au Christ Jésus ont crucifié en eux la chair, avec ses passions et ses convoitises. Puisque l'Esprit nous fait vivre, marchons sous la conduite de l'Esprit.

Séquence de Pentecôte

Viens, Esprit Saint, en nos cœurs
et envoie du haut du ciel
un rayon de ta lumière.

Viens en nous, père des pauvres,
viens, dispensateur des dons,
viens, lumière de nos cœurs.

Consolateur souverain,
hôte très doux de nos âmes,
adoucissante fraîcheur.

Dans le labeur, le repos ;
dans la fièvre, la fraîcheur ;
dans les pleurs, le réconfort.

Ô lumière bienheureuse,
viens remplir jusqu'à l'intime
le cœur de tous tes fidèles.

Sans ta puissance divine,
il n'est rien en aucun homme,
rien qui ne soit perverti.

Lave ce qui est souillé,
baigne ce qui est aride,
guéris ce qui est blessé.

Assouplis ce qui est raide,
réchauffe ce qui est froid,
rends droit ce qui est faussé.

À tous ceux qui ont la foi
et qui en toi se confient
donne tes sept dons sacrés.

Donne mérite et vertu,
donne le salut final,
donne la joie éternelle. Amen.

Acclamation de l'Évangile

Alléluia. Alléluia. Viens, Esprit Saint ! Emplis le cœur de tes fidèles ! Allume en eux le feu de ton amour ! ***Alléluia.***

Évangile

ÉVANGILE DE JÉSUS CHRIST SELON SAINT JEAN 15, 26-27 ; 16, 12-15

Dieu sous toutes ses formes

En ce temps-là, Jésus disait à ses disciples : « Quand viendra le Défenseur, que je vous enverrai d'auprès du Père, lui, l'Esprit de vérité qui procède du Père, il rendra témoignage en ma faveur. Et vous aussi, vous allez rendre témoignage, car vous êtes avec moi depuis le commencement.

J'ai encore beaucoup de choses à vous dire, mais pour l'instant vous ne pouvez pas les porter. Quand il viendra, lui, l'Esprit de vérité, il vous conduira dans la vérité tout entière. En effet, ce qu'il dira ne viendra pas de lui-même : mais ce qu'il aura entendu, il le dira ; et ce qui va venir, il vous le fera connaître. Lui me glorifiera, car il recevra ce qui vient de moi pour vous le faire connaître. Tout ce que possède le Père est à moi ; voilà pourquoi je vous ai dit : L'Esprit reçoit ce qui vient de moi pour vous le faire connaître. »

Comprendre

Ils se trouvaient réunis
Ce sont les Apôtres, les disciples, la Vierge Marie, les femmes réunis en prière dans la salle du Cénacle.

Lettre aux Galates
Les Galates sont des non-Juifs devenus chrétiens ensuite visités par des chrétiens judaïsants qui leur dirent de garder des pratiques du judaïsme.

Beuverie
Fait de boire avec excès, jusqu'à être ivre.

Orgies
Fêtes accompagnées de débordements divers, excès de boisson, de nourriture…

Vibration

« Il y a là un affrontement qui vous empêche de faire tout ce que vous voudriez. »
Quand tu dois faire un choix important dans ta vie, comment réagis-tu ? Serait-il plus facile de vivre en suivant une « loi » ?

« Ceux qui sont au Christ Jésus ont crucifié en eux la chair. »
Comment te sens-tu sans ton smartphone ? Quels seraient les points communs entre celui-ci et l'Esprit Saint ?

« Ce qui va venir, il vous le fera connaître. »
As-tu déjà fait une rencontre véritable avec une autre personne ?

Inspiration

Participer à un jamboree, c'est voir le temps se suspendre, c'est entrer dans un monde parallèle où tout est facile, où les peurs tombent. Durant le jamboree, on est ensemble, on vient de partout mais on se comprend bien. Personne n'est mis à l'écart en raison de son style, de sa langue, de son origine, tout le monde y a sa place. Les plus riches ont payé plus cher pour aider les plus pauvres, cela est normal car la présence de chacun est une richesse.

La Pentecôte, c'est un jamboree qui se met en place spontanément à Jérusalem. On fait un grand feu qui monte, la flamme légère s'envole, « feu de camp si chaud si bon ». Mais voici que Dieu fait redescendre le feu. Il envoie son Esprit Saint. Les Crétois comprennent les Arabes, les Parthes échangent avec les Romains. Alors nous pouvons penser que l'Esprit Saint ressemble beaucoup à l'esprit qui anime nos jamborees. C'est Dieu qui nous donne pour tous et partout : l'amour, la joie, la paix, la patience, la bonté, la bienveillance, la fidélité, la douceur et la maîtrise de soi.

CAMILLE ET AURÉLIEN JAVEL
Chargés de mission du service pastoral des
Scouts et Guides de France

m

Le mémo de la semaine

Samedi 29 mai 2021 :
saint Paul VI. Il fut
avec saint Jean XXIII,
le pape du concile Vatican II.
Ce dernier le convoqua,
Paul VI le mena à son terme.

MAYLIS RIBIER

Sainte Trinité

Saint ! Saint ! Saint, le Seigneur…

Mots-clés

Mission
Promesse
Trinité

Saint ! Saint !
Saint, le Seigneur…

Dieu-Trinité ne nous laisse jamais tomber, comme un père n'abandonne pas ses enfants, comme un ami est là pour son ami, comme l'amour véritable ne peut cesser d'aimer.

Première lecture

LECTURE DU LIVRE DU DEUTÉRONOME 4, 32-34. 39-40

Un Dieu comme ça, il n'y en a qu'un

Moïse disait au peuple : « Interroge donc les temps anciens qui t'ont précédé, depuis le jour où Dieu créa l'homme sur la terre : d'un bout du monde à l'autre, est-il arrivé quelque chose d'aussi grand, a-t-on jamais connu rien de pareil ? Est-il un peuple qui ait entendu comme toi la voix de Dieu parlant du milieu du feu, et qui soit resté en vie ? Est-il un dieu qui ait entrepris de se choisir une nation, de venir la prendre au milieu d'une autre, à travers des épreuves, des signes, des prodiges et des combats, à main forte et à bras étendu, et par des exploits terrifiants – comme tu as vu le Seigneur ton Dieu le faire pour toi en Égypte ? Sache donc aujourd'hui, et médite cela en ton cœur : c'est le Seigneur qui est Dieu, là-haut dans le ciel comme ici-bas sur la terre ; il n'y en a pas d'autre. Tu garderas les décrets et les commandements du Seigneur que je te donne aujourd'hui, afin d'avoir, toi et tes fils, bonheur et longue vie sur la terre que te donne le Seigneur ton Dieu, tous les jours. »

Psaume

32 (33), 4-5, 6. 9, 18-19, 20. 22

Le Seigneur tient parole

℟ ***Heureux le peuple***
dont le Seigneur est le Dieu.

Oui, elle est droite, la parole du Seigneur ;
il est fidèle en tout ce qu'il fait.
Il aime le bon droit et la justice ;
la terre est remplie de son amour. ℟

Le Seigneur a fait les cieux par sa parole,
l'univers, par le souffle de sa bouche.
Il parla, et ce qu'il dit exista ;
il commanda, et ce qu'il dit survint. ℟

Dieu veille sur ceux qui le craignent,
qui mettent leur espoir en son amour,
pour les délivrer de la mort,
les garder en vie aux jours de famine. ℟

Nous attendons notre vie du Seigneur :
il est pour nous un appui, un bouclier.
Que ton amour, Seigneur, soit sur nous
comme notre espoir est en toi ! ℟

Deuxième lecture

LECTURE DE LA LETTRE DE SAINT PAUL APÔTRE AUX ROMAINS 8, 14-17

Libres par amour

Frères, tous ceux qui se laissent conduire par l'Esprit de Dieu, ceux-là sont fils de Dieu. Vous n'avez pas reçu un esprit qui fait de vous des esclaves et vous ramène à la peur ; mais vous avez reçu un Esprit qui fait de vous des fils ; et c'est en lui que nous crions « Abba ! », c'est-à-dire : Père ! C'est donc l'Esprit Saint lui-même qui atteste à notre esprit que nous sommes enfants de Dieu. Puisque nous sommes ses enfants, nous sommes aussi ses héritiers : héritiers de Dieu, héritiers avec le Christ, si du moins nous souffrons avec lui pour être avec lui dans la gloire.

Acclamation de l'Évangile

Alléluia. Alléluia. Gloire au Père, et au Fils, et au Saint-Esprit : au Dieu qui est, qui était et qui vient ! ***Alléluia.***

Évangile

ÉVANGILE DE JÉSUS CHRIST SELON SAINT MATTHIEU 28, 16-20

Ordre de mission

En ce temps-là, les onze disciples s'en allèrent en Galilée, à la montagne où Jésus leur avait ordonné de se rendre. Quand ils le virent, ils se prosternèrent, mais certains eurent des doutes. Jésus s'approcha d'eux et leur adressa ces paroles : « Tout pouvoir m'a été donné au ciel et sur la terre. Allez ! De toutes les nations faites des disciples : baptisez-les au nom du Père, et du Fils, et du Saint-Esprit, apprenez-leur à observer tout ce que je vous ai commandé. Et moi, je suis avec vous tous les jours jusqu'à la fin du monde. »

Comprendre

Livre du Deutéronome

Le Deutéronome (« la seconde loi » en grec) reprend les lois des quatre premiers livres de la Bible avec quelques différences.

Onze disciples

Après la trahison et la mort de Judas, les Apôtres ne sont plus que onze. Après l'Ascension, un douzième apôtre remplaçant, Matthias, sera élu.

Fin du monde

Derniers mots de l'Évangile selon saint Matthieu. Jésus, Emmanuel (« Dieu-avec-nous ») n'abandonne pas son peuple, et reste éternellement présent.

Vibration

« ***Est-il un peuple qui ait entendu comme toi la voix de Dieu ?*** »
Quand tu te retournes sur ta journée, ton année, ta vie, peux-tu voir ce que Dieu a fait pour toi ?

« ***Certains eurent des doutes.*** »
T'arrive-t-il de douter ? De toi, de Dieu ? Qu'est-ce qui t'aide à oser la confiance ?

« ***De toutes les nations faites des disciples.*** »
L'ordre de mission est clair. Comment y réponds-tu dans ta vie quotidienne et lors des rencontres de ton unité ?

Inspiration

Une promesse, ça parle dans le scoutisme, non ? Dieu s'y connaît lui aussi en promesses : ce qu'il a promis, il le fait. Tout le psaume du jour le chante. Ce sont les promesses d'amour d'un père à ses enfants, qui les veut adultes, libres et heureux. Comme il l'avait dit, Dieu a libéré son peuple de l'esclavage en Égypte. Il a noué une alliance indéfectible de sa part avec les hommes. Jésus ressuscité a libéré l'humanité de la mort. Et le Seigneur nous donne la force de son Esprit par le baptême.

Aussi nous pouvons croire Jésus quand il nous dit : « Et moi, je suis avec vous tous les jours. » Il est un soutien dans la réalisation de notre mission de témoin de son amour, d'éducateur, de chef et cheftaine. Il est un guide pour vivre conformément à la loi d'amour et de bonheur qu'il nous propose. Il est un élan quand nous sommes réunis en son nom, en peuplade, en tribu. Il est une discrète présence au cœur de chaque personne que nous accueillons.

Alors, de quoi aurions-nous peur ?

FRANÇOISE BORDEYNE
Ancienne animatrice Cléophas
Groupe de Sceaux (Hauts-de-Seine)

m

Le mémo de la semaine

Samedi 5 juin 2021 : Journée internationale de l'environnement qui met en relief chaque année un enjeu spécifique.

Saint-Sacrement du Corps et du Sang du Christ

Prenez, ce pain, c'est moi

Mots-clés

Alliance
Communion
Rite

Prenez, ce pain, c'est moi

Aujourd'hui, on fait la fête pour le don immense de Jésus lors de son dernier repas : son corps et son sang, l'eucharistie. Un dimanche pour accueillir et remercier.

Première lecture

LECTURE DU LIVRE DE L'EXODE 24, 3-8

Alliance en lettres de sang

En ces jours-là, Moïse vint rapporter au peuple toutes les paroles du Seigneur et toutes ses ordonnances. Tout le peuple répondit d'une seule voix : « Toutes ces paroles que le Seigneur a dites, nous les mettrons en pratique. » Moïse écrivit toutes les paroles du Seigneur. Il se leva de bon matin et il bâtit un autel au pied de la montagne, et il dressa douze pierres pour les douze tribus d'Israël. Puis il chargea quelques jeunes garçons parmi les fils d'Israël d'offrir des holocaustes, et d'immoler au Seigneur des taureaux en sacrifice de paix. Moïse prit la moitié du sang et le mit dans des coupes ; puis il aspergea l'autel avec le reste du sang. Il prit le livre de l'Alliance et en fit la lecture au peuple. Celui-ci répondit : « Tout ce que le Seigneur a dit, nous le mettrons en pratique, nous y obéirons. » Moïse prit le sang, en aspergea le peuple, et dit : « Voici le sang de l'Alliance que, sur la base de toutes ces paroles, le Seigneur a conclue avec vous. »

Psaume

115 (116B), 12-13, 15-16AC, 17-18

Comment te remercier ?

℟ ***J'élèverai la coupe du salut,***
j'invoquerai le nom du Seigneur.
OU : ***Alléluia !***

Comment rendrai-je au Seigneur
tout le bien qu'il m'a fait ?
J'élèverai la coupe du salut,
j'invoquerai le nom du Seigneur. ℟

Il en coûte au Seigneur
de voir mourir les siens !
Ne suis-je pas, Seigneur, ton serviteur,
moi, dont tu brisas les chaînes ? ℟

Je t'offrirai le sacrifice d'action de grâce,
j'invoquerai le nom du Seigneur.
Je tiendrai mes promesses au Seigneur,
oui, devant tout son peuple. ℟

Deuxième lecture

LECTURE DE LA LETTRE AUX HÉBREUX 9, 11-15

Jésus : du symbolique au réel

Frères, le Christ est venu, grand prêtre des biens à venir. Par la tente plus grande et plus parfaite, celle qui n'est pas œuvre de mains humaines et n'appartient pas à cette création, il est entré une fois pour toutes dans le sanctuaire, en répandant, non pas le sang de boucs et de jeunes taureaux, mais son propre sang. De cette manière, il a obtenu une libération définitive. S'il est vrai qu'une simple aspersion avec le sang de boucs et de taureaux, et de la cendre de génisse, sanctifie ceux qui sont souillés, leur rendant la pureté de la chair, le sang du Christ fait bien davantage, car le Christ, poussé par l'Esprit éternel, s'est offert lui-même à Dieu comme une victime sans défaut ; son sang purifiera donc notre conscience des actes qui mènent à la mort, pour que nous puissions rendre un culte au Dieu vivant. Voilà pourquoi il est le médiateur d'une alliance nouvelle, d'un testament nouveau : puisque sa mort a permis le rachat des transgressions commises sous le premier Testament, ceux qui sont appelés peuvent recevoir l'héritage éternel jadis promis.

Séquence « Lauda Sion »

Cette séquence (ad libitum) peut être dite intégralement ou sous une forme abrégée à partir de : *Le voici, le pain des anges.

Sion, célèbre ton Sauveur,
chante ton chef et ton pasteur
par des hymnes et des chants.

Tant que tu peux, tu dois oser,
car il dépasse tes louanges,
tu ne peux trop le louer.

Le Pain vivant, le Pain de vie,
il est aujourd'hui proposé
comme objet de tes louanges.

Au repas sacré de la Cène,
il est bien vrai qu'il fut donné
au groupe des douze frères.

Louons-le à voix pleine et forte,
que soit joyeuse et rayonnante
l'allégresse de nos cœurs !

C'est en effet la journée solennelle
où nous fêtons de ce banquet divin
la première institution.

À ce banquet du nouveau Roi,
la Pâque de la Loi nouvelle
met fin à la Pâque ancienne.

L'ordre ancien le cède au nouveau,
la réalité chasse l'ombre,
et la lumière, la nuit.

Ce que fit le Christ à la Cène,
il ordonna qu'en sa mémoire
nous le fassions après lui.

Instruits par son précepte saint,
nous consacrons le pain, le vin,
en victime de salut.

C'est un dogme pour les chrétiens
que le pain se change en son corps,
que le vin devient son sang.

Ce qu'on ne peut comprendre et voir,
notre foi ose l'affirmer,
hors des lois de la nature.

L'une et l'autre de ces espèces,
qui ne sont que de purs signes,
voilent un réel divin.

Sa chair nourrit, son sang abreuve,
mais le Christ tout entier demeure
sous chacune des espèces.

On le reçoit sans le briser,
le rompre ni le diviser ;
il est reçu tout entier.

Qu'un seul ou mille communient,
il se donne à l'un comme aux autres,
il nourrit sans disparaître.

Bons et mauvais le consomment,
mais pour un sort bien différent,
pour la vie ou pour la mort.

Mort des pécheurs, vie pour les justes ;
vois : ils prennent pareillement ;
quel résultat différent !

Si l'on divise les espèces,
n'hésite pas, mais souviens-toi
qu'il est présent dans un fragment
aussi bien que dans le tout.

Le signe seul est partagé,
le Christ n'est en rien divisé,
ni sa taille ni son état
n'ont en rien diminué.

Le voici, le pain des anges,
il est le pain de l'homme en route,
le vrai pain des enfants de Dieu,
qu'on ne peut jeter aux chiens.

D'avance il fut annoncé
par Isaac en sacrifice,
par l'agneau pascal immolé,
par la manne de nos pères.

Ô bon Pasteur, notre vrai pain,
ô Jésus, aie pitié de nous,
nourris-nous et protège-nous,
fais-nous voir les biens éternels
dans la terre des vivants.

Toi qui sais tout et qui peux tout,
toi qui sur terre nous nourris,
conduis-nous au banquet du ciel
et donne-nous ton héritage,
en compagnie de tes saints.
Amen.

Acclamation de l'Évangile

Alléluia. Alléluia. Moi, je suis le pain vivant qui est descendu du ciel, dit le Seigneur ; si quelqu'un mange de ce pain, il vivra éternellement. ***Alléluia.***

Évangile

ÉVANGILE DE JÉSUS CHRIST SELON SAINT MARC 14, 12-16.22-26

Tout donner en un repas

Le premier jour de la fête des pains sans levain, où l'on immolait l'agneau pascal, les disciples de Jésus lui disent : « Où veux-tu que nous allions faire les préparatifs pour que tu manges la Pâque ? » Il envoie deux de ses disciples en leur disant : « Allez à la ville ; un homme portant une cruche d'eau viendra à votre rencontre. Suivez-le, et là où il entrera, dites au propriétaire : "Le Maître te fait dire : Où est la salle où je pourrai manger la Pâque avec mes disciples ?" Il vous indiquera, à l'étage, une grande pièce aménagée et prête pour un repas. Faites-y pour nous les préparatifs. » Les disciples partirent, allèrent à la ville ; ils trouvèrent tout comme Jésus leur avait dit, et ils préparèrent la Pâque. Pendant le repas, Jésus, ayant pris du pain et prononcé la bénédiction, le rompit, le leur donna, et dit : « Prenez, ceci est mon corps. » Puis, ayant pris une coupe et ayant rendu grâce, il la leur donna, et ils en burent tous. Et il leur dit : « Ceci est mon sang, le sang de l'Alliance, versé pour la multitude. Amen, je vous le dis : je ne boirai plus du fruit de la vigne, jusqu'au jour où je le boirai, nouveau, dans le royaume de Dieu. » Après avoir chanté les psaumes, ils partirent pour le mont des Oliviers.

Comprendre

Fête des pains sans levain

Autre nom de la fête de la Pâque. Les Juifs mangeaient des pains sans levain pendant huit jours. Les catholiques ont gardé cette tradition en mangeant des hosties non levées.

Douze pierres

Dans la religion juive ancienne, les fidèles dressaient des pierres comme autel pour créer un lieu saint, un lieu de culte.

Séquence

Chant liturgique qui précède l'alléluia et la proclamation de l'évangile lors de certaines fêtes. La séquence donne le sens de la fête.

Vibration

« ***Comment rendrais-je au Seigneur tout le bien qu'il m'a fait ?*** »
La première étape, c'est prendre conscience de ce que le Seigneur a fait pour toi. Pas toujours facile, mais tellement important. Ensuite vient la réponse. Comment te remercier, Seigneur ? Qu'est-ce que je peux faire pour toi ?

« ***Prenez, ceci est mon corps.*** »
Oui, c'est Jésus qui fait le premier pas. Il donne, et il se donne. Et il espère que tu vas l'accueillir. Y es-tu prêt ? Qu'est-ce qui te freine ?

Inspiration

Quand tu mets ta chemise scoute, avec ton foulard, il se passe quelque chose. Tu te charges d'un coup de tout ce que ça représente : l'aventure, la tribu, la nature, l'entraide… Tu fais un petit rite qui est un concentré d'expériences, qui te relie à tout l'univers scout. Tu t'habilles pourtant tous les matins, mais cette chemise, c'est différent.

Au cours de son dernier repas, Jésus a fait un petit geste de rien du tout, en partageant du pain, en distribuant du vin. Mais ce pain-là, ce vin-là, c'était différent : « C'est mon corps, prenez-le », « C'est mon sang versé, buvez. » C'était son dernier repas, et il rassemblait dans ce geste toute sa vie donnée pour nous. Sa vie qu'il allait donner quelques heures plus tard, jusqu'au bout, sur la croix, par amour.

À la messe c'est ce pain qu'on reçoit. Concentré de la vie de Jésus, de son amour plus fort que la mort, de son pardon, de la vie éternelle. C'est du pain, et ce n'est plus du pain, c'est lui.

PÈRE OLIVIER LORNE
Aumônier territorial du Morbihan

Le mémo de la semaine

Mercredi 9 juin 2021 : Journée internationale des archives.

MARION PLARD

11e dimanche du temps ordinaire

Le jardin de la confiance

DIMANCHE 13 JUIN 2021

Mots-clés

Confiance
Grandir
Orgueil

Le jardin de la confiance

Un rameau de cèdre, un palmier, une graine de moutarde : voici les cultures de la confiance.

Première lecture

LECTURE DU LIVRE DU PROPHÈTE ÉZÉKIEL 17, 22-24

Je fais reverdir l'arbre sec

Ainsi parle le Seigneur Dieu : « À la cime du grand cèdre, je prendrai une tige ; au sommet de sa ramure, j'en cueillerai une toute jeune, et je la planterai moi-même sur une montagne très élevée. Sur la haute montagne d'Israël je la planterai. Elle portera des rameaux, et produira du fruit, elle deviendra un cèdre magnifique. En dessous d'elle habiteront tous les passereaux et toutes sortes d'oiseaux, à l'ombre de ses branches ils habiteront. Alors tous les arbres des champs sauront que Je suis le Seigneur : je renverse l'arbre élevé et relève l'arbre renversé, je fais sécher l'arbre vert et reverdir l'arbre sec. Je suis le Seigneur, j'ai parlé, et je le ferai. »

Psaume

91 (92), 2-3, 13-14, 15-16

Le juste garde sa sève et sa verdeur

℟ ***Il est bon, Seigneur, de te rendre grâce !***

Qu'il est bon de rendre grâce au Seigneur,
de chanter pour ton nom, Dieu Très-Haut,
d'annoncer dès le matin ton amour,
ta fidélité, au long des nuits. ℟

Le juste grandira comme un palmier,
il poussera comme un cèdre du Liban ;
planté dans les parvis du Seigneur,
il grandira dans la maison de notre Dieu. ℟

Vieillissant, il fructifie encore,
il garde sa sève et sa verdeur
pour annoncer : « Le Seigneur est droit !
Pas de ruse en Dieu, mon rocher ! » ℟

Deuxième lecture

LECTURE DE LA DEUXIÈME LETTRE DE SAINT PAUL APÔTRE AUX CORINTHIENS 5, 6-10

Cheminer dans la confiance

Frères, nous gardons toujours confiance, tout en sachant que nous demeurons loin du Seigneur, tant que nous demeurons dans ce corps ; en effet, nous cheminons dans la foi, non dans la claire vision. Oui, nous avons confiance, et nous voudrions plutôt quitter la demeure de ce corps pour demeurer près du Seigneur. Mais de toute manière, que nous demeurions dans ce corps ou en dehors, notre ambition, c'est de plaire au Seigneur. Car il nous faudra tous apparaître à découvert devant le tribunal du Christ, pour que chacun soit rétribué selon ce qu'il a fait, soit en bien soit en mal, pendant qu'il était dans son corps.

Acclamation de l'Évangile

Alléluia. Alléluia. La semence est la parole de Dieu ; le semeur est le Christ ; celui qui le trouve demeure pour toujours. ***Alléluia.***

Évangile

ÉVANGILE DE JÉSUS CHRIST SELON SAINT MARC 4, 26-34

Une toute petite graine

En ce temps-là, parlant à la foule, Jésus disait : « Il en est du règne de Dieu comme d'un homme qui jette en terre la semence : nuit et jour, qu'il dorme ou qu'il se lève, la semence germe et grandit, il ne sait comment. D'elle-même, la terre produit d'abord l'herbe, puis l'épi, enfin du blé plein l'épi. Et dès que le blé est mûr, il y met la faucille, puisque le temps de la moisson est arrivé. » Il disait encore : « À quoi allons-nous comparer le règne de Dieu ? Par quelle parabole pouvons-nous le représenter ? Il est comme une graine de moutarde : quand on la sème en terre, elle est la plus petite de toutes les semences. Mais quand on l'a semée, elle grandit et dépasse toutes les plantes potagères ; et elle étend de longues branches, si bien que les oiseaux du ciel peuvent faire leur nid à son ombre. » Par de nombreuses paraboles semblables, Jésus leur annonçait la Parole, dans la mesure où ils étaient capables de l'entendre. Il ne leur disait rien sans parabole, mais il expliquait tout à ses disciples en particulier.

Comprendre

Cèdre

Le cèdre est le « roi des arbres » dans la Bible, le plus haut, le plus grand et le plus majestueux. Son bois a servi à construire le Temple de Jérusalem.

Ézékiel

Grand prophète du VIe siècle av. J.-C. qui a vécu en exil à Babylone avec les Juifs déportés.

Parabole

Récit imagé qui contient un élément moral, qui cherche à expliquer un mystère non pas de manière théorique mais de manière littéraire.

Vibration

« Nous cheminons dans la foi, non dans la claire vision. »
Pour plaire au Seigneur, Paul avance dans la foi. Et toi, peux-tu faire confiance par principe, sans savoir pourquoi ?

« Jésus leur annonçait la Parole, dans la mesure où ils étaient capable de l'entendre. »
Quand tu t'adresses à ton équipe, comment fais-tu pour vérifier qu'ils ont bien compris ton idée ?

« Elle portera des rameaux, elle deviendra un cèdre magnifique [...] et toutes sortes d'oiseaux, à l'ombre de ses branches ils habiteront. »
Pour offrir un abri, une protection, l'arbre doit être beau et grand. Grandir et faire confiance, n'est-ce pas là notre rôle de baptisés ?

Inspiration

Ceux qui ont un potager sur leur balcon ou un jardin à cultiver à l'approche de l'été le savent bien : si on plante une seule graine pour faire pousser des tomates ou autre chose, alors on se donne toutes les chances pour que ça ne marche pas...

Pourtant, ce dimanche, Dieu prend une seule tige de cèdre, Jésus nous parle de planter une seule graine de moutarde. Dans les deux textes, ces pousses deviennent si grandes que les oiseaux viennent s'y abriter ou faire leur nid.

Ces exemples illustrent la confiance qu'on va mettre dans une seule graine avec la certitude qu'elle poussera plus grand et plus fort que toutes les autres graines du jardin. La confiance, la fidélité, la foi. Trois mots qui reviennent souvent dans les lectures, qui signifient la même chose et dont le sens nous est rappelé à travers elles : croire.

ISABELLE ET PHILIPPE JULLIEN
Responsable du groupe St-François, Bourgoin-Jallieu (Isère)

m

Le mémo de la semaine

Lundi 14 juin 2021 :
Journée mondiale du donneur de sang promue par l'OMS pour sensibiliser et faire naître des vocations.

BENOIT CAILLÉ

12e dimanche du temps ordinaire

Contre vents et marées

Mots-clés

Confiance
Monde nouveau
Tempête

Contre vents et marées

Contre vents et marées, Jésus nous propose d'embarquer pour un voyage riche d'imprévus : risquons l'aventure ! Faisons-lui confiance !

Première lecture

LECTURE DU LIVRE DE JOB 38, 1.8-11

Maître des forces de la nature

Le Seigneur s'adressa à Job du milieu de la tempête et dit : « Qui donc a retenu la mer avec des portes, quand elle jaillit du sein primordial ; quand je lui mis pour vêtement la nuée, en guise de langes le nuage sombre ; quand je lui imposai ma limite, et que je disposai verrou et portes ? Et je dis : "Tu viendras jusqu'ici ! tu n'iras pas plus loin, ici s'arrêtera l'orgueil de tes flots !" »

Psaume

106 (107), 21A.22A.24, 25-26A.27B, 28-29, 30-31

Conduits à bon port !

℟ ***Rendez grâce au Seigneur : Il est bon !***
Éternel est son amour !
OU : ***Alléluia !***

Qu'ils rendent grâce au Seigneur de son amour,
qu'ils offrent des sacrifices d'action de grâce,
ceux qui ont vu les œuvres du Seigneur
et ses merveilles parmi les océans. ℟

Il parle, et provoque la tempête,
un vent qui soulève les vagues :
portés jusqu'au ciel, retombant aux abîmes,
leur sagesse était engloutie. ℟

Dans leur angoisse, ils ont crié vers le Seigneur,
et lui les a tirés de la détresse,
réduisant la tempête au silence,
faisant taire les vagues. ℟

Ils se réjouissent de les voir s'apaiser,
d'être conduits au port qu'ils désiraient.
Qu'ils rendent grâce au Seigneur de son amour,
de ses merveilles pour les hommes. ℟

Deuxième lecture

LECTURE DE LA DEUXIÈME LETTRE DE SAINT PAUL APÔTRE AUX CORINTHIENS 5, 14-17

Voici un monde nouveau !

Frères, l'amour du Christ nous saisit quand nous pensons qu'un seul est mort pour tous, et qu'ainsi tous ont passé par la mort. Car le Christ est mort pour tous, afin que les vivants n'aient plus leur vie centrée sur eux-mêmes, mais sur lui, qui est mort et ressuscité pour eux. Désormais nous ne regardons plus personne d'une manière simplement humaine : si nous avons connu le Christ de cette manière, maintenant nous ne le connaissons plus ainsi. Si donc quelqu'un est dans le Christ, il est une créature nouvelle. Le monde ancien s'en est allé, un monde nouveau est déjà né.

Acclamation de l'Évangile

Alléluia. Alléluia. Un grand prophète s'est levé parmi nous, et Dieu a visité son peuple. ***Alléluia.***

Évangile

ÉVANGILE DE JÉSUS CHRIST SELON SAINT MARC 4, 35-41

Ayez confiance !

Toute la journée, Jésus avait parlé à la foule. Le soir venu, Jésus dit à ses disciples : « Passons sur l'autre rive. » Quittant la foule, ils emmenèrent Jésus, comme il était, dans la barque, et d'autres barques l'accompagnaient. Survient une violente tempête. Les vagues se jetaient sur la barque, si bien que déjà elle se remplissait. Lui dormait sur le coussin à l'arrière. Les disciples le réveillent et lui disent : « Maître, nous sommes perdus ; cela ne te fait rien ? » Réveillé, il menaça le vent et dit à la mer : « Silence, tais-toi ! » Le vent tomba, et il se fit un grand calme. Jésus leur dit : « Pourquoi êtes-vous si craintifs ? N'avez-vous pas encore la foi ? » Saisis d'une grande crainte, ils se disaient entre eux : « Qui est-il donc, celui-ci, pour que même le vent et la mer lui obéissent ? »

Comprendre

Deuxième lettre aux Corinthiens

Paul écrit à l'Église de Corinthe qu'il a fondée et parle de sa mission d'apôtre, du partage des biens dans l'Église et de l'importance de son enseignement.

Crainte

Différente de la peur, elle est cette admiration des merveilles de Dieu. Elle est respect de la puissance de Dieu

Vibration

« Maître, nous sommes perdus ; cela ne te fait rien ? »
Dans les moments de doute, de tempête intérieure, t'arrive-t-il d'interpeller le Seigneur ? De lui demander de l'aide ? Comment te répond-t-il ?

« Passons sur l'autre rive. »
Es-tu prêt à suivre Jésus ? À quitter ta zone de confort ?

Inspiration

« Contre vents et marées, oser prendre le large… La vie comme un voyage où risquer c'est aimer ! » Parfois tout nous semble compliqué, nous sommes perdus dans la tempête, nous avons peur, nous ne voyons pas l'autre rive, nous nous sentons seuls… Mais Jésus est toujours là, silencieux, paisible, patient. Il nous attend pour nous conduire à bon port, apaiser la tempête et les tourments, éloigner les nuages.

Il nous propose d'abandonner nos peurs pour le suivre, et retrouver la confiance pour continuer ce chemin de vie où il nous invite à grandir, chemin de lumière, de paix, de liberté, poussés par le vent de l'Esprit !

À nous de lui ouvrir nos cœurs et de faire confiance !

NATHALIE KERNER
Animatrice Cléophas
Groupe de Malansac (Morbihan)

m

Le mémo de la semaine

Jeudi 24 juin 2021 :
Nativité de saint Jean Baptiste avec sa nuit la plus brève de l'année, les feux éponymes. En écho au 25 décembre au cœur de l'été.

CECILE MERCADAL

13e dimanche du temps ordinaire

La force soit avec toi

Mots-clés

Force
Générosité
Mort

La force soit avec toi

Une force est sortie de Jésus. Cette force est à vous. Elle vous est confiée, laissez-la vivre, grandir et se partager dans l'aventure de l'été. Sortez avec elle !

Première lecture

LECTURE DU LIVRE DE LA SAGESSE 1, 13-15 ; 2, 23-24

Dieu ne nous a pas faits pour la mort

Dieu n'a pas fait la mort, il ne se réjouit pas de voir mourir les êtres vivants. Il les a tous créés pour qu'ils subsistent ; ce qui naît dans le monde est porteur de vie : on n'y trouve pas de poison qui fasse mourir. La puissance de la Mort ne règne pas sur la terre, car la justice est immortelle.

Dieu a créé l'homme pour l'incorruptibilité, il a fait de lui une image de sa propre identité. C'est par la jalousie du diable que la mort est entrée dans le monde ; ils en font l'expérience, ceux qui prennent parti pour lui.

Psaume

29 (30), 2. 4, 5-6AB, 6CD. 12, 13

La mort ne rit plus, moi oui

℟ ***Je t'exalte, Seigneur : tu m'as relevé.***

Je t'exalte, Seigneur : tu m'as relevé,
tu m'épargnes les rires de l'ennemi.
Seigneur, tu m'as fait remonter de l'abîme
et revivre quand je descendais à la fosse. ℟

Fêtez le Seigneur, vous, ses fidèles,
rendez grâce en rappelant son nom très saint.
Sa colère ne dure qu'un instant,
sa bonté, toute la vie. ℟

Avec le soir, viennent les larmes,
mais au matin, les cris de joie.
Tu as changé mon deuil en une danse,
mes habits funèbres en parure de joie. ℟

Que mon cœur ne se taise pas,
qu'il soit en fête pour toi,
et que sans fin, Seigneur, mon Dieu,
je te rende grâce ! ℟

Deuxième lecture

LECTURE DE LA DEUXIÈME LETTRE DE SAINT PAUL APÔTRE AUX CORINTHIENS 8, 7. 9. 13-15

ONG : ose la nécessaire générosité !

Frères, puisque vous avez tout en abondance, la foi, la Parole, la connaissance de Dieu, toute sorte d'empressement et l'amour qui vous vient de nous, qu'il y ait aussi abondance dans votre don généreux ! Vous connaissez en effet le don généreux de notre Seigneur Jésus Christ : lui qui est riche, il s'est fait pauvre à cause de vous, pour que vous deveniez riches par sa pauvreté. Il ne s'agit pas de vous mettre dans la gêne en soulageant les autres, il s'agit d'égalité. Dans la circonstance présente, ce que vous avez en abondance comblera leurs besoins, afin que, réciproquement, ce qu'ils ont en abondance puisse combler vos besoins, et cela fera l'égalité, comme dit l'Écriture à propos de la manne : *Celui qui en avait ramassé beaucoup n'eut rien de trop, celui qui en avait ramassé peu ne manqua de rien.*

Acclamation de l'Évangile

Alléluia. Alléluia. Notre Sauveur, le Christ Jésus, a détruit la mort ; il a fait resplendir la vie par l'Évangile. ***Alléluia.***

Évangile

ÉVANGILE DE JÉSUS CHRIST SELON SAINT MARC 5, 21-43

Amour 2 – Mort 0

En ce temps-là Jésus regagna en barque l'autre rive, et une grande foule s'assembla autour de lui. Il était au bord de la mer. Arrive un des chefs de synagogue, nommé Jaïre. Voyant Jésus, il tombe à ses pieds et le supplie instamment : « Ma fille, encore si jeune, est à la dernière extrémité. Viens lui imposer les mains pour qu'elle soit sauvée et qu'elle vive. » Jésus partit avec lui, et la foule qui le suivait était si nombreuse qu'elle l'écrasait.

Or, une femme, qui avait des pertes de sang depuis douze ans… – elle avait beaucoup souffert du traitement de nombreux médecins, et elle avait dépensé tous ses biens sans avoir la moindre amélioration ; au contraire, son état avait plutôt empiré –... cette femme donc, ayant appris ce qu'on disait de Jésus, vint par-derrière dans la foule et toucha son vêtement. Elle se disait en effet : « Si je parviens à toucher seulement son vêtement, je serai sauvée. » À l'instant, l'hémorragie s'arrêta, et elle ressentit dans son corps qu'elle était guérie de son mal. Aussitôt Jésus se rendit compte qu'une force était sortie de lui. Il se retourna dans la foule, et il demandait : « Qui a touché mes vêtements ? » Ses disciples lui répondirent : « Tu vois bien la foule qui t'écrase, et tu demandes : "Qui m'a touché ?" » Mais lui regardait tout autour pour voir celle qui avait fait cela. Alors la femme, saisie de crainte et toute tremblante, sachant ce qui lui était arrivé, vint se jeter à ses pieds et lui dit toute la vérité. Jésus lui dit alors : « Ma fille, ta foi t'a sauvée. Va en paix et sois guérie de ton mal. » Comme il parlait encore, des gens arrivent de la maison de Jaïre, le chef de synagogue, pour dire à celui-ci : « Ta fille vient de mourir. À quoi bon déranger encore le Maître ? » Jésus, surprenant ces mots, dit au chef de synagogue : « Ne crains pas, crois seulement. » Il ne laissa personne l'accompagner, sauf Pierre, Jacques, et Jean, le frère de Jacques. Ils arrivent à la maison du chef de synagogue. Jésus voit l'agitation, et des gens qui pleurent et poussent de grands cris. Il entre et leur dit : « Pourquoi cette agitation et ces pleurs ? L'enfant n'est pas morte : elle dort. » Mais on se moquait de lui. Alors il met tout le monde dehors, prend avec lui le père et la mère de l'enfant, et ceux qui étaient avec lui ; puis il pénètre là où reposait l'enfant. Il saisit la main de l'enfant, et lui dit : « Talitha koum », ce qui signifie : « Jeune fille, je te le dis, lève-toi ! » Aussitôt la jeune fille se leva et se mit à marcher – elle avait en effet douze ans. Ils furent frappés d'une grande stupeur. Et Jésus leur ordonna fermement de ne le faire savoir à personne ; puis il leur dit de la faire manger.

Comprendre

Livre de la Sagesse

Ce livre, en grec, parle du rapport entre la sagesse grecque et la révélation divine. Il ne fait pas partie de la Bible juive.

Synagogue

« Lieu de rassemblement » en hébreu. À l'époque de Jésus, on y discutait des affaires de la cité, on y priait aussi mais le centre de la vie religieuse était le Temple.

« Il s'est fait pauvre »

Le Fils de Dieu, le Verbe éternel, riche de toute sa divinité, est devenu « pauvre » en prenant notre humanité, en devenant une créature.

Vibration

« Dieu ne se réjouit pas de voir mourir les êtres vivants. »

T'arrive-t-il de céder au piège de la joie méchante : te réjouir de la mort d'un projet, d'un bonheur ou d'une personne ?

« Que sans fin, Seigneur, mon Dieu, je te rende grâce ! »

T'arrive-t-il de te dire : « À quoi bon rendre grâce à Dieu ? »

« Vous avez tout en abondance. »

T'arrive-t-il de tomber dans le piège de n'avoir plus envie de rien ?

Inspiration

« Jésus se rendit compte qu'une force était sortie de lui. » Cela ressemble à la Pentecôte : l'histoire d'une force d'amour qui est sortie du cœur de Dieu pour ne plus s'arrêter de sortir.

La force de Dieu est une force d'amour qui soutient, guérit, touche, porte la personne fragilisée. La femme malade perd son sang, la petite fille perd sa vie... On dirait une force méchante qui vole la vie. Mais la force de Dieu ne vole rien : elle te touche et te fait sortir, elle fait sortir et s'épanouir la générosité qui t'habite. C'est ça, l'abondance dont parle saint Paul : pas un barrage qui garde son énergie, mais un torrent qui la libère.

C'est trop bien pour commencer l'été, non ? N'éteins pas l'Esprit, ne range pas le meilleur de ce qui est sorti de Jésus, de ce qui est sorti de toi. Car l'été n'est pas un temps mort. À chacun, à chacune, Jésus dit : « *Talitha koum*, Jeune fille, je te le dis, lève-toi ! »

PÈRE PIERRE-ÉDOUARD LE NAIL
Aumônier national Vent du large

Le mémo de la semaine

Mardi 29 juin 2021 :
saints Pierre et Paul,
les deux piliers de l'Église
fêtés ensemble.

MAXIME CORBE

14e dimanche du temps ordinaire

Un peuple et son Dieu

Mots-clés

Faiblesse
Incompréhension

DIMANCHE 4 JUILLET 2021

Un peuple et son Dieu

Dieu a créé chacun avec nos forces et nos faiblesses. Sachons nous tourner vers lui pour le supplier.

Première lecture

LECTURE DU LIVRE DU PROPHÈTE ÉZÉKIEL 2, 2-5

Dieu est fidèle à son alliance

En ces jours-là, l'esprit vint en moi et me fit tenir debout. J'écoutai celui qui me parlait. Il me dit : « Fils d'homme, je t'envoie vers les fils d'Israël, vers une nation rebelle qui s'est révoltée contre moi. Jusqu'à ce jour, eux et leurs pères se sont soulevés contre moi. Les fils ont le visage dur, et le cœur obstiné ; c'est à eux que je t'envoie. Tu leur diras : "Ainsi parle le Seigneur Dieu..." Alors, qu'ils écoutent ou qu'ils n'écoutent pas – c'est une engeance de rebelles ! – ils sauront qu'il y a un prophète au milieu d'eux. »

Psaume

122 (123), 1-2AB, 2CDEF, 3-4

La prière des humiliés

℟ ***Nos yeux, levés vers le Seigneur,***
attendent sa pitié.

Vers toi j'ai les yeux levés,
vers toi qui es au ciel,
comme les yeux de l'esclave
vers la main de son maître. ℟

Comme les yeux de la servante
vers la main de sa maîtresse,
nos yeux, levés vers le Seigneur notre Dieu,
attendent sa pitié. ℟

Pitié pour nous, Seigneur, pitié pour nous :
notre âme est rassasiée de mépris.
C'en est trop, nous sommes rassasiés du rire des satisfaits,
du mépris des orgueilleux ! ℟

Deuxième lecture

LECTURE DE LA DEUXIÈME LETTRE DE SAINT PAUL APÔTRE AUX CORINTHIENS 12, 7-10

Les souffrances de Paul

Frères, les révélations que j'ai reçues sont tellement extraordinaires que, pour m'empêcher de me surestimer, j'ai reçu dans ma chair une écharde, un envoyé de Satan qui est là pour me gifler, pour empêcher que je me surestime. Par trois fois, j'ai prié le Seigneur de l'écarter de moi. Mais il m'a déclaré : « Ma grâce te suffit, car ma puissance donne toute sa mesure dans la faiblesse. » C'est donc très volontiers que je mettrai plutôt ma fierté dans mes faiblesses, afin que la puissance du Christ fasse en moi sa demeure. C'est pourquoi j'accepte de grand cœur pour le Christ les faiblesses, les insultes, les contraintes, les persécutions et les situations angoissantes. Car, lorsque je suis faible, c'est alors que je suis fort.

Acclamation de l'Évangile

Alléluia. Alléluia. L'Esprit du Seigneur est sur moi :
il m'a envoyé porter la Bonne Nouvelle aux pauvres. ***Alléluia.***

Évangile

ÉVANGILE DE JÉSUS CHRIST SELON SAINT MARC 6, 1-6

Le retour au pays

En ce temps-là, Jésus se rendit dans son lieu d'origine, et ses disciples le suivirent. Le jour du sabbat, il se mit à enseigner dans la synagogue. De nombreux auditeurs, frappés d'étonnement, disaient : « D'où cela lui vient-il ? Quelle est cette sagesse qui lui a été donnée, et ces grands miracles qui se réalisent par ses mains ? N'est-il pas le charpentier, le fils de Marie, et le frère de Jacques, de José, de Jude et de Simon ? Ses sœurs ne sont-elles pas ici chez nous ? » Et ils étaient profondément choqués à son sujet. Jésus leur disait : « Un prophète n'est méprisé que dans son pays, sa parenté et sa maison. » Et là il ne pouvait accomplir aucun miracle ; il guérit seulement quelques malades en leur imposant les mains. Et il s'étonna de leur manque de foi. Alors, Jésus parcourait les villages d'alentour en enseignant.

Comprendre

Engeance
Race, espèce. Toujours dépréciatif.

Visage dur
Un homme au visage dur est un homme fermé, au cœur dur, qui ne veut pas accepter la parole de Dieu.

Jésus, frère de Jacques
Dans la tradition catholique, saint Joseph, veuf, a eu des enfants d'un premier mariage, enfants appelés « frères de Jésus ».

Vibration

« Il s'étonna de leur manque de foi. »
Les amis de Jésus sont surpris par son enseignement et ses actes. Quelle est la place que je donne à Dieu quand je ne comprends pas une situation ?

« Car, lorsque je suis faible, c'est alors que je suis fort. »
Paul se réjouit des faiblesses que le Seigneur a faites en lui. Comment est-ce que j'accueille mes faiblesses ? Qu'est-ce qu'il y a de beau en elles ?

Inspiration

L'évangile de Marc nous montre à quel point il est difficile d'annoncer à ceux que l'on connaît la Bonne Nouvelle. Jésus est de retour à Nazareth. Son village natal, sa famille et ses frères (qui sont en réalité son entourage) ne se laissent pas toucher par son message. Il cherche à leur enseigner le règne de Dieu mais butte sur leur manque de foi. On peut constater que les Nazaréens sont enfermés dans les certitudes qu'ils ont sur Dieu et qu'ils voient une incompatibilité entre la grandeur de Dieu et les origines humaines de Jésus.

Comment réagirions-nous à la place des Nazaréens ?

Comment laissons-nous Dieu entrer dans nos vies à travers notre famille, nos amis ou notre groupe scout ?

THIBAULT PFEFFER
Accompagnateur pédagogique
Territoire Pépinières en Yvelines

Le mémo de la semaine

Mardi 6 juillet 2021 : sainte Maria Goretti. Assassinée à 12 ans par un voisin qui voulait abuser d'elle.

AUGUSTIN BALLU

15e dimanche du temps ordinaire

L'appel du chemin

Mots-clés

Amour
Appel
Faire route

L'appel du chemin

Dieu vient à la rencontre des humains pour les inviter à quitter leurs habitudes et à entrer dans une vie plus grande. Amos et les disciples sont appelés à transmettre son message.

Première lecture

LECTURE DU LIVRE DU PROPHÈTE AMOS 7, 12-15

Appel d'un prophète

En ces jours-là, Amazias, prêtre de Béthel, dit au prophète Amos : « Toi, le voyant, va-t'en d'ici, fuis au pays de Juda ; c'est là-bas que tu pourras gagner ta vie en faisant ton métier de prophète. Mais ici, à Béthel, arrête de prophétiser ; car c'est un sanctuaire royal, un temple du royaume. » Amos répondit à Amazias : « Je n'étais pas prophète ni fils de prophète ; j'étais bouvier, et je soignais les sycomores. Mais le Seigneur m'a saisi quand j'étais derrière le troupeau, et c'est lui qui m'a dit : "Va, tu seras prophète pour mon peuple Israël." »

Psaume

84 (85), 9AB. 10, 11-12, 13-14

À l'écoute de Dieu

℞ ***Fais-nous voir, Seigneur, ton amour,***
et donne-nous ton salut.

J'écoute : que dira le Seigneur Dieu ?
Ce qu'il dit, c'est la paix pour son peuple et ses fidèles.
Son salut est proche de ceux qui le craignent,
et la gloire habitera notre terre. ℞

Amour et vérité se rencontrent,
justice et paix s'embrassent ;
la vérité germera de la terre
et du ciel se penchera la justice. ℞

Le Seigneur donnera ses bienfaits,
et notre terre donnera son fruit.
La justice marchera devant lui,
et ses pas traceront le chemin. ℞

Deuxième lecture

LECTURE DE LA LETTRE DE SAINT PAUL APÔTRE AUX ÉPHÉSIENS 1, 3-14

Enfants choisis par Dieu

Béni soit Dieu, le Père de notre Seigneur Jésus Christ ! Il nous a bénis et comblés des bénédictions de l'Esprit, au ciel, dans le Christ. Il nous a choisis, dans le Christ, avant la fondation du monde, pour que nous soyons saints, immaculés devant lui, dans l'amour. Il nous a prédestinés à être, pour lui, des fils adoptifs par Jésus, le Christ.

Ainsi l'a voulu sa bonté, à la louange de gloire de sa grâce, la grâce qu'il nous donne dans le Fils bien-aimé. En lui, par son sang, nous avons la rédemption, le pardon de nos fautes. C'est la richesse de la grâce que Dieu a fait déborder jusqu'à nous en toute sagesse et intelligence.

Il nous dévoile ainsi le mystère de sa volonté, selon que sa bonté l'avait prévu dans le Christ : pour mener les temps à leur plénitude, récapituler toutes choses dans le Christ, celles du ciel et celles de la terre.

En lui, nous sommes devenus le domaine particulier de Dieu, nous y avons été prédestinés selon le projet de celui qui réalise tout ce qu'il a décidé : il a voulu que nous vivions à la louange de sa gloire, nous qui avons d'avance espéré dans le Christ.

En lui, vous aussi, après avoir écouté la parole de vérité, l'Évangile de votre salut, et après y avoir cru, vous avez reçu la marque de l'Esprit Saint. Et l'Esprit promis par Dieu est une première avance sur notre héritage, en vue de la rédemption que nous obtiendrons, à la louange de sa gloire.

Acclamation de l'Évangile

Alléluia. Alléluia. Que le Père de notre Seigneur Jésus Christ ouvre à sa lumière les yeux de notre cœur, pour que nous percevions l'espérance que donne son appel. ***Alléluia.***

Évangile

ÉVANGILE DE JÉSUS CHRIST SELON SAINT MARC 6, 7-13

En route !

En ce temps-là, Jésus appela les Douze ; alors il commença à les envoyer en mission deux par deux. Il leur donnait autorité sur les esprits impurs, et il leur prescrivit de ne rien prendre pour la route, mais seulement un bâton ; pas de pain, pas de sac, pas de pièces de monnaie dans leur ceinture. « Mettez des sandales, ne prenez pas de tunique de rechange. » Il leur disait encore : « Quand vous avez trouvé l'hospitalité dans une maison, restez-y jusqu'à votre départ. Si, dans une localité, on refuse de vous accueillir et de vous écouter, partez et secouez la poussière de vos pieds : ce sera pour eux un témoignage. » Ils partirent, et proclamèrent qu'il fallait se convertir. Ils expulsaient beaucoup de démons, faisaient des onctions d'huile à de nombreux malades, et les guérissaient.

Comprendre

Livre d'Amos

Prophète qui aurait vécu au VIIIe siècle av. J.-C., il est l'un des prophètes les plus anciens de la Bible. Il dénonce la vie luxueuse des princes d'Israël.

Béthel

« Maison de Dieu ». Jacob, dans la vision de l'échelle, a rencontré Dieu en ce lieu qui est devenu ensuite un grand sanctuaire en Israël.

Bouvier

Gardien de bœufs.

Sycomore

Grand arbre, sorte de figuier.

Vibration

« Le Seigneur donnera ses bienfaits, et notre terre donnera son fruit. »
De quoi as-tu absolument besoin pour vivre heureux ?

« Il leur prescrivit de ne rien prendre pour la route, mais seulement un bâton. »
Quel est le bâton de marche sur lequel tu pourras toujours t'appuyer quelles que soient les circonstances ?

« Si, dans une localité, on refuse de vous accueillir… »
As-tu des peurs qui t'encombrent pour prendre la route, pour faire confiance ou aller à la rencontre des autres ?

Inspiration

Et si la conversion que les disciples sont partis prêcher sur les routes se jouait d'abord en chacun d'eux ? En les envoyant sans pain ni vêtement de rechange, Jésus leur pose la question de ce qui est essentiel pour eux et les confronte aux besoins de nourriture et de sommeil avant de poursuivre le chemin.

L'appel de Jésus à quitter nos sentiers battus et nos encombrements n'est pas une expérience d'abandon ou de mise à l'épreuve mais une expérience de profonde confiance. Il nous propose de rencontrer ce qui nous fait tenir debout pour apprendre à en prendre soin et à nous appuyer dessus, comme sur un bâton de marche. Il nous propose aussi de rencontrer ce qui « a faim » en nous et ce qui nous manque pour nous mettre à sa recherche. Notre marche alterne toujours entre l'équilibre sur nos pieds et le déséquilibre du pas en avant.

Même si tout chemin de vie comporte des risques et des passages difficiles, Jésus ne nous lâche ni au départ, ni à l'arrivée, ni à chacune de nos étapes. Il vient nous retrouver sur notre route pour nous rendre vivants.

MORGAN POINT
Ancien chargé de mission,
service international des Scouts et Guides de France

Le mémo de la semaine

Mercredi 14 juillet 2021 : fête nationale.

MAYLIS RIBIER

16e dimanche du temps ordinaire

Laisse-toi approcher par Dieu

Mots-clés

Confiance
Guide

Laisse-toi approcher par Dieu

Dieu a envoyé son Fils unique sur terre pour prouver son amour inconditionnel envers chacun d'entre nous.

Première lecture

LECTURE DU LIVRE DU PROPHÈTE JÉRÉMIE 23, 1-6

La promesse d'un Sauveur

Quel malheur pour vous, pasteurs ! Vous laissez périr et vous dispersez les brebis de mon pâturage – oracle du Seigneur ! C'est pourquoi, ainsi parle le Seigneur, le Dieu d'Israël, contre les pasteurs qui conduisent mon peuple : Vous avez dispersé mes brebis, vous les avez chassées, et vous ne vous êtes pas occupés d'elles. Eh bien ! Je vais m'occuper de vous, à cause de la malice de vos actes – oracle du Seigneur. Puis, je rassemblerai moi-même le reste de mes brebis de tous les pays où je les ai chassées. Je les ramènerai dans leur enclos, elles seront fécondes et se multiplieront. Je susciterai pour elles des pasteurs qui les conduiront ; elles ne seront plus apeurées ni effrayées, et aucune ne sera perdue – oracle du Seigneur.

Voici venir des jours – oracle du Seigneur, où je susciterai pour David un Germe juste : il régnera en vrai roi, il agira avec intelligence, il exercera dans le pays le droit et la justice. En ces jours-là, Juda sera sauvé, et Israël habitera en sécurité. Voici le nom qu'on lui donnera : « Le-Seigneur-est-notre-justice. »

Psaume

22 (23), 1-2AB, 2C-3, 4, 5, 6

Avec Dieu, j'ai tout

℞ *Le Seigneur est mon berger :*
rien ne saurait me manquer.

Le Seigneur est mon berger :
je ne manque de rien.
Sur des prés d'herbe fraîche,
il me fait reposer. ℞

Il me mène vers les eaux tranquilles
et me fait revivre ;
il me conduit par le juste chemin
pour l'honneur de son nom. ℞

Si je traverse les ravins de la mort,
je ne crains aucun mal,
car tu es avec moi :
ton bâton me guide et me rassure. ℞

Tu prépares la table pour moi
devant mes ennemis ;
tu répands le parfum sur ma tête,
ma coupe est débordante. ℞

Grâce et bonheur m'accompagnent
tous les jours de ma vie ;
j'habiterai la maison du Seigneur
pour la durée de mes jours. ℞

Deuxième lecture

LECTURE DE LA LETTRE DE SAINT PAUL APÔTRE AUX ÉPHÉSIENS 2, 13-18

Tous enfants d'un même Père

Frères, maintenant, dans le Christ Jésus, vous qui autrefois étiez loin, vous êtes devenus proches par le sang du Christ. C'est lui, le Christ, qui est notre paix : des deux, le Juif et le païen, il a fait une seule réalité ; par sa chair crucifiée, il a détruit ce qui les séparait, le mur de la haine ; il a supprimé les prescriptions juridiques de la loi de Moïse. Ainsi, à partir des deux, le Juif et le païen, il a voulu créer en lui un seul Homme nouveau en faisant la paix, et réconcilier avec Dieu les uns et les autres en un seul corps par le moyen de la croix ; en sa personne, il a tué la haine. Il est venu annoncer la bonne nouvelle de la paix, la paix pour vous qui étiez loin, la paix pour ceux qui étaient proches. Par lui, en effet, les uns et les autres, nous avons, dans un seul Esprit, accès auprès du Père.

Acclamation de l'Évangile

Alléluia. Alléluia. Mes brebis écoutent ma voix, dit le Seigneur ; moi, je les connais, et elles me suivent. ***Alléluia.***

Évangile

ÉVANGILE DE JÉSUS CHRIST SELON SAINT MARC 6, 30-34

À la suite du Christ

En ce temps-là, après leur première mission, les Apôtres se réunirent auprès de Jésus, et lui annoncèrent tout ce qu'ils avaient fait et enseigné. Il leur dit : « Venez à l'écart dans un endroit désert, et reposez-vous un peu. » De fait, ceux qui arrivaient et ceux qui partaient étaient nombreux, et l'on n'avait même pas le temps de manger. Alors, ils partirent en barque pour un endroit désert, à l'écart. Les gens les virent s'éloigner, et beaucoup comprirent leur intention. Alors, à pied, de toutes les villes, ils coururent là-bas et arrivèrent avant eux. En débarquant, Jésus vit une grande foule. Il fut saisi de compassion envers eux, parce qu'ils étaient comme des brebis sans berger. Alors, il se mit à les enseigner longuement.

Comprendre

Prescriptions juridiques
Ce sont les commandements, les interdits et les règles données par Dieu à Moïse.

Homme nouveau
Homme régénéré, recréé par le baptême et la vie nouvelle en Jésus.

Oracle du Seigneur
Formule utilisée par les prophètes pour signifier que c'est bien Dieu qui parle, que c'est bien la parole de Dieu.

Vibration

« ***Tous les jours de ma vie j'habiterai la maison du Seigneur.*** »
Dieu a-t-il une place dans ton quotidien ? Te laisses-tu guider par lui ?

« ***Réconcilier avec Dieu les uns et les autres en un seul corps.*** »
Comment, aujourd'hui, dans ta vie, accueilles-tu ton prochain ? Te tournes-tu vers celui qui est différent, celui qui est mis de côté ?

Inspiration

Jérémie nous annonce la venue d'un Sauveur. Ce Sauveur, le Christ, va donner sa vie pour nous parce qu'il n'y a pas de plus grand amour que de donner sa vie pour ceux qu'on aime. Ce Sauveur, le Christ, est venu pour nous guider, pour être le berger de tout homme. Il nous appelle, comme ses disciples, à nous mettre en marche à sa suite.

Toute l'année, nous vivons notre vie à cent à l'heure. Les jours se suivent et se ressemblent, rythmés par le travail ou les études, les activités associatives et sportives. Nous ne prenons pas toujours le temps de prendre soin de nos amis, de nos familles, de nos proches. Marchons à la suite du Christ en étant des « bergers » pour nos proches. En ces temps plus calmes de l'été, prenons le temps de nous tourner vers les autres, d'échanger avec nos familles (parents, grands-parents, frères, sœurs...), de nous mettre au service et d'établir des liens de confiance avec ceux que nous aimons.

MARIELLE BAUDOT
Animatrice Cléophas
Groupe St-Michel, Versailles (Yvelines)

Le mémo de la semaine

Jeudi 22 juillet 2021 :
sainte Marie Madeleine,
disciple du Seigneur
et apôtre des apôtres.
Si cet été tu passes
par Vézelay
ou la Sainte-Baume,
tu comprendras pourquoi.

CLÉMENT DAVEAU

17e dimanche du temps ordinaire

Venez et mangez !

Mots-clés

Confiance
Don
Rencontre

Venez et mangez !

Dieu nous invite tous à son repas pour le rencontrer. Par son amour, il prend soin de nous en nous donnant notre pain quotidien. Faisons-lui confiance !

Première lecture

LECTURE DU DEUXIÈME LIVRE DES ROIS 4, 42-44

Profusion de dons

En ces jours-là, un homme vint de Baal-Shalisha et, prenant sur la récolte nouvelle, il apporta à Élisée, l'homme de Dieu, vingt pains d'orge et du grain frais dans un sac. Élisée dit alors : « Donne-le à tous ces gens pour qu'ils mangent. » Son serviteur répondit : « Comment donner cela à cent personnes ? » Élisée reprit : « Donne-le à tous ces gens pour qu'ils mangent, car ainsi parle le Seigneur : "On mangera, et il en restera." » Alors, il le leur donna, ils mangèrent, et il en resta, selon la parole du Seigneur.

Psaume

144 (145), 10-11, 15-16, 17-18

La main de Dieu

℟ ***Tu ouvres la main, Seigneur : nous voici rassasiés.***

Que tes œuvres, Seigneur, te rendent grâce
et que tes fidèles te bénissent !
Ils diront la gloire de ton règne,
ils parleront de tes exploits. ℟

Les yeux sur toi, tous, ils espèrent :
tu leur donnes la nourriture au temps voulu ;
tu ouvres ta main :
tu rassasies avec bonté tout ce qui vit. ℟

Le Seigneur est juste en toutes ses voies,
fidèle en tout ce qu'il fait.
Il est proche de ceux qui l'invoquent,
de tous ceux qui l'invoquent en vérité. ℟

Deuxième lecture

LECTURE DE LA LETTRE DE SAINT PAUL APÔTRE AUX ÉPHÉSIENS 4, 1-6

Agir pour l'unité

Frères, moi qui suis en prison à cause du Seigneur, je vous exhorte à vous conduire d'une manière digne de votre vocation : ayez beaucoup d'humilité, de douceur et de patience, supportez-vous les uns les autres avec amour ; ayez soin de garder l'unité dans l'Esprit par le lien de la paix. Comme votre vocation vous a tous appelés à une seule espérance, de même il y a un seul Corps et un seul Esprit. Il y a un seul Seigneur, une seule foi, un seul baptême, un seul Dieu et Père de tous, au-dessus de tous, par tous, et en tous.

Acclamation de l'Évangile

Alléluia. Alléluia. Un grand prophète s'est levé parmi nous, et Dieu a visité son peuple. ***Alléluia.***

Évangile

ÉVANGILE DE JÉSUS CHRIST SELON SAINT JEAN 6, 1-15

Dieu nourrit la foule

En ce temps-là, Jésus passa de l'autre côté de la mer de Galilée, le lac de Tibériade. Une grande foule le suivait, parce qu'elle avait vu les signes qu'il accomplissait sur les malades. Jésus gravit la montagne, et là, il était assis avec ses disciples. Or, la Pâque, la fête des Juifs, était proche. Jésus leva les yeux et vit qu'une foule nombreuse venait à lui. Il dit à Philippe : « Où pourrions-nous acheter du pain pour qu'ils aient à manger ? » Il disait cela pour le mettre à l'épreuve, car il savait bien, lui, ce qu'il allait faire. Philippe lui répondit : « Le salaire de deux cents journées ne suffirait pas pour que chacun reçoive un peu de pain. » Un de ses disciples, André, le frère de Simon-Pierre, lui dit : « Il y a là un jeune garçon qui a cinq pains d'orge et deux poissons, mais qu'est-ce que cela pour tant de monde ! » Jésus dit : « Faites asseoir les gens. » Il y avait beaucoup d'herbe à cet endroit. Ils s'assirent donc, au nombre d'environ cinq mille hommes. Alors Jésus prit les pains et, après avoir rendu grâce, il les distribua aux convives ; il leur donna aussi du poisson, autant qu'ils en voulaient. Quand ils eurent mangé à leur faim, il dit à ses disciples : « Rassemblez les morceaux en surplus, pour que rien ne se perde. » Ils les rassemblèrent, et ils remplirent douze paniers avec les morceaux des cinq pains d'orge, restés en surplus pour ceux qui prenaient cette nourriture. À la vue du signe que Jésus avait accompli, les gens disaient : « C'est vraiment lui le Prophète annoncé, celui qui vient dans le monde. » Mais Jésus savait qu'ils allaient l'enlever pour faire de lui leur roi ; alors de nouveau il se retira dans la montagne, lui seul.

Comprendre

Livres des Rois
Ces deux livres racontent l'histoire des rois de Juda et d'Israël depuis la mort de David jusqu'à la chute de Jérusalem en 586 av. J.-C.

Élisée
Successeur du prophète Élie qui a accompli de très nombreux miracles.

Douze paniers
Chiffre symbolique. Chaque panier représente une des douze tribus d'Israël.

Vibration

« Ainsi parle le Seigneur : "On mangera, et il en restera." »
T'arrive-t-il parfois de douter de l'action de Dieu ?
Pour toi comment se manifeste la puissance de Dieu ?

« Supportez-vous les uns les autres avec amour. »
Étymologiquement, supporter signifie prendre en charge, soulager. Acceptes-tu d'être pris en charge ?
Et comment, toi-même, prends-tu en charge les autres ?

« À la vue du signe que Jésus avait accompli. »
Vois-tu des signes de Jésus dans ta vie ?
Qu'est-ce que cela change pour toi au quotidien ?

Inspiration

Donner, c'est offrir gratuitement et volontairement quelque chose, sans attendre de retour. Dans une société où l'argent est omniprésent ainsi que les échanges monétaires, reste-il encore aujourd'hui de la place pour le don : le don de Dieu dans nos vies, le don de nous-mêmes pour notre entourage, pour Dieu... ?

Le don est une notion importante pour nous, scouts ou guides. Dans la prière scoute, nous demandons au Seigneur de nous apprendre « à donner sans compter ». Vaste question, de savoir jusqu'où peut-on aller dans le don de soi, sans énumérer une liste précise de nos actes. Jésus lui-même est allé jusqu'au don total par sa mort sur la Croix.

Suis-je attentif à la parole du Seigneur et aux dons qu'il me donne ? M'arrive-t-il parfois de donner en attendant quelque chose en retour ?

BÉRENGER MOURY
Compagnon du groupe sainte Bernadette, Montpellier (Hérault)

m

Le mémo de la semaine

Samedi 31 juillet 2021 :
saint Ignace de Loyola,
le fondateur des jésuites,
la Compagnie du père Sevin.

18e dimanche du temps ordinaire

Une nourriture pour la vie

DIMANCHE 1er AOÛT 2021

Mots-clés

Chemin
Nourriture
Vie

Une nourriture pour la vie

Quand nous parlons de nourriture, nous pensons à nos quatre repas par jour (ou cinq !). Mais est-ce vraiment cette nourriture-là qui nous fait vivre ? Jésus nous interpelle.

Première lecture

LECTURE DU LIVRE DE L'EXODE 16, 2-4.12-15

Ne récriminez pas, accueillez

En ces jours-là, dans le désert, toute la communauté des fils d'Israël récriminait contre Moïse et son frère Aaron. Les fils d'Israël leur dirent : « Ah ! Il aurait mieux valu mourir de la main du Seigneur, au pays d'Égypte, quand nous étions assis près des marmites de viande, quand nous mangions du pain à satiété ! Vous nous avez fait sortir dans ce désert pour faire mourir de faim tout ce peuple assemblé ! » Le Seigneur dit à Moïse : « Voici que, du ciel, je vais faire pleuvoir du pain pour vous. Le peuple sortira pour recueillir chaque jour sa ration quotidienne, et ainsi je vais le mettre à l'épreuve : je verrai s'il marchera, ou non, selon ma loi. J'ai entendu les récriminations des fils d'Israël. Tu leur diras : "Au coucher du soleil, vous mangerez de la viande et, le lendemain matin, vous aurez du pain à satiété. Alors vous saurez que moi, le Seigneur, je suis votre Dieu." » Le soir même, surgit un vol de cailles qui recouvrirent le camp ; et, le lendemain matin, il y avait une couche de rosée autour du camp. Lorsque la couche de rosée s'évapora, il y avait, à la surface du désert, une fine croûte, quelque chose de fin comme du givre, sur le sol. Quand ils virent cela, les fils d'Israël se dirent l'un à l'autre : « Mann hou ? » (ce qui veut dire : Qu'est-ce que c'est ?), car ils ne savaient pas ce que c'était. Moïse leur dit : « C'est le pain que le Seigneur vous donne à manger. »

Psaume

77 (78), 3.4AC, 23-24, 25.52A.54A

Souvenons-nous

℟ ***Le Seigneur donne le pain du ciel !***

Nous avons entendu et nous savons
ce que nos pères nous ont raconté ;
nous redirons à l'âge qui vient
les titres de gloire du Seigneur. ℟

Il commande aux nuées là-haut,
il ouvre les écluses du ciel :
pour les nourrir il fait pleuvoir la manne,
il leur donne le froment du ciel. ℟

Chacun se nourrit du pain des Forts,
il les pourvoit de vivres à satiété.
Tel un berger, il conduit son peuple.
Il le fait entrer dans son domaine sacré. ℟

Deuxième lecture

LECTURE DE LA LETTRE DE SAINT PAUL APÔTRE AUX ÉPHÉSIENS 4, 17.20-24

Osons changer !

Frères, je vous le dis, j'en témoigne dans le Seigneur : vous ne devez plus vous conduire comme les païens qui se laissent guider par le néant de leur pensée. Mais vous, ce n'est pas ainsi que l'on vous a appris à connaître le Christ, si du moins l'annonce et l'enseignement que vous avez reçus à son sujet s'accordent à la vérité qui est en Jésus. Il s'agit de vous défaire de votre conduite d'autrefois, c'est-à-dire de l'homme ancien corrompu par les convoitises qui l'entraînent dans l'erreur. Laissez-vous renouveler par la transformation spirituelle de votre pensée. Revêtez-vous de l'homme nouveau, créé, selon Dieu, dans la justice et la sainteté conformes à la vérité.

Acclamation de l'Évangile

Alléluia. Alléluia. L'homme ne vit pas seulement de pain, mais de toute parole qui sort de la bouche de Dieu. ***Alléluia.***

Évangile

ÉVANGILE DE JÉSUS CHRIST SELON SAINT JEAN 6, 24-35

Le pain pour la route

En ce temps-là, quand la foule vit que Jésus n'était pas là, ni ses disciples, les gens montèrent dans les barques et se dirigèrent vers Capharnaüm à la recherche de Jésus. L'ayant trouvé sur l'autre rive, ils lui dirent : « Rabbi, quand es-tu arrivé ici ? » Jésus leur répondit : « Amen, amen, je vous le dis : vous me cherchez, non parce que vous avez vu des signes, mais parce que vous avez mangé de ces pains et que vous avez été rassasiés. Travaillez non pas pour la nourriture qui se perd, mais pour la nourriture qui demeure jusque dans la vie éternelle, celle que vous donnera le Fils de l'homme, lui que Dieu, le Père, a marqué de son sceau. » Ils lui dirent alors : « Que devons-nous faire pour travailler aux œuvres de Dieu ? » Jésus leur répondit : « L'œuvre de Dieu, c'est que vous croyiez en celui qu'il a envoyé. » Ils lui dirent alors : « Quel signe vas-tu accomplir pour que nous puissions le voir, et te croire ? Quelle œuvre vas-tu faire ? Au désert, nos pères ont mangé la manne ; comme dit l'Écriture : Il leur a donné à manger le pain venu du ciel. » Jésus leur répondit : « Amen, amen, je vous le dis : ce n'est pas Moïse qui vous a donné le pain venu du ciel ; c'est mon Père qui vous donne le vrai pain venu du ciel. Car le pain de Dieu, c'est celui qui descend du ciel et qui donne la vie au monde. » Ils lui dirent alors : « Seigneur, donne-nous toujours de ce pain-là. » Jésus leur répondit : « Moi, je suis le pain de la vie. Celui qui vient à moi n'aura jamais faim ; celui qui croit en moi n'aura jamais soif. »

Comprendre

Livre de l'Exode

« Exode » signifie en grec « sortie ». Récit des Hébreux sortant d'Égypte.

Récriminations

Protestation, contestation.

La sortie d'Égypte est rythmée par le mécontentement des Hébreux.

Lettre aux Éphésiens

Dans cette lettre à l'Église d'Éphèse, écrite sans doute vers 61-62, Paul parle du salut personnel et communautaire et insiste sur le sens de la mission dans l'Église.

Vibration

« Laissez-vous renouveler. »

Te laisses-tu interpeller dans tes manières de faire ou d'être ? Dans ton unité, ton groupe, y a-t-il des espaces pour se poser, réfléchir à ce qui vous nourrit vraiment, ce qui est essentiel ?

« Celui qui vient à moi n'aura plus jamais faim. »

Où en es-tu de ta rencontre avec Jésus ? Es-tu en chemin pour le rencontrer, le connaître ? Échangez en équipe sur qui est pour toi, pour vous, Jésus.

Inspiration

Identifier et accueillir ce qui nous comble, nous rassasie, non temporairement mais pour la vie, et nous permet de vivre joyeusement, sans récriminer. Faire mémoire de beaux moments vécus, mettre des mots sur ce qui nous nourrit, nous permet d'avancer dans la confiance. Sachons accueillir chaque jour, simplement, ce qui nous fait grandir. Paul nous invite à laisser sur le bord du chemin ce qui nous freine, ce qui nous entraîne dans l'erreur, et à avancer dans la vérité avec le Christ. Jésus nous propose de faire route avec lui. Es-tu prêt à l'accompagner, à te laisser accompagner, à te mettre en route ?

ANNE COSTAMAGNA
Chargée de mission
Territoire de l'Hérault

m

Le mémo de la semaine

Vendredi 6 août 2021 : Transfiguration du Seigneur. Moïse rencontra Dieu sur la montagne du Sinaï. Pierre, Jean et Jacques virent le Christ sur le mont Thabor. Et moi, quelle est ma montagne ?

MAYLIS RIBIER

19e dimanche du temps ordinaire

Du pain pour la route

DIMANCHE 8 AOÛT 2021

Mots-clés

Nourriture
Ressource
Vie

Du pain pour la route

On peut se sentir parfois désespéré, littéralement affamé par la vie. Mais le Seigneur nous propose une nourriture qui nous rassasie vraiment, et pour de bon.

Première lecture

LECTURE DU PREMIER LIVRE DES ROIS 19, 4-8

Pas d'hypoglycémie pour Élie

En ces jours-là, le prophète Élie, fuyant l'hostilité de la reine Jézabel, marcha toute une journée dans le désert. Il vint s'asseoir à l'ombre d'un buisson, et demanda la mort en disant : « Maintenant, Seigneur, c'en est trop ! Reprends ma vie : je ne vaux pas mieux que mes pères. » Puis il s'étendit sous le buisson, et s'endormit. Mais voici qu'un ange le toucha et lui dit : « Lève-toi, et mange ! » Il regarda, et il y avait près de sa tête une galette cuite sur des pierres brûlantes et une cruche d'eau. Il mangea, il but, et se rendormit. Une seconde fois, l'ange du Seigneur le toucha et lui dit : « Lève-toi, et mange, car il est long, le chemin qui te reste. » Élie se leva, mangea et but. Puis, fortifié par cette nourriture, il marcha quarante jours et quarante nuits jusqu'à l'Horeb, la montagne de Dieu.

Psaume

33 (34), 2-3, 4-5, 6-7, 8-9

Dieu veille, pas d'inquiétude !

℟ ***Goûtez et voyez comme est bon le Seigneur !***

Je bénirai le Seigneur en tout temps,
sa louange sans cesse à mes lèvres.
Je me glorifierai dans le Seigneur :
que les pauvres m'entendent et soient en fête ! ℟

Magnifiez avec moi le Seigneur,
exaltons tous ensemble son nom.
Je cherche le Seigneur, il me répond :
de toutes mes frayeurs, il me délivre. ℟

Qui regarde vers lui resplendira,
sans ombre ni trouble au visage.
Un pauvre crie ; le Seigneur entend :
il le sauve de toutes ses angoisses. ℟

L'ange du Seigneur campe alentour
pour libérer ceux qui le craignent.
Goûtez et voyez : le Seigneur est bon !
Heureux qui trouve en lui son refuge ! ℟

Deuxième lecture

LECTURE DE LA LETTRE DE SAINT PAUL APÔTRE AUX ÉPHÉSIENS 4, 30 – 5, 2

Aimer son prochain : mode d'emploi

Frères, n'attristez pas le Saint-Esprit de Dieu, qui vous a marqués de son sceau en vue du jour de votre délivrance. Amertume, irritation, colère, éclats de voix ou insultes, tout cela doit être éliminé de votre vie, ainsi que toute espèce de méchanceté. Soyez entre vous pleins de générosité et de tendresse. Pardonnez-vous les uns aux autres, comme Dieu vous a pardonné dans le Christ. Oui, cherchez à imiter Dieu, puisque vous êtes ses enfants bien-aimés. Vivez dans l'amour, comme le Christ nous a aimés et s'est livré lui-même pour nous, s'offrant en sacrifice à Dieu, comme un parfum d'agréable odeur.

Acclamation de l'Évangile

Alléluia. Alléluia. Moi, je suis le pain vivant, qui est descendu du ciel, dit le Seigneur ; si quelqu'un mange de ce pain, il vivra éternellement. ***Alléluia.***

Évangile

ÉVANGILE DE JÉSUS CHRIST SELON SAINT JEAN 6, 41-51

Jésus, menu XX-ailes

En ce temps-là, les Juifs récriminaient contre Jésus parce qu'il avait déclaré : « Moi, je suis le pain qui est descendu du ciel. » Ils disaient : « Celui-là n'est-il pas Jésus, fils de Joseph ? Nous connaissons bien son père et sa mère. Alors comment peut-il dire maintenant : "Je suis descendu du ciel" ? » Jésus reprit la parole : « Ne récriminez pas entre vous. Personne ne peut venir à moi, si le Père qui m'a envoyé ne l'attire, et moi, je le ressusciterai au dernier jour. Il est écrit dans les prophètes : Ils seront tous instruits par Dieu lui-même. Quiconque a entendu le Père et reçu son enseignement vient à moi. Certes, personne n'a jamais vu le Père, sinon celui qui vient de Dieu : celui-là seul a vu le Père. Amen, amen, je vous le dis : il a la vie éternelle, celui qui croit. Moi, je suis le pain de la vie. Au désert, vos pères ont mangé la manne, et ils sont morts ; mais le pain qui descend du ciel est tel que celui qui en mange ne mourra pas. Moi, je suis le pain vivant, qui est descendu du ciel : si quelqu'un mange de ce pain, il vivra éternellement. Le pain que je donnerai, c'est ma chair, donnée pour la vie du monde. »

Comprendre

Élie

Plus grand prophète de l'Ancien Testament selon la tradition, il a vécu au IXe siècle av. J.-C. Il a combattu contre les prophètes païens. Il n'est pas mort, il est monté au ciel. Son retour annonce celui du Messie.

Jézabel

Princesse phénicienne païenne qui persécuta Élie. Épouse d'Achab, roi d'Israël.

« Amen, amen »

Formule utilisée par Jésus lorsqu'il veut donner du poids et de l'importance à ce qu'il dit.

Vibration

« Seigneur, c'en est trop ! Reprends ma vie ! »
Est-ce que moi aussi parfois j'en ai marre, j'ai envie de tout laisser tomber ?

« Goûtez et voyez : le Seigneur est bon ! »
Est-ce que j'ai déjà « goûté » l'action du Seigneur dans ma vie ? À quelle occasion ?

« Si quelqu'un mange de ce pain, il vivra éternellement. »
Je fais beaucoup de choses dans ma vie. Lesquelles me « rassasient » le plus longtemps ? voire pour toujours ?

Inspiration

Là c'est trop, j'en ai marre. J'ai encore eu une mauvaise note au dernier examen, je n'y arriverai jamais : j'ai beau essayer de travailler, ça ne sert à rien. Et la dernière sortie avec les jeunes que j'encadre, quelle angoisse ! Un jeune nous a gâché le grand jeu qu'on avait soigneusement préparé, et bonjour l'ambiance du groupe ! Seigneur, où es-tu ? Aide-moi, ou je laisse tout tomber !

Alors parfois, derrière les cris, un doux murmure, une brise légère : tiens, finalement, malgré nos angoisses, nos frustrations et tout le stress généré, il paraît que les jeunes ont bien aimé la dernière sortie ? Ah, je croyais n'avoir rien compris à ce chapitre de cours il y a six mois... mais aujourd'hui, ça me semble évident !

Patience : le Seigneur nourrit, le Seigneur agit, dans la discrétion et le silence, et sur le long terme. On se retourne et on voit le chemin parcouru, et on sait que cette avancée est solide, rien ne nous fera retourner en arrière : Jésus, c'est du pain qui rassasie pour de bon !

ANNE-CLAIRE ET SIMON HURAND
Accompagnateurs compagnons
du groupe St-Benoit Buxerolles, Poitiers (Vienne)

Le mémo de la semaine

Mercredi 11 août 2021 : sainte Claire d'Assise, l'amie de cœur de frère François, son âme sœur. As-tu trouvé la tienne ?

Assomption de la Vierge Marie

Histoires de femmes

Mots-clés
Femmes
Joie
Vierge Marie

Histoires de femmes

La décision de Marie d'accueillir le Fils de l'homme en son sein ne la retranche pas du monde des humains. Son choix la plonge plus encore dans le quotidien des liens humains.

Première lecture

LECTURE DE L'APOCALYPSE DE SAINT JEAN 11, 19A ; 12, 1-6A. 10AB

La femme enceinte et le dragon

Le sanctuaire de Dieu, qui est dans le ciel, s'ouvrit, et l'arche de son Alliance apparut dans le Sanctuaire. Un grand signe apparut dans le ciel : une Femme, ayant le soleil pour manteau, la lune sous les pieds, et sur la tête une couronne de douze étoiles. Elle est enceinte, elle crie, dans les douleurs et la torture d'un enfantement. Un autre signe apparut dans le ciel : un grand Dragon, rouge feu, avec sept têtes et dix cornes, et, sur chacune des sept têtes, un diadème. Sa queue, entraînant le tiers des étoiles du ciel, les précipita sur la terre. Le Dragon vint se poster devant la Femme qui allait enfanter, afin de dévorer l'enfant dès sa naissance. Or, elle mit au monde un fils, un enfant mâle, celui qui sera le berger de toutes les nations, les conduisant avec un sceptre de fer. L'enfant fut enlevé jusqu'auprès de Dieu et de son Trône, et la Femme s'enfuit au désert, où Dieu lui a préparé une place.

Alors j'entendis dans le ciel une voix forte, qui proclamait : « Maintenant voici le salut, la puissance et le règne de notre Dieu, voici le pouvoir de son Christ ! »

Psaume

44 (45), 11-12A, 12B-13, 14-15A, 15B-16

La fille du roi

℟ ***Debout, à la droite du Seigneur,***
se tient la reine, toute parée d'or.

Écoute, ma fille, regarde et tends l'oreille ;
oublie ton peuple et la maison de ton père :
le roi sera séduit par ta beauté. ℟

Il est ton Seigneur : prosterne-toi devant lui.
Alors, les plus riches du peuple,
chargés de présents, quêteront ton sourire. ℟

Fille de roi, elle est là, dans sa gloire,
vêtue d'étoffes d'or ;
on la conduit, toute parée, vers le roi. ℟

Des jeunes filles, ses compagnes, lui font cortège ;
on les conduit parmi les chants de fête :
elles entrent au palais du roi. ℟

Deuxième lecture

LECTURE DE LA PREMIÈRE LETTRE DE SAINT PAUL APÔTRE AUX CORINTHIENS 15, 20-27A

La mort anéantie

Frères, le Christ est ressuscité d'entre les morts, lui, premier ressuscité parmi ceux qui se sont endormis. Car, la mort étant venue par un homme, c'est par un homme aussi que vient la résurrection des morts. En effet, de même que tous les hommes meurent en Adam, de même c'est dans le Christ que tous recevront la vie, mais chacun à son rang : en premier, le Christ, et ensuite, lors du retour du Christ, ceux qui lui appartiennent. Alors, tout sera achevé, quand le Christ remettra le pouvoir royal à Dieu son Père, après avoir anéanti, parmi les êtres célestes, toute Principauté, toute Souveraineté et Puissance. Car c'est lui qui doit régner jusqu'au jour où Dieu aura mis sous ses pieds tous ses ennemis. Et le dernier ennemi qui sera anéanti, c'est la mort, car il a tout mis sous ses pieds.

Acclamation de l'Évangile

Alléluia. Alléluia. Aujourd'hui s'est ouverte la porte du paradis : Marie est entrée dans la gloire de Dieu ; exultez dans le ciel, tous les anges ! ***Alléluia.***

Évangile

ÉVANGILE DE JÉSUS CHRIST SELON SAINT LUC 1, 39-56

L'enfant tressaillit de joie

En ces jours-là, Marie se mit en route et se rendit avec empressement vers la région montagneuse, dans une ville de Judée. Elle entra dans la maison de Zacharie et salua Élisabeth. Or, quand Élisabeth entendit la salutation de Marie, l'enfant tressaillit en elle. Alors, Élisabeth fut remplie d'Esprit Saint, et s'écria d'une voix forte : « Tu es bénie entre toutes les femmes, et le fruit de tes entrailles est béni. D'où m'est-il donné que la mère de mon Seigneur vienne jusqu'à moi ? Car, lorsque tes paroles de salutation sont parvenues à mes oreilles, l'enfant a tressailli d'allégresse en moi. Heureuse celle qui a cru à l'accomplissement des paroles qui lui furent dites de la part du Seigneur. » Marie dit alors : « Mon âme exalte le Seigneur, exulte mon esprit en Dieu, mon Sauveur ! Il s'est penché sur son humble servante ; désormais tous les âges me diront bienheureuse. Le Puissant fit pour moi des merveilles ; Saint est son nom ! Sa miséricorde s'étend d'âge en âge sur ceux qui le craignent. Déployant la force de son bras, il disperse les superbes. Il renverse les puissants de leurs trônes, il élève les humbles.

« Il comble de biens les affamés, renvoie les riches les mains vides. Il relève Israël son serviteur, il se souvient de son amour, de la promesse faite à nos pères, en faveur d'Abraham et sa descendance à jamais. » Marie resta avec Élisabeth environ trois mois, puis elle s'en retourna chez elle.

Comprendre

Livre de l'Apocalypse

Livre qui raconte de façon imagée et symbolique la fin des temps. « Apocalypse » signifie « dévoilement », « révélation ».

Principauté, Souveraineté, Puissance

Êtres célestes, anges, bons et mauvais, qui, bien qu'invisibles, témoignent de l'abondance de la Création.

L'enfant a tressailli

Cet enfant, c'est Jean le Baptiste qui, dans le ventre de sa mère, reconnaît Jésus comme Messie, envoyé de Dieu.

Vibration

« ***Élisabeth fut remplie d'Esprit Saint.*** »
Connais-tu d'autres femmes rencontrées par Jésus ? Que nous apprennent-elles, comment nous apprennent-elles à prier ?

« ***Heureuse celle qui a cru à l'accomplissement des paroles.*** »
Quelles sont les femmes de ton entourage qui te font avancer à la suite de Jésus ?

Inspiration

Marie et sa cousine annoncent aujourd'hui quel est le lieu authentique pour dire le Dieu fait homme, le Seigneur et le frère, le maître et l'ami. Ce n'est pas d'abord le discours, mais bien les entrailles. Là où nous nous soucions de l'autre et du monde tout entier, là où nous les aimons, où nous supplions pour eux, où nous rendons grâce aussi.

Ces deux femmes témoignent toutes deux, par la parole qui vient de leur chair, que le Fils de Dieu va planter sa tente en notre histoire pour se lier d'amitié avec toute l'humanité. Spécialement avec les plus humbles, ces préférés du Fils et du Père. Non parce qu'ils ont faim. Mais parce qu'ils espèrent. Ils savent qu'ils ne peuvent se suffire à eux-mêmes. Le Seigneur qu'elles annoncent va se faire mendiant. Mendiant de la parole de son Père, mendiant de la réponse, de l'engagement, de celles et ceux qui le suivront, mendiant de leur amour. Dieu décide, en son Fils, de ne pas vivre pour lui-même, mais pour se livrer en partage.

SŒUR VÉRONIQUE MARGRON
Dominicaine de la Présentation,
et présidente de la Conférence des religieuses et religieux en France

m

Le mémo de la semaine

Dimanche 22 août 2021 : Journée internationale des victimes de la violence en raison de leur religion ou conviction. Mise en place par l'ONU en 2019.

24446-BRUNO_RAQUILLET.JPG

21e dimanche du temps ordinaire

En chemin, avec ou sans Jésus ?

DIMANCHE 22 AOÛT 2021

Mots-clés

Bonheur
Doute
Parole

En chemin, avec ou sans Jésus ?

Dieu ne fait pas que nous libérer de la servitude quand nous marchons vers lui. Il éclaire notre voie et, non seulement, pourvoit au pain de ce jour, mais nourrit également notre âme pour l'éternité.

Première lecture

LECTURE DU LIVRE DE JOSUÉ 24, 1-2A. 15-17. 18B

Qui est notre Dieu ?

En ces jours-là, Josué réunit toutes les tribus d'Israël à Sichem ; puis il appela les anciens d'Israël, avec les chefs, les juges et les scribes ; ils se présentèrent devant Dieu. Josué dit alors à tout le peuple : « S'il ne vous plaît pas de servir le Seigneur, choisissez aujourd'hui qui vous voulez servir : les dieux que vos pères servaient au-delà de l'Euphrate, ou les dieux des Amorites dont vous habitez le pays. Moi et les miens, nous voulons servir le Seigneur. » Le peuple répondit : « Plutôt mourir que d'abandonner le Seigneur pour servir d'autres dieux ! C'est le Seigneur notre Dieu qui nous a fait monter, nous et nos pères, du pays d'Égypte, cette maison d'esclavage ; c'est lui qui, sous nos yeux, a accompli tous ces signes et nous a protégés tout le long du chemin que nous avons parcouru, chez tous les peuples au milieu desquels nous sommes passés. Nous aussi, nous voulons servir le Seigneur, car c'est lui notre Dieu. »

Psaume

33 (34), 2-3, 16-17, 20-21, 22-23

Le Seigneur m'aime et me protège

℟ ***Goûtez et voyez***
comme est bon le Seigneur !

Je bénirai le Seigneur en tout temps,
sa louange sans cesse à mes lèvres.
Je me glorifierai dans le Seigneur :
que les pauvres m'entendent et soient en fête ! ℟

Le Seigneur regarde les justes,
il écoute, attentif à leurs cris.
Le Seigneur affronte les méchants
pour effacer de la terre leur mémoire. ℟

Malheur sur malheur pour le juste,
mais le Seigneur chaque fois le délivre.
Il veille sur chacun de ses os :
pas un ne sera brisé. ℟

Le mal tuera les méchants ;
ils seront châtiés d'avoir haï le juste.
Le Seigneur rachètera ses serviteurs :
pas de châtiment pour qui trouve en lui son refuge. ℟

Deuxième lecture

LECTURE DE LA LETTRE DE SAINT PAUL AUX ÉPHÉSIENS 5, 21-32

Aimer pour vivre, vivre pour aimer

Frères, par respect pour le Christ, soyez soumis les uns aux autres ; les femmes, à leur mari, comme au Seigneur Jésus ; car, pour la femme, le mari est la tête, tout comme, pour l'Église, le Christ est la tête, lui qui est le Sauveur de son corps. Eh bien ! puisque l'Église se soumet au Christ, qu'il en soit toujours de même pour les femmes à l'égard de leur mari.

Vous, les hommes, aimez votre femme à l'exemple du Christ : il a aimé l'Église, il s'est livré lui-même pour elle, afin de la rendre sainte en la purifiant par le bain de l'eau baptismale, accompagné d'une parole ; il voulait se la présenter à lui-même, cette Église, resplendissante, sans tache, ni ride, ni rien de tel ; il la voulait sainte et immaculée. C'est de la même façon que les maris doivent aimer leur femme : comme leur propre corps. Celui qui aime sa femme s'aime soi-même. Jamais personne n'a méprisé son propre corps : au contraire, on le nourrit, on en prend soin. C'est ce que fait le Christ pour l'Église, parce que nous sommes les membres de son corps. Comme dit l'Écriture : À cause de cela, l'homme quittera son père et sa mère, il s'attachera à sa femme, et tous deux ne feront plus qu'un. Ce mystère est grand : je le dis en référence au Christ et à l'Église.

Acclamation de l'Évangile

Alléluia. Alléluia. Tes paroles, Seigneur, sont esprit et elles sont vie. Tu as les paroles de la vie éternelle. ***Alléluia.***

Évangile

ÉVANGILE DE JÉSUS CHRIST SELON SAINT JEAN 6, 60-69

La Parole pour la vie

En ce temps-là, Jésus avait donné un enseignement dans la synagogue de Capharnaüm. Beaucoup de ses disciples, qui avaient entendu, déclarèrent : « Cette parole est rude ! Qui peut l'entendre ? » Jésus savait en lui-même que ses disciples récriminaient à son sujet. Il leur dit : « Cela vous scandalise ? Et quand vous verrez le Fils de l'homme monter là où il était auparavant !... C'est l'esprit qui fait vivre, la chair n'est capable de rien. Les paroles que je vous ai dites sont esprit et elles sont vie. Mais il y en a parmi vous qui ne croient pas. » Jésus savait en effet depuis le commencement quels étaient ceux qui ne croyaient pas, et qui était celui qui le livrerait. Il ajouta : « Voilà pourquoi je vous ai dit que personne ne peut venir à moi si cela ne lui est pas donné par le Père. »

À partir de ce moment, beaucoup de ses disciples s'en retournèrent et cessèrent de l'accompagner. Alors Jésus dit aux Douze : « Voulez-vous partir, vous aussi ? » Simon-Pierre lui répondit : « Seigneur, à qui irions-nous ? Tu as les paroles de la vie éternelle. Quant à nous, nous croyons, et nous savons que tu es le Saint de Dieu. »»

Comprendre

Livre de Josué
Ce livre raconte l'entrée des Hébreux en Terre promise sous la conduite de Josué, successeur de Moïse.

Amorites
Ancien peuple de Syrie. Selon la Bible, c'est l'un des peuples qui habitaient la terre promise à l'arrivée des Hébreux.

Euphrate
Grand fleuve qui se trouve dans l'Irak actuel. Josué rappelle ici qu'Abraham venait de Chaldée (Irak).

Vibration

« Cette parole est rude ! Qui peut l'entendre ? »
Quelle est cette parole que Jésus nous enseigne ?

« Mais il y en a parmi vous qui ne croient pas. »
Et toi, que crois-tu de tout cela ?

« Tu as les paroles de la vie éternelle. À qui irions-nous ? »
Que peut Dieu pour toi ? Comment est-il présent dans ta vie ? Quelle place lui laisses-tu ?

Inspiration

Mon Dieu, comme ton message est difficile à comprendre dans notre monde ! Jésus lui-même ne réussit pas complètement à convaincre ses contemporains... Notre Dieu nous aime de toute éternité et veut notre bonheur pour toujours. Et nous, comment pouvons-nous répondre à cet amour débordant qui pardonne et nous relève de chacun de nos faux pas ? Sommes-nous sûrs qu'il aime chacun de nous, même ceux qui ne le connaissent pas ? Et comment partager avec eux la joie de le connaître ? Comment le reconnaître au milieu de nos frères ?

Ce sont toutes ces questions, tous ces doutes, qui forment la foi de chacun de nous. Ce sont aussi toutes les réponses que nous essayons de donner à travers nos actions auprès des plus jeunes, à travers tous les projets que nous montons tout au long de l'année... Et encore plus au cours de cet été, que ce soit au bout du monde ou dans la nature, en camp ! C'est bien le Christ, notre Dieu, qui met au cœur de chacun de nous le désir de plus grand, de plus haut, de plus beau, de plus vrai, pour resplendir déjà d'un éclat qui nous attend dans la vie éternelle !

PATRICIA CREPY
Comité de rédaction de Cléophas
Conférence internationale catholique du guidisme

Le mémo de la semaine

Samedi 28 août 2021 :
saint Augustin.
Un des géants de l'Église
et de la culture occidentale.

22e dimanche du temps ordinaire

La loi, modèle de vie parfaite

DIMANCHE 29 AOÛT 2021

Mots-clés

Commandements
Lois
Vertus

La loi, modèle de vie parfaite

Pour nous guider dans nos vies, le Seigneur nous a donné ses commandements. En cultivant nos vertus et en s'éloignant du péché, nous sommes invités à entrer dans sa demeure.

Première lecture

LECTURE DU LIVRE DU DEUTÉRONOME 4, 1-2.6-8

Vivre sage et intelligent

Moïse disait au peuple : « Maintenant, Israël, écoute les décrets et les ordonnances que je vous enseigne pour que vous les mettiez en pratique. Ainsi vous vivrez, vous entrerez, pour en prendre possession, dans le pays que vous donne le Seigneur, le Dieu de vos pères. Vous n'ajouterez rien à ce que je vous ordonne, et vous n'y enlèverez rien, mais vous garderez les commandements du Seigneur votre Dieu tels que je vous les prescris. Vous les garderez, vous les mettrez en pratique ; ils seront votre sagesse et votre intelligence aux yeux de tous les peuples. Quand ceux-ci entendront parler de tous ces décrets, ils s'écrieront : "Il n'y a pas un peuple sage et intelligent comme cette grande nation !" Quelle est en effet la grande nation dont les dieux soient aussi proches que le Seigneur notre Dieu est proche de nous chaque fois que nous l'invoquons ? Et quelle est la grande nation dont les décrets et les ordonnances soient aussi justes que toute cette Loi que je vous donne aujourd'hui ? »

Psaume

14 (15), 2-3A, 3BC-4AB, 4D-5

Développer ses vertus

℟ *Seigneur, qui séjournera sous ta tente ?*

Celui qui se conduit parfaitement,
qui agit avec justice
et dit la vérité selon son cœur.
Il met un frein à sa langue. ℟

Il ne fait pas de tort à son frère
et n'outrage pas son prochain.
À ses yeux, le réprouvé est méprisable
mais il honore les fidèles du Seigneur. ℟

Il ne reprend pas sa parole.
Il prête son argent sans intérêt,
n'accepte rien qui nuise à l'innocent.
Qui fait ainsi demeure inébranlable. ℟

Deuxième lecture

LECTURE DE LA LETTRE DE SAINT JACQUES 1, 17-18.21B-22.27

Suivre la parole de Dieu

Mes frères bien-aimés, les présents les meilleurs, les dons parfaits, proviennent tous d'en haut, ils descendent d'auprès du Père des lumières, lui qui n'est pas, comme les astres, sujet au mouvement périodique ni aux éclipses. Il a voulu nous engendrer par sa parole de vérité, pour faire de nous comme les prémices de toutes ses créatures. Accueillez dans la douceur la Parole semée en vous ; c'est elle qui peut sauver vos âmes. Mettez la Parole en pratique, ne vous contentez pas de l'écouter : ce serait vous faire illusion. Devant Dieu notre Père, un comportement religieux pur et sans souillure, c'est de visiter les orphelins et les veuves dans leur détresse, et de se garder sans tache au milieu du monde.

Acclamation de l'Évangile

Alléluia. Alléluia. Le Père a voulu nous engendrer par sa parole de vérité, pour faire de nous comme les prémices de toutes ses créatures. ***Alléluia.***

Évangile

ÉVANGILE DE JÉSUS CHRIST SELON SAINT MARC 7, 1-8.14-15.21-23

Loi divine et tradition humaine

En ce temps-là, les pharisiens et quelques scribes, venus de Jérusalem, se réunissent auprès de Jésus, et voient quelques-uns de ses disciples prendre leur repas avec des mains impures, c'est-à-dire non lavées. – Les pharisiens en effet, comme tous les Juifs, se lavent toujours soigneusement les mains avant de manger, par attachement à la tradition des anciens ; et au retour du marché, ils ne mangent pas avant de s'être aspergés d'eau, et ils sont attachés encore par tradition à beaucoup d'autres pratiques : lavage de coupes, de carafes et de plats. Alors les pharisiens et les scribes demandèrent à Jésus : « Pourquoi tes disciples ne suivent-ils pas la tradition des anciens ? Ils prennent leurs repas avec des mains impures. » Jésus leur répondit : « Isaïe a bien prophétisé à votre sujet, hypocrites, ainsi qu'il est écrit : Ce peuple m'honore des lèvres, mais son cœur est loin de moi. C'est en vain qu'ils me rendent un culte ; les doctrines qu'ils enseignent ne sont que des préceptes humains. Vous aussi, vous laissez de côté le commandement de Dieu, pour vous attacher à la tradition des hommes. » Appelant de nouveau la foule, il lui disait : « Écoutez-moi tous, et comprenez bien. Rien de ce qui est extérieur à l'homme et qui entre en lui ne peut le rendre impur. Mais ce qui sort de l'homme, voilà ce qui rend l'homme impur. » Il disait encore à ses disciples, à l'écart de la foule : « C'est du dedans, du cœur de l'homme, que sortent les pensées perverses : inconduites, vols, meurtres, adultères, cupidités, méchancetés, fraude, débauche, envie, diffamation, orgueil et démesure. Tout ce mal vient du dedans, et rend l'homme impur. »

Comprendre

Lettre de saint Jacques
Lettre attribuée à Jacques, frère de Jésus et chef de l'Église de Jérusalem. Saint Jacques met en garde contre les dangers de la parole, de la diffamation.

Pharisiens
En hébreu « séparés ». Groupe religieux juif qui insistait beaucoup sur les pratiques rituelles et qui voulait renouveler la foi en Israël.

Tradition des anciens
Selon les pharisiens, leurs doctrines viennent de Dieu lui-même et ont été transmises par Moïse et les Anciens – même si certaines choses n'apparaissent pas dans la Bible.

Vibration

« Vous garderez les commandements du Seigneur. »
Comment mets-tu en pratique ces commandements ? T'apparaît-il facile de suivre les lois ou cela te semble-t-il compliqué ?

« Accueillez dans la douceur la Parole semée en vous. »
Comment, au quotidien, vis-tu ta relation avec Dieu ? Quelle importance lui accordes-tu ?

« Tout ce mal vient du dedans, et rend l'homme impur. »
Quels sont ces maux dont Jésus parle ? Sont-ils un frein à la liberté ?

Inspiration

Aujourd'hui, Dieu nous livre ses commandements, lois universelles données au peuple juif puis renouvelées par le Christ. De même que la loi scoute, instaurée par Baden Powell, sert à aider les jeunes à devenir adulte, le Seigneur nous a prescrit une loi divine pour nous mener jusqu'à sa « tente ».

Ainsi, c'est en ouvrant nos cœurs aux dons de l'Esprit que nous apprenons à cultiver nos vertus et à nous libérer du péché. Comme le dit Jacques dans sa lettre, il nous faut « accueillir la parole de Dieu » avec joie et la mettre en pratique sur terre pour atteindre le ciel. En effet, Jésus nous rappelle que seule la parole de Dieu est essentielle dans notre quête d'idéal et vaut donc bien mieux que les « traditions des hommes » qui peuvent, elles, être détournées de la volonté de Dieu.

Il nous faut donc être attentifs à la voix du Seigneur et à ses « ordonnances » sur terre afin d'être sauvés et d'accéder à son royaume.

RÉMI PERRIN
Compagnon 1er temps
Groupe Frère Paul Adrien, Givors (Rhône)

Le mémo de la semaine

Mercredi 1er septembre 2021 : Journée mondiale de prière pour la sauvegarde de la Création. Créée en 1989 par Dimitrios 1er de Constantinople et reprise en 2015 par le pape François chez les catholiques.

23e dimanche du temps ordinaire

Surprise, je reviens !

Mots-clés

Entendre
Parler
Voir

Surprise, je reviens !

Dieu a promis d'envoyer un messie qui guérirait les malades. Il manifestera la fidélité de Dieu sans faire de différence entre les gens. C'est la revanche de Dieu.

Première lecture

LECTURE DU LIVRE DU PROPHÈTE ISAÏE 35, 4-7A

Crainte ou confiance

Dites aux gens qui s'affolent : « Soyez forts, ne craignez pas. Voici votre Dieu : c'est la vengeance qui vient, la revanche de Dieu. Il vient lui-même et va vous sauver. » Alors se dessilleront les yeux des aveugles, et s'ouvriront les oreilles des sourds. Alors le boiteux bondira comme un cerf, et la bouche du muet criera de joie ; car l'eau jaillira dans le désert, des torrents dans le pays aride. La terre brûlante se changera en lac, la région de la soif, en eaux jaillissantes.

Psaume

145 (146), 6C-7, 8-A, 9BC-10

Bonté de Dieu

℟ ***Je veux louer le Seigneur, tant que je vis.***
OU : ***Alléluia !***

Le Seigneur garde à jamais sa fidélité,
il fait justice aux opprimés,
aux affamés, il donne le pain ;
le Seigneur délie les enchaînés. ℟

Le Seigneur ouvre les yeux des aveugles,
le Seigneur redresse les accablés,
le Seigneur aime les justes,
le Seigneur protège l'étranger. ℟

Il soutient la veuve et l'orphelin,
il égare les pas du méchant.
D'âge en âge, le Seigneur régnera :
ton Dieu, ô Sion, pour toujours ! ℟

Deuxième lecture

LECTURE DE LA LETTRE DE SAINT JACQUES 2, 1-5

Bonjour la différence

Mes frères, dans votre foi en Jésus Christ, notre Seigneur de gloire, n'ayez aucune partialité envers les personnes. Imaginons que, dans votre assemblée, arrivent en même temps un homme au vêtement rutilant, portant une bague en or, et un pauvre au vêtement sale. Vous tournez vos regards vers celui qui porte le vêtement rutilant et vous lui dites : « Assieds-toi ici, en bonne place » ; et vous dites au pauvre : « Toi, reste là debout », ou bien : « Assieds-toi au bas de mon marchepied. » Cela, n'est-ce pas faire des différences entre vous, et juger selon de faux critères ? Écoutez donc, mes frères bien-aimés ! Dieu, lui, n'a-t-il pas choisi ceux qui sont pauvres aux yeux du monde pour en faire des riches dans la foi, et des héritiers du Royaume promis par lui à ceux qui l'auront aimé ?

Acclamation de l'Évangile

Alléluia. Alléluia. Jésus proclamait l'Évangile du Royaume et guérissait toute maladie dans le peuple. ***Alléluia.***

Évangile

ÉVANGILE DE JÉSUS CHRIST SELON SAINT MARC 7, 31-37

Guérison et incompréhension

En ce temps-là, Jésus quitta le territoire de Tyr ; passant par Sidon, il prit la direction de la mer de Galilée et alla en plein territoire de la Décapole. Des gens lui amènent un sourd qui avait aussi de la difficulté à parler, et supplient Jésus de poser la main sur lui. Jésus l'emmena à l'écart, loin de la foule, lui mit les doigts dans les oreilles, et, avec sa salive, lui toucha la langue. Puis, les yeux levés au ciel, il soupira et lui dit : « Effata ! », c'est-à-dire : « Ouvre-toi ! » Ses oreilles s'ouvrirent ; sa langue se délia, et il parlait correctement. Alors Jésus leur ordonna de n'en rien dire à personne ; mais plus il leur donnait cet ordre, plus ceux-ci le proclamaient. Extrêmement frappés, ils disaient : « Il a bien fait toutes choses : il fait entendre les sourds et parler les muets. »

Comprendre

Tyr, Sidon

Villes qui se trouvent dans ce qui est aujourd'hui le Liban. Grands ports où habitaient des païens.

Décapole

Dix villes païennes (de culture grecque) qui, à l'est du Jourdain (Lac de Tibériade), s'étaient fédérées.

Effata

Lors du baptême, il existe un rite appelé *effata* : le prêtre fait un signe de croix sur les oreilles et les lèvres du catéchumène.

Vibration

« La revanche de Dieu. »

Fake news : comment est-ce que je vérifie mes sources d'informations ? Qu'est-ce que je transmets aux jeunes ?

« Juger selon de faux critères. »

Quels sont mes critères de réussite d'une activité scoute ? Comment m'ouvrir à d'autres critères ?

« Jésus leur ordonna de n'en rien dire à personne ; mais [...] plus ceux-ci le proclamaient. »

Suis-je compris quand je parle ? Suis-je moi-même ? Est-ce que j'accepte d'être parfois en décalage ?

Inspiration

On pensait que le mal avait gagné, que Dieu était impuissant ou qu'il laissait faire... Les ténèbres ont envahi notre monde dans tant de domaines. Jésus est la lumière qui brille sans jamais s'éteindre. Jésus est celui « qui a bien fait toutes choses » à l'image de son Père. Dieu notre Père a tout créé par amour avec bonté. Jésus est l'envoyé du Père pour guérir et soigner sa création. Il se reconnaît facilement car il prend soin de celui qui a besoin d'aide et qui reconnaît sa misère. Jésus ne juge pas comme nous, car il ne cherche pas à se faire valoir. Il cherche au contraire à aider les plus pauvres, les plus blessés par la vie. Jésus est le témoin de la fidélité de Dieu qui ne nous abandonne pas. Jésus manifeste la force et la puissance de Dieu, qui vient établir son royaume. Dieu par Jésus peut tout sauver. Personne n'est perdu pour lui.

Seigneur Jésus aide-moi à croire en toi pour te louer avec joie et pour mieux te suivre en prenant soin de ta création.

PÈRE JACQUES-HENRI JUSTEAU,
Aumônier du territoire Paris Céleste

m

Le mémo de la semaine

Mercredi 8 septembre 2021 : Nativité de la Vierge Marie. C'est aussi la Journée mondiale des premiers secours. Marie et les premiers secours : heureux hasard...

MAXENCE STRASSER

24e dimanche du temps ordinaire

L'espoir plus fort que le mal

DIMANCHE 12 SEPTEMBRE 2021

Mots-clés

Amour
Audace
Confiance

L'espoir plus fort que le mal

Certains jours sont plus difficiles que d'autres. Même si Dieu m'est parfois moins visible, il est présent à mes côtés, sur ma route, comme l'étoile fidèle dans la nuit : faisons-lui confiance !

Première lecture

LECTURE DU LIVRE DU PROPHÈTE ISAÏE 50, 5-9A

Je souffre mais Dieu est là

Le Seigneur mon Dieu m'a ouvert l'oreille, et moi, je ne me suis pas révolté, je ne me suis pas dérobé. J'ai présenté mon dos à ceux qui me frappaient, et mes joues à ceux qui m'arrachaient la barbe. Je n'ai pas caché ma face devant les outrages et les crachats.

Le Seigneur mon Dieu vient à mon secours ; c'est pourquoi je ne suis pas atteint par les outrages, c'est pourquoi j'ai rendu ma face dure comme pierre : je sais que je ne serai pas confondu. Il est proche, Celui qui me justifie. Quelqu'un veut-il plaider contre moi ? Comparaissons ensemble ! Quelqu'un veut-il m'attaquer en justice ? Qu'il s'avance vers moi ! Voilà le Seigneur mon Dieu, il prend ma défense ; qui donc me condamnera ?

Psaume

114 (116A), 1-2, 3-4, 5-6, 8-9

Petit, faible, il me fait grandir

℟ ***Je marcherai en présence du Seigneur***
sur la terre des vivants.
OU : ***Alléluia !***

J'aime le Seigneur :
il entend le cri de ma prière ;
il incline vers moi son oreille :
toute ma vie, je l'invoquerai. ℟

J'étais pris dans les filets de la mort,
retenu dans les liens de l'abîme,
j'éprouvais la tristesse et l'angoisse ;
j'ai invoqué le nom du Seigneur :
« Seigneur, je t'en prie, délivre-moi ! » ℟

Le Seigneur est justice et pitié,
notre Dieu est tendresse.
Le Seigneur défend les petits :
j'étais faible, il m'a sauvé. ℟

Il a sauvé mon âme de la mort,
gardé mes yeux des larmes
et mes pieds du faux pas.
Je marcherai en présence du Seigneur
sur la terre des vivants. ℟

Deuxième lecture

LECTURE DE LA LETTRE DE SAINT JACQUES 2, 14-18

La foi et les œuvres

Mes frères, si quelqu'un prétend avoir la foi, sans la mettre en œuvre, à quoi cela sert-il ? Sa foi peut-elle le sauver ? Supposons qu'un frère ou une sœur n'ait pas de quoi s'habiller, ni de quoi manger tous les jours ; si l'un de vous leur dit : « Allez en paix ! Mettez-vous au chaud, et mangez à votre faim ! » sans leur donner le nécessaire pour vivre, à quoi cela sert-il ? Ainsi donc, la foi, si elle n'est pas mise en œuvre, est bel et bien morte. En revanche, on va dire : « Toi, tu as la foi ; moi, j'ai les œuvres. Montre-moi donc ta foi sans les œuvres ; moi, c'est par mes œuvres que je te montrerai la foi. »

Acclamation de l'Évangile

Alléluia. Alléluia. Que la croix du Seigneur soit ma seule fierté ! Par elle, le monde est crucifié pour moi, et moi pour le monde.
Alléluia.

Évangile

ÉVANGILE DE JÉSUS CHRIST SELON SAINT MARC 8, 27-35

Partir avec Jésus

En ce temps-là, Jésus s'en alla, ainsi que ses disciples, vers les villages situés aux environs de Césarée-de-Philippe. Chemin faisant, il interrogeait ses disciples : « Au dire des gens, qui suis-je ? » Ils lui répondirent : « Jean le Baptiste ; pour d'autres, Élie ; pour d'autres, un des prophètes. » Et lui les interrogeait : « Et vous, que dites-vous ? Pour vous, qui suis-je ? » Pierre, prenant la parole, lui dit : « Tu es le Christ. » Alors, il leur défendit vivement de parler de lui à personne.

Il commença à leur enseigner qu'il fallait que le Fils de l'homme souffre beaucoup, qu'il soit rejeté par les anciens, les grands prêtres et les scribes, qu'il soit tué, et que, trois jours après, il ressuscite. Jésus disait cette parole ouvertement. Pierre, le prenant à part, se mit à lui faire de vifs reproches. Mais Jésus se retourna et, voyant ses disciples, il interpella vivement Pierre : « Passe derrière moi, Satan ! Tes pensées ne sont pas celles de Dieu, mais celles des hommes. » Appelant la foule avec ses disciples, il leur dit : « Si quelqu'un veut marcher à ma suite, qu'il renonce à lui-même, qu'il prenne sa croix et qu'il me suive. Car celui qui veut sauver sa vie la perdra ; mais celui qui perdra sa vie à cause de moi et de l'Évangile la sauvera. »

Comprendre

Isaïe 50

Ce passage du « serviteur souffrant » est lu traditionnellement par l'Église comme une annonce de Jésus souffrant sur la Croix.

Césarée-de-Philippe

Cité au nord d'Israël où se trouvent les sources du Jourdain. Ce site s'appelle aujourd'hui Banyas.

Christ

« Celui qui a reçu l'onction d'huile sainte », qui est consacré, désigné pour une mission. L'équivalent en hébreu est « messie ».

Vibration

« Je n'ai pas caché ma face devant les outrages. »
Quand tu as des soucis, que tu as mal, que fais-tu ? Et quand c'est un copain ?

« Et vous, que dites-vous ? Pour vous, qui suis-je ? »
Que dirais-tu si aujourd'hui Jésus te posait la question : « Pour toi, qui suis-je ? »

« Celui qui perdra sa vie à cause de moi et de l'Évangile la sauvera. »
Quand on souffre, on se replie sur son nombril. Es-tu prêt à dépasser bobos et tracas pour te mettre en chemin, pour aller à la rencontre de l'autre, de Dieu, comme Jésus nous y invite ?

Inspiration

C'est la première fois que Jésus exprime sa pauvreté et annonce sa souffrance à venir. Dur, dur. Dieu n'est pas venu tout puissant, fort, immortel. Avec Jésus, il s'est fait homme, petit, souffrant, aimant et espérant. Alors, suivre Jésus, c'est quitter richesse, confort et certitudes, pour aller vers l'inconnu de la rencontre, aider l'autre, l'aimer même s'il est différent, s'il dérange !

Écoute ton cœur : quand tu es interpellé par la différence et la détresse de ton voisin, c'est là que Dieu te parle. Vraiment pas facile d'ouvrir les yeux, les oreilles pour un autre, pour l'autre. Quel effort ! Mais banco : la rencontre nous fait grandir. Pas besoin d'être parfait ou Superman pour agir... Tu es si libre que tes actes dépassent tes mots. C'est bien que Dieu te fasse confiance ! Agis : il te donne la joie et l'espérance d'un monde meilleur !

Regarde, écoute : il est là, avec toi. Il t'accompagne dans ta découverte du chemin du Christ et t'invite à rencontrer les autres, à leur porter sourire et espoir.

DAMIEN DEBUF
Chargé de mission
Groupe Sud Luberon (Vaucluse)

m

Le mémo de la semaine

Mardi 14 septembre 2021 : la Croix glorieuse. Cette fête, née en Orient à Jérusalem, s'est littéralement propagée comme un feu en Occident. La découverte de la Croix fut annoncée à l'empereur de Constantinople par un relai ininterrompu de feux de joie.

VINCENT TOURTET

25e dimanche du temps ordinaire

Confiance en Dieu, épreuve de l'homme

Mots-clés

Épreuve
Protection
Secours

DIMANCHE 19 SEPTEMBRE 2021

Confiance en Dieu, épreuve de l'homme

Les disciples se disputent pour savoir lequel est le plus grand d'entre eux. Jésus leur explique que ni la taille ni le pouvoir ne comptent.

Première lecture

LECTURE DU LIVRE DE LA SAGESSE 2, 12.17-20

L'ignorant harceleur

Ceux qui méditent le mal se disent en eux-mêmes : « Attirons le juste dans un piège, car il nous contrarie, il s'oppose à nos entreprises, il nous reproche de désobéir à la loi de Dieu, et nous accuse d'infidélités à notre éducation. Voyons si ses paroles sont vraies, regardons comment il en sortira. Si le juste est fils de Dieu, Dieu l'assistera, et l'arrachera aux mains de ses adversaires. Soumettons-le à des outrages et à des tourments ; nous saurons ce que vaut sa douceur, nous éprouverons sa patience. Condamnons-le à une mort infâme, puisque, dit-il, quelqu'un interviendra pour lui. »

Psaume

Ps 53 (54), 3-4, 5, 6.8

J'appelle, il m'écoute

℟ ***Le Seigneur est mon appui entre tous.***

Par ton nom, Dieu, sauve-moi,
par ta puissance rends-moi justice ;
Dieu, entends ma prière,
écoute les paroles de ma bouche. ℟

Des étrangers se sont levés contre moi,
des puissants cherchent ma perte :
ils n'ont pas souci de Dieu. ℟

Mais voici que Dieu vient à mon aide,
le Seigneur est mon appui entre tous.
De grand cœur, je t'offrirai le sacrifice,
je rendrai grâce à ton nom, car il est bon ! ℟

Deuxième lecture

LECTURE DE LA LETTRE DE SAINT JACQUES 3, 16 – 4, 3

Paix intérieure, Paix au monde

Bien-aimés, la jalousie et les rivalités mènent au désordre et à toutes sortes d'actions malfaisantes. Au contraire, la sagesse qui vient d'en haut est d'abord pure, puis pacifique, bienveillante, conciliante, pleine de miséricorde et féconde en bons fruits, sans parti pris, sans hypocrisie. C'est dans la paix qu'est semée la justice, qui donne son fruit aux artisans de la paix. D'où viennent les guerres, d'où viennent les conflits entre vous ? N'est-ce pas justement de tous ces désirs qui mènent leur combat en vous-mêmes ? Vous êtes pleins de convoitises et vous n'obtenez rien, alors vous tuez ; vous êtes jaloux et vous n'arrivez pas à vos fins, alors vous entrez en conflit et vous faites la guerre. Vous n'obtenez rien parce que vous ne demandez pas ; vous demandez, mais vous ne recevez rien ; en effet, vos demandes sont mauvaises, puisque c'est pour tout dépenser en plaisirs.

Acclamation de l'Évangile

Alléluia. Alléluia. Par l'annonce de l'Évangile, Dieu nous appelle à partager la gloire de notre Seigneur Jésus Christ. ***Alléluia.***

Évangile

ÉVANGILE DE JÉSUS CHRIST SELON SAINT MARC 9, 30-37

Accueillir l'Enfant-Dieu

En ce temps-là, Jésus traversait la Galilée avec ses disciples, et il ne voulait pas qu'on le sache, car il enseignait ses disciples en leur disant : « Le Fils de l'homme est livré aux mains des hommes ; ils le tueront et, trois jours après sa mort, il ressuscitera. » Mais les disciples ne comprenaient pas ces paroles et ils avaient peur de l'interroger. Ils arrivèrent à Capharnaüm, et, une fois à la maison, Jésus leur demanda : « De quoi discutiez-vous en chemin ? » Ils se taisaient, car, en chemin, ils avaient discuté entre eux pour savoir qui était le plus grand. S'étant assis, Jésus appela les Douze et leur dit : « Si quelqu'un veut être le premier, qu'il soit le dernier de tous et le serviteur de tous. » Prenant alors un enfant, il le plaça au milieu d'eux, l'embrassa, et leur dit : « Quiconque accueille en mon nom un enfant comme celui-ci, c'est moi qu'il accueille. Et celui qui m'accueille, ce n'est pas moi qu'il accueille, mais Celui qui m'a envoyé. »

Comprendre

La Sagesse
Les commentateurs chrétiens ont souvent considéré que cette Sagesse était le Verbe de Dieu, le Fils de Dieu.

Juste
Dans le judaïsme, seul Dieu est saint. L'homme qui fait le bien, qui suit les commandements de Dieu est appelé juste.

Celui qui m'a envoyé
Par cette expression, Jésus désigne Dieu le Père et insiste sur sa mission, son envoi.

Vibration

« Ils avaient peur de l'interroger. »
Les disciples, les proches du Christ, avaient peur de lui poser des questions. Mais toi, as-tu peur de lui parler ?

« Si quelqu'un veut être le premier, qu'il soit le dernier de tous et le serviteur de tous. Prenant alors un enfant, il le plaça au milieu d'eux et l'embrassa. »
Penses-tu qu'il souhaite que, comme des enfants, nous soyons pleins de vie, de questionnements, de confiance ?

Inspiration

Une personne petite est-elle une petite personne ? Jésus prend le plus faible d'entre nous, un enfant, et le met au centre de tout. Pas un puissant, ni un adulte, ni un décideur : un simple enfant. Comme nous le faisons chez les scouts et guides, et comme d'autres le font ailleurs, l'accueil des gens considérés comme ceux « qui ne sont rien », qui « ne comptent pas », épouse la vision de Jésus. Chacune et chacun d'entre nous est unique et important aux yeux de Dieu.

En Jésus, Dieu est un Père bienveillant et protecteur qui accueille tous ses enfants. Il nous donne une famille et son amour. Et s'il considère chacun d'entre nous comme important, alors on peut se considérer soi-même, mais aussi les autres, comme tel.

ARTHUR LABAT
Chargé de mission photo
Équipe communication des Scouts et Guides de France

m

Le mémo de la semaine

Mardi 21 septembre 2021 :
saint Matthieu,
le premier des évangélistes
dans la Bible.
C'est aussi la Journée
internationale
pour la paix de l'ONU.

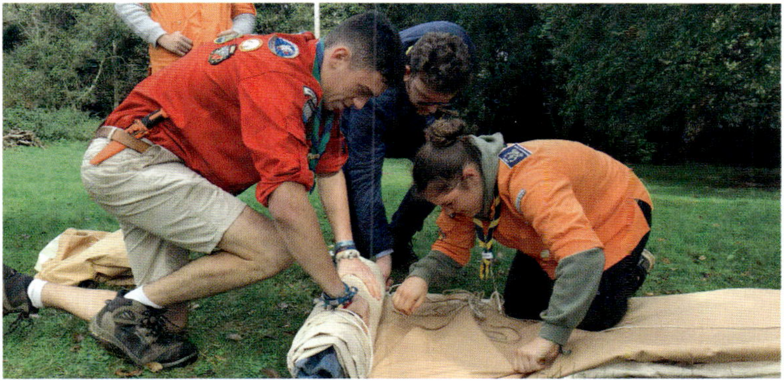

BENOIT CAILLE

26e dimanche du temps ordinaire

Remets de l'ordre dans ta vie

DIMANCHE 26 SEPTEMBRE 2021

Mots-clés

Chute
Prophète
Richesse

Remets de l'ordre dans ta vie

Jésus encourage ceux qui osent agir en son nom, quitte à bousculer l'ordre établi. Il nous invite à nous débarrasser de ce qui nous entrave pour avancer vers le meilleur.

Première lecture

LECTURE DU LIVRE DES NOMBRES 11, 25-29

Un peuple de prophètes

En ces jours-là, le Seigneur descendit dans la nuée pour parler avec Moïse. Il prit une part de l'esprit qui reposait sur celui-ci, et le mit sur les 70 anciens. Dès que l'esprit reposa sur eux, ils se mirent à prophétiser, mais cela ne dura pas. Or, deux hommes étaient restés dans le camp ; l'un s'appelait Eldad, et l'autre Médad. L'esprit reposa sur eux ; eux aussi avaient été choisis, mais ils ne s'étaient pas rendus à la Tente, et c'est dans le camp qu'ils se mirent à prophétiser. Un jeune homme courut annoncer à Moïse : « Eldad et Médad prophétisent dans le camp ! » Josué, fils de Noun, auxiliaire de Moïse depuis sa jeunesse, prit la parole : « Moïse, mon maître, arrête-les ! » Mais Moïse lui dit : « Serais-tu jaloux pour moi ? Ah ! Si le Seigneur pouvait faire de tout son peuple un peuple de prophètes ! Si le Seigneur pouvait mettre son esprit sur eux ! »

Psaume

18B (19), 8, 10, 12-13, 14

Laissons-nous guider par le Seigneur

℟ *Les préceptes du Seigneur sont droits, ils réjouissent le cœur.*

La loi du Seigneur est parfaite,
qui redonne vie ;
la charte du Seigneur est sûre,
qui rend sages les simples. ℟

La crainte qu'il inspire est pure,
elle est là pour toujours ;
les décisions du Seigneur sont justes
et vraiment équitables. ℟

Aussi ton serviteur en est illuminé ;
à les garder, il trouve son profit.
Qui peut discerner ses erreurs ?
Purifie-moi de celles qui m'échappent. ℟

Préserve aussi ton serviteur de l'orgueil :
qu'il n'ait sur moi aucune emprise.
Alors je serai sans reproche,
pur d'un grand péché. ℟

Deuxième lecture

LECTURE DE LA LETTRE DE SAINT JACQUES 5, 1-6

Vos richesses sont pourries

Vous autres, maintenant, les riches ! Pleurez, lamentez-vous sur les malheurs qui vous attendent. Vos richesses sont pourries, vos vêtements sont mangés des mites, votre or et votre argent sont rouillés. Cette rouille sera un témoignage contre vous, elle dévorera votre chair comme un feu. Vous avez amassé des richesses, alors que nous sommes dans les derniers jours ! Le salaire dont vous avez frustré les ouvriers qui ont moissonné vos champs, le voici qui crie, et les clameurs des moissonneurs sont parvenues aux oreilles du Seigneur de l'univers. Vous avez mené sur terre une vie de luxe et de délices, et vous vous êtes rassasiés au jour du massacre. Vous avez condamné le juste et vous l'avez tué, sans qu'il vous oppose de résistance.

Acclamation de l'Évangile

Alléluia. Alléluia. Ta parole, Seigneur, est vérité ; dans cette vérité, sanctifie-nous. ***Alléluia.***

Évangile

ÉVANGILE DE JÉSUS CHRIST SELON SAINT MARC 9, 38-43. 45. 47-48

La valeur d'un verre d'eau

En ce temps-là, Jean, l'un des Douze, disait à Jésus : « Maître, nous avons vu quelqu'un expulser les démons en ton nom ; nous l'en avons empêché, car il n'est pas de ceux qui nous suivent. » Jésus répondit : « Ne l'en empêchez pas, car celui qui fait un miracle en mon nom ne peut pas, aussitôt après, mal parler de moi ; celui qui n'est pas contre nous est pour nous. Et celui qui vous donnera un verre d'eau au nom de votre appartenance au Christ, amen, je vous le dis, il ne restera pas sans récompense.

« Celui qui est un scandale, une occasion de chute, pour un seul de ces petits qui croient en moi, mieux vaudrait pour lui qu'on lui attache au cou une de ces meules que tournent les ânes, et qu'on le jette à la mer. Et si ta main est pour toi une occasion de chute, coupe-la. Mieux vaut pour toi entrer manchot dans la vie éternelle que de t'en aller dans la géhenne avec tes deux mains, là où le feu ne s'éteint pas. Si ton pied est pour toi une occasion de chute, coupe-le. Mieux vaut pour toi entrer estropié dans la vie éternelle que de t'en aller dans la géhenne avec tes deux pieds. Si ton œil est pour toi une occasion de chute, arrache-le. Mieux vaut pour toi entrer borgne dans le royaume de Dieu que de t'en aller dans la géhenne avec tes deux yeux, là où le ver ne meurt pas et où le feu ne s'éteint pas. »

Comprendre

Livre des Nombres

Ce quatrième livre de la Bible raconte l'errance des Hébreux dans le désert après la sortie d'Égypte.

Tente

« Tente du rendez-vous ». Cette tente bâtie dans le désert est le lieu où réside la présence divine et où Moïse et Dieu se rencontrent.

Géhenne

Cette vallée de Jérusalem où les païens faisaient des sacrifices est devenue synonyme d'enfer.

Vibration

« Eux aussi avaient été choisis. »

Te dis-tu parfois que tu as une mission vis-à-vis des autres ? Voudrais-tu partager quelque chose qui te tient à cœur ?

« Vous autres, maintenant, les riches ! Pleurez, lamentez-vous. »

Quelles « richesses » t'encombrent et t'empêchent de reconnaître ce qui compte vraiment dans la vie ?

« Si ton œil est pour toi une occasion de chute, arrache-le. »

As-tu l'impression d'utiliser tes capacités physiques et intellectuelles pour aller vers le bien ?

Inspiration

Heureux ceux qui annoncent la Bonne Nouvelle ou qui luttent contre le mal sans se soucier de l'opinion commune ! Malheureux « ceux qui amassent des richesses » et « sont rassasiés le jour du massacre » ! Dans un cas comme dans l'autre, ce sont des gens qui tracent leur route : les premiers sont tournés vers les autres ; les suivants sont repliés sur eux-mêmes et vont droit dans le mur. On peut se demander ce qui les motive, les pousse à agir. Quelle vie intérieure les porte et nourrit leurs décisions ? De manière sans-doute moins radicale, dans la vie quotidienne, on a tous à faire des choix, à poser des actes, avec discernement. Et ce n'est pas facile !

Si l'on agit en son nom, nous dit Jésus, c'est-à-dire si l'on fait de l'amour des autres l'origine de notre action, alors on est dans la vérité et rien ne nous arrêtera. Et nous utiliserons au mieux nos capacités physiques et intellectuelles, sans crainte d'être une « occasion de chute » pour notre prochain. Nous ferons des miracles.

CLAIRE ET ÉTIENNE TRICAUD
Anciens animateurs Cléophas
Groupe de Meudon (Hauts-de-Seine)

Le mémo de la semaine

Mercredi 29 septembre 2021 : les archanges Michel, Gabriel et Raphaël. Le 2 octobre : les anges gardiens. Il est dit parfois que les gens croient plus aux anges qu'à Dieu. Pourquoi ? Et toi ? Peut-on imaginer l'un sans l'autre ?

HERVÉ PERRICHOT

27e dimanche du temps ordinaire

Ensemble, nous sommes un !

Mots-clés

Famille
Plénitude
Union

Ensemble, nous sommes un !

La création de la femme est paradoxale, révélant deux partenaires semblables qui se complètent mais suggérant aussi l'appartenance à une seule entité. Que veut Dieu pour nous au travers de cette unité ?

Première lecture

LECTURE DU LIVRE DE LA GENÈSE 2, 18-24

L'homme accompli est accompagné

Le Seigneur Dieu dit : « Il n'est pas bon que l'homme soit seul. Je vais lui faire une aide qui lui correspondra. » Avec de la terre, le Seigneur Dieu modela toutes les bêtes des champs et tous les oiseaux du ciel, et il les amena vers l'homme pour voir quels noms il leur donnerait. C'étaient des êtres vivants, et l'homme donna un nom à chacun. L'homme donna donc leurs noms à tous les animaux, aux oiseaux du ciel et à toutes les bêtes des champs. Mais il ne trouva aucune aide qui lui corresponde. Alors le Seigneur Dieu fit tomber sur lui un sommeil mystérieux, et l'homme s'endormit. Le Seigneur Dieu prit une de ses côtes, puis il referma la chair à sa place. Avec la côte qu'il avait prise à l'homme, il façonna une femme et il l'amena vers l'homme. L'homme dit alors : « Cette fois-ci, voilà l'os de mes os et la chair de ma chair ! On l'appellera femme – Ishsha –, elle qui fut tirée de l'homme – Ish. » À cause de cela, l'homme quittera son père et sa mère, il s'attachera à sa femme, et tous deux ne feront plus qu'un.

Psaume

127 (128), 1-2, 3, 4-6

La pérennité de l'œuvre de Dieu

℟ *Que le Seigneur nous bénisse tous les jours de notre vie !*

Heureux qui craint le Seigneur
et marche selon ses voies !
Tu te nourriras du travail de tes mains :
Heureux es-tu ! À toi, le bonheur ! ℟

Ta femme sera dans ta maison
comme une vigne généreuse,
et tes fils, autour de la table,
comme des plants d'olivier. ℟

Voilà comment sera béni
l'homme qui craint le Seigneur.
De Sion, que le Seigneur te bénisse !
Tu verras le bonheur de Jérusalem tous les jours de ta vie,
et tu verras les fils de tes fils. Paix sur Israël. ℟

Deuxième lecture

LECTURE DE LA LETTRE AUX HÉBREUX 2, 9-11

Un… pour le salut de tous !

Frères, Jésus, qui a été abaissé un peu au-dessous des anges, nous le voyons couronné de gloire et d'honneur à cause de sa Passion et de sa mort. Si donc il a fait l'expérience de la mort, c'est, par grâce de Dieu, au profit de tous. Celui pour qui et par qui tout existe voulait conduire une multitude de fils jusqu'à la gloire ; c'est pourquoi il convenait qu'il mène à sa perfection, par des souffrances, celui qui est à l'origine de leur salut. Car celui qui sanctifie et ceux qui sont sanctifiés doivent tous avoir même origine ; pour cette raison, Jésus n'a pas honte de les appeler ses frères,

---

Acclamation de l'Évangile

Alléluia. Alléluia. Si nous nous aimons les uns les autres, Dieu demeure en nous, et, en nous, son amour atteint la perfection. ***Alléluia.***

Évangile

ÉVANGILE DE JÉSUS CHRIST SELON SAINT MARC 10, 2-16

Tu es ma chair, nous sommes un !

En ce temps-là, des pharisiens abordèrent Jésus et, pour le mettre à l'épreuve, ils lui demandaient : « Est-il permis à un mari de renvoyer sa femme ? » Jésus leur répondit : « Que vous a prescrit Moïse ? » Ils lui dirent : « Moïse a permis de renvoyer sa femme à condition d'établir un acte de répudiation. » Jésus répliqua : « C'est en raison de la dureté de vos cœurs qu'il a formulé pour vous cette règle. Mais, au commencement de la création, Dieu les fit homme et femme. À cause de cela, l'homme quittera son père et sa mère, il s'attachera à sa femme, et tous deux deviendront une seule chair. Ainsi, ils ne sont plus deux, mais une seule chair. Donc, ce que Dieu a uni, que l'homme ne le sépare pas ! » De retour à la maison, les disciples l'interrogeaient de nouveau sur cette question. Il leur déclara : « Celui qui renvoie sa femme et en épouse une autre devient adultère envers elle. Si une femme qui a renvoyé son mari en épouse un autre, elle devient adultère. »

Des gens présentaient à Jésus des enfants pour qu'il pose la main sur eux mais les disciples les écartèrent vivement. Voyant cela, Jésus se fâcha et leur dit : « Laissez les enfants venir à moi, ne les empêchez pas, car le royaume de Dieu est à ceux qui leur ressemblent. Amen, je vous le dis : celui qui n'accueille pas le royaume de Dieu à la manière d'un enfant n'y entrera pas. » Il les embrassait et les bénissait en leur imposant les mains.

Comprendre

Aide

L'original hébreu dit « une aide contre lui » et souligne ainsi la complémentarité entre l'homme et la femme mais aussi leur différence.

Répudiation

La rupture du mariage, renvoi de la femme par son mari, divorce.

Adultère

Homme ou femme qui n'est pas fidèle à son épouse, son époux.

Vibration

« Dieu voulait conduire une multitude de fils jusqu'à la gloire. »
Dans cette multitude, les êtres sont mis en relation les uns avec les autres : qu'est-ce que cela apporte à chacun ? Et toi, que ressens-tu lorsque tu es réuni avec ton unité ? Lors de la messe ?

« À cause de cela, l'homme quittera son père et sa mère, il s'attachera à sa femme, et tous deux ne feront plus qu'un. »
Quitter ses parents, est-ce les « abandonner » ou bien au contraire trouver de nouvelles sources de vie ?

Inspiration

Nous sommes un tout, nous sommes un ; un assemblage de caractères, qualités, forces et faiblesses qui rendent cette alliance unique et puissante. Nous sommes les membres du corps de Jésus. Or, chaque membre a une fonction spécifique à accomplir, tout en maintenant une harmonie avec le reste du corps pour qu'il puisse se mouvoir avec fluidité et grâce. C'est cela la vie en Jésus, comprendre que c'est la communauté, la famille qui nous transportent et transforment en quelqu'un de meilleur, quelque chose de plus grand, qui nous dépasse.

Alors que les temps dans lesquels nous vivons nous poussent à revendiquer notre individualisme, il est essentiel de se rappeler que nous sommes appelés à vivre avec des gens « qui nous correspondent », comme Adam, que seuls, nous ne nous sentons pas « complets ». Le psaume nous montre que le bonheur, c'est une croissance qui part de soi, va vers la famille puis le peuple dans sa durée. Il n'y a donc pas de bonheur pour soi qui ne soit appelé à devenir un bonheur pour tous. Nous sommes donc appelés au partage !

MARTA IMBERT

Ancienne secrétaire du groupe Notre-Dame des otages (Paris)

m

Le mémo de la semaine

Jeudi 7 octobre 2021 :
Notre-Dame du Rosaire.
As-tu un dizainier ?
Celui du centenaire ?
Quel rapport avec le Rosaire ?

MARION PLARD

28e dimanche du temps ordinaire

En quête de liberté

Mots-clés

Commandement
Prison

En quête de liberté

Sommes-nous prêts à tout pour aller jusqu'au trésor ? En sommes-nous capables ? Parfois, des choses nous retiennent sans qu'on en ait pleinement conscience…

Première lecture

LECTURE DU LIVRE DE LA SAGESSE 7, 7-11

Esprit de discernement

J'ai prié, et le discernement m'a été donné. J'ai supplié, et l'esprit de la Sagesse est venu en moi. Je l'ai préférée aux trônes et aux sceptres ; à côté d'elle, j'ai tenu pour rien la richesse ; je ne l'ai pas comparée à la pierre la plus précieuse ; tout l'or du monde auprès d'elle n'est qu'un peu de sable, et, en face d'elle, l'argent sera regardé comme de la boue. Plus que la santé et la beauté, je l'ai aimée ; je l'ai choisie de préférence à la lumière, parce que sa clarté ne s'éteint pas. Tous les biens me sont venus avec elle et, par ses mains, une richesse incalculable.

Psaume

39 (90), 12-13, 14-15, 16-17

Seigneur, apprends-nous la vraie mesure de nos jours

℟ ***Rassasie-nous de ton amour, Seigneur :***
nous serons dans la joie.

Apprends-nous la vraie mesure de nos jours :
que nos cœurs pénètrent la sagesse.
Reviens, Seigneur, pourquoi tarder ?
Ravise-toi par égard pour tes serviteurs. ℟

Rassasie-nous de ton amour au matin,
que nous passions nos jours dans la joie et les chants.
Rends-nous en joies tes jours de châtiment
et les années où nous connaissions le malheur. ℟

Fais connaître ton œuvre à tes serviteurs
et ta splendeur à leurs fils.
Que vienne sur nous la douceur du Seigneur notre Dieu !
Consolide pour nous l'ouvrage de nos mains ;
oui, consolide l'ouvrage de nos mains. ℟

Deuxième lecture

LECTURE DE LA LETTRE AUX HÉBREUX 4, 12-13

Une parole tranchante

Frères, elle est vivante, la parole de Dieu, énergique et plus coupante qu'une épée à deux tranchants ; elle va jusqu'au point de partage de l'âme et de l'esprit, des jointures et des moelles ; elle juge des intentions et des pensées du cœur. Pas une créature n'échappe à ses yeux, tout est nu devant elle, soumis à son regard ; nous aurons à lui rendre des comptes.

Acclamation de l'Évangile

Alléluia. Alléluia. Heureux les pauvres de cœur, car le royaume des Cieux est à eux ! ***Alléluia.***

Évangile

ÉVANGILE DE JÉSUS CHRIST SELON SAINT MARC 10, 17-27

Libère-toi de tes poids

En ce temps-là, Jésus se mettait en route quand un homme accourut et, tombant à ses genoux, lui demanda : « Bon Maître, que dois-je faire pour avoir la vie éternelle en héritage ? » Jésus lui dit : « Pourquoi dire que je suis bon ? Personne n'est bon, sinon Dieu seul. Tu connais les commandements : Ne commets pas de meurtre, ne commets pas d'adultère, ne commets pas de vol, ne porte pas de faux témoignage, ne fais de tort à personne, honore ton père et ta mère. » L'homme répondit : « Maître, tout cela, je l'ai observé depuis ma jeunesse. » Jésus posa son regard sur lui, et il l'aima. Il lui dit : « Une seule chose te manque : va, vends ce que tu as et donne-le aux pauvres ; alors tu auras un trésor au ciel. Puis viens, suis-moi. » Mais lui, à ces mots, devint sombre et s'en alla tout triste, car il avait de grands biens.

Alors Jésus regarda autour de lui et dit à ses disciples : « Comme il sera difficile à ceux qui possèdent des richesses d'entrer dans le royaume de

Dieu ! » Les disciples étaient stupéfaits de ces paroles. Jésus reprenant la parole leur dit : « Mes enfants, comme il est difficile d'entrer dans le royaume de Dieu ! Il est plus facile à un chameau de passer par le trou d'une aiguille qu'à un riche d'entrer dans le royaume de Dieu. » De plus en plus déconcertés, les disciples se demandaient entre eux : « Mais alors, qui peut être sauvé ? » Jésus les regarde et dit : « Pour les hommes, c'est impossible, mais pas pour Dieu ; car tout est possible à Dieu. »

Pierre se mit à dire à Jésus : « Voici que nous avons tout quitté pour te suivre. » Jésus déclara : « Amen, je vous le dis : nul n'aura quitté, à cause de moi et de l'Évangile, une maison, des frères, des sœurs, une mère, un père, des enfants ou une terre sans qu'il reçoive, en ce temps déjà, le centuple : maisons, frères, sœurs, mères, enfants et terres, avec des persécutions, et, dans le monde à venir, la vie éternelle. »

Comprendre

Discernement
Faculté qui permet d'apprécier la juste valeur des choses puis de faire le meilleur choix, sous le regard de Dieu.

Évangile
Bonne Nouvelle du Royaume annoncée par Jésus, annonce du royaume de Dieu.

Vibration

« Que nous passions nos jours dans la joie et les chants. »
Qu'est-ce qui, pour toi, peut rendre vraiment heureux ?
Te sens-tu parfois triste ? Pour quelles raisons ?

« Jésus se mettait en route quand un homme accourut. »
Mais pourquoi dépense-t-il autant d'énergie ?
Que cherche-t-il ?

Inspiration

Le jeune homme de l'évangile accourt tel un jeune louveteau dans un jeu de piste. Pourquoi est-il pressé ? Y a-t-il un trésor à trouver, une énigme à résoudre ? Oui, celle de la « vie éternelle » ! Rien ne semble plus le préoccuper que cette question de l'au-delà. Toute sa vie s'oriente dans ce sens, comme peut en témoigner sa vie juste et droite. Pourtant, il ne semble pas comblé. Quelque chose le retient : « Il avait de grands biens. »

À vrai dire, ce jeune homme fait de la peine. Tant d'énergie dépensée, tant de chemin parcouru, si près du but… Ce jeune homme sait bien ce qu'il cherche ! Mais il n'y arrive pas car il s'est lui-même enchaîné, fait prisonnier de ses propres biens qui l'empêchent de suivre son but ! Et nous, dans nos vies, qu'est-ce qui nous empêche d'aller plus loin ? Sommes-nous prisonniers de nos biens (portables, consoles de jeux vidéo, vêtements…) ? Qu'est-ce qui nous empêche d'aller à la rencontre de l'autre ? Qu'est-ce qui nous empêche d'aimer ?

JEAN-CHRISTOPHE RUAULT
Comité de rédaction de *Cléophas*

m

Le mémo de la semaine

Samedi 16 octobre 2021 : Journée mondiale de l'alimentation créée en 1979 à l'initiative de la Hongrie.

OLIVIER LETZ

29e dimanche du temps ordinaire

Un seul privilège : servir !

Mots-clés

Engagement
Équipe
Servir

Un seul privilège : servir !

Autour de Jésus, certains se réservent les meilleures places. Ils n'ont donc rien compris ! Collectionner des privilèges ne grandit pas l'humain. Rendre service, si !

Première lecture

LECTURE DU LIVRE DU PROPHÈTE ISAÏE 53, 10-11

Servir, parfois sans plaisir

Broyé par la souffrance, le Serviteur a plu au Seigneur. S'il remet sa vie en sacrifice de réparation, il verra une descendance, il prolongera ses jours : par lui, ce qui plaît au Seigneur réussira. Par suite de ses tourments, il verra la lumière, la connaissance le comblera. Le juste, mon serviteur, justifiera les multitudes, il se chargera de leurs fautes.

Psaume

32 (33), 4-5, 18-19, 20.22

100 % fiable !

℟ *Que ton amour, Seigneur, soit sur nous comme notre espoir est en toi !*

Oui, elle est droite, la parole du Seigneur ;
il est fidèle en tout ce qu'il fait.
Il aime le bon droit et la justice ;
la terre est remplie de son amour. ℟

Dieu veille sur ceux qui le craignent,
qui mettent leur espoir en son amour,
pour les délivrer de la mort,
les garder en vie aux jours de famine. ℟

Nous attendons notre vie du Seigneur :
il est pour nous un appui, un bouclier.
Que ton amour, Seigneur, soit sur nous
comme notre espoir est en toi ! ℟

Deuxième lecture

LECTURE DE LA LETTRE AUX HÉBREUX 4, 14-16

Super-héros atypique

Frères, en Jésus, le Fils de Dieu, nous avons le grand prêtre par excellence, celui qui a traversé les cieux ; tenons donc ferme l'affirmation de notre foi. En effet, nous n'avons pas un grand prêtre incapable de compatir à nos faiblesses, mais un grand prêtre éprouvé en toutes choses, à notre ressemblance, excepté le péché. Avançons-nous donc avec assurance vers le Trône de la grâce, pour obtenir miséricorde et recevoir, en temps voulu, la grâce de son secours

---

Acclamation de l'Évangile

Alléluia. Alléluia. Le Fils de l'homme est venu pour servir, et donner sa vie en rançon pour la multitude. ***Alléluia.***

Évangile

ÉVANGILE DE JÉSUS CHRIST SELON SAINT MARC 10, 35-45

Servir… ou se faire servir ?

En ce temps-là, Jacques et Jean, les fils de Zébédée, s'approchent de Jésus et lui disent : « Maître, ce que nous allons te demander, nous voudrions que tu le fasses pour nous. » Il leur dit : « Que voulez-vous que je fasse pour vous ? » Ils lui répondirent : « Donne-nous de siéger, l'un à ta droite et l'autre à ta gauche, dans ta gloire. » Jésus leur dit : « Vous ne savez pas ce que vous demandez. Pouvez-vous boire la coupe que je vais boire, être baptisés du baptême dans lequel je vais être plongé ? » Ils lui dirent : « Nous le pouvons. » Jésus leur dit : « La coupe que je vais boire, vous la boirez ; et vous serez baptisés du baptême dans lequel je vais être plongé. Quant à siéger à ma droite ou à ma gauche, ce n'est pas à moi de l'accorder ; il y a ceux pour qui cela est préparé. » Les dix autres, qui avaient entendu, se mirent à s'indigner contre Jacques et Jean. Jésus les appela et leur dit : « Vous le savez : ceux que l'on regarde comme chefs des nations les commandent en maîtres ; les grands leur font sentir leur pouvoir. Parmi vous, il ne doit pas en être ainsi. Celui qui veut devenir grand parmi vous sera votre serviteur. Celui qui veut être parmi vous le premier sera l'esclave de tous : car le Fils de l'homme n'est pas venu pour être servi, mais pour servir, et donner sa vie en rançon pour la multitude. »

Comprendre

Grand prêtre

Prêtre principal du Temple de Jérusalem qui avait pour mission d'être l'intermédiaire entre Dieu et le peuple, qui assurait la purification d'Israël.

Trône de la grâce

C'est Dieu lui-même, c'est le lieu où le croyant reçoit l'amour, la miséricorde de Dieu.

Esclave

Très souvent synonyme de « serviteur ». Être serviteur en hébreu, c'est être esclave.

Vibration

« Que voulez-vous que je fasse pour vous ? »

As-tu un désir qui te tient à cœur ? En parles-tu à Dieu ?

« Les grands leur font sentir leur pouvoir. »

Tu as, dans ton équipe, une responsabilité. À quoi sert-elle ? Est-elle au service de toute l'équipe ?

« Celui qui veut devenir grand parmi vous sera votre serviteur. »

Dieu veut que nous fassions de grandes choses. Comment y parvenir ? As-tu un modèle ?

Inspiration

Tes parents, tes chefs et cheftaines, tes enseignants sont là pour te faire grandir. Même le président de la République et le pape sont au service de ceux qui leur sont confiés. En vérité, être grand, ce n'est pas ordonner et « faire sentir son pouvoir », mais plutôt écouter et être au service de tous.

Jésus nous montre la route à suivre. Sa mission : sauver tous les êtres humains. Quelle responsabilité ! Mais il ne le fait pas comme un roi qui commande de loin, ni comme un super-héros qui ne risque rien. Au contraire, il nous sauve en venant vivre avec nous, en prenant le tablier de serviteur et en se faisant l'ami des plus petits. Il guérit des malades, nourrit l'affamé, lave les pieds de ses amis… Jésus « n'est pas venu pour être servi, mais pour servir », sans compter, jusqu'à donner sa vie pour nous !

Alors, à mon tour de suivre ses traces ! Pour grandir en humanité, la recette, c'est de rendre service, tout autour de moi. « Toujours prêt ! » ai-je appris !

FRÈRE MATTHIEU PALAYRET
Dominicain, aumônier national du Jamboree Connecte

m

Le mémo de la semaine

Vendredi 22 octobre 2021 : saint Jean Paul II, le pape qui propulsa les Journées mondiales de la jeunesse sur le devant de la scène.

NICOLAS ODDO

30e dimanche du temps ordinaire

Que je retrouve la vie

Mots-clés

Obscurité
Réfugiés
Vie

Que je retrouve la vie

Que nous soyons en exil, réfugiés, sans-abri ou bien au chaud dans nos maisons, Jésus entend nos cris de détresse, de souffrance. Tournons-nous vers lui, il nous rendra la vie.

Première lecture

LECTURE DU LIVRE DU PROPHÈTE JÉRÉMIE 31, 7-9

Retour triomphal des exilés d'Israël

Ainsi parle le Seigneur : Poussez des cris de joie pour Jacob, acclamez la première des nations ! Faites résonner vos louanges et criez tous : « Seigneur, sauve ton peuple, le reste d'Israël ! » Voici que je les fais revenir du pays du nord, que je les rassemble des confins de la terre ; parmi eux, tous ensemble, l'aveugle et le boiteux, la femme enceinte et la jeune accouchée : c'est une grande assemblée qui revient. Ils avancent dans les pleurs et les supplications, je les mène, je les conduis vers les cours d'eau par un droit chemin où ils ne trébucheront pas. Car je suis un père pour Israël, Éphraïm est mon fils aîné.

Psaume

125 (126), 1-2AB, 2CD-3, 4-5, 6

La joie est là !

℟ *Quelles merveilles le Seigneur fit pour nous :*
nous étions en grande fête !

Quand le Seigneur ramena les captifs à Sion,
nous étions comme en rêve !
Alors notre bouche était pleine de rires,
nous poussions des cris de joie. ℟

Alors on disait parmi les nations :
« Quelles merveilles fait pour eux le Seigneur ! »
Quelles merveilles le Seigneur fit pour nous :
nous étions en grande fête ! ℟

Ramène, Seigneur, nos captifs,
comme les torrents au désert.
Qui sème dans les larmes
moissonne dans la joie. ℟

Il s'en va, il s'en va en pleurant,
il jette la semence ;
il s'en vient, il s'en vient dans la joie,
il rapporte les gerbes. ℟

Deuxième lecture

LECTURE DE LA LETTRE AUX HÉBREUX 5, 1-6

Jésus, grand prêtre

Tout grand prêtre est pris parmi les hommes ; il est établi pour intervenir en faveur des hommes dans leurs relations avec Dieu ; il doit offrir des dons et des sacrifices pour les péchés. Il est capable de compréhension envers ceux qui commettent des fautes par ignorance ou par égarement, car il est, lui aussi, rempli de faiblesse ; et, à cause de cette faiblesse, il doit offrir des sacrifices pour ses propres péchés comme pour ceux du peuple. On ne s'attribue pas cet honneur à soi-même, on est appelé par Dieu, comme Aaron. Il en est bien ainsi pour le Christ : il ne s'est pas donné à lui-même la gloire de devenir grand prêtre ; il l'a reçue de Dieu, qui lui a dit : *Tu es mon Fils, moi, aujourd'hui, je t'ai engendré, car il lui dit aussi dans un autre psaume : Tu es prêtre de l'ordre de Melkisédek pour l'éternité.*

Acclamation de l'Évangile

Alléluia. Alléluia. Notre Sauveur, le Christ Jésus, a détruit la mort ; il a fait resplendir la vie par l'Évangile. ***Alléluia.***

Évangile

ÉVANGILE DE JÉSUS CHRIST SELON SAINT MARC 10, 46B-52

La vue ? ou la vie ?

En ce temps-là, tandis que Jésus sortait de Jéricho avec ses disciples et une foule nombreuse, le fils de Timée, Bartimée, un aveugle qui mendiait, était assis au bord du chemin. Quand il entendit que c'était Jésus de Nazareth, il se mit à crier : « Fils de David, Jésus, prends pitié de moi ! » Beaucoup de gens le rabrouaient pour le faire taire, mais il criait de plus belle : « Fils de David, prends pitié de moi ! » Jésus s'arrête et dit : « Appelez-le. » On appelle donc l'aveugle, et on lui dit : « Confiance, lève-toi ; il t'appelle. » L'aveugle jeta son manteau, bondit et courut vers Jésus. Prenant la parole, Jésus lui dit : « Que veux-tu que je fasse pour toi ? » L'aveugle lui dit : « Rabbouni, que je retrouve la vue ! » Et Jésus lui dit : « Va, ta foi t'a sauvé. » Aussitôt l'homme retrouva la vue, et il suivait Jésus sur le chemin.

Comprendre

Livre de Jérémie
Le prophète Jérémie a vécu au moment de la destruction de Jérusalem (586 av. J.-C.). Ce livre est célèbre car il y parle aussi de sa propre vie.

Engendrer
Donner la vie. Ce terme est devenu technique pour dire que Dieu le Père se donne totalement dans le Fils.

Fils de David
Titre donné au messie d'Israël qui devait être le descendant du roi David.

Vibration

« Bartimée, un aveugle, qui mendiait, était assis au bord du chemin. »
Te sens-tu parfois comme Bartimée : passif, dépendant, comme mort aux événements de ta vie ? Sais-tu alors te tourner vers le Père et lui demander son aide ?

« Va, ta foi t'a sauvé. »
Sais-tu voir ce qui va te remettre debout, te rendre acteur de ta propre vie ?

Inspiration

Recouvrer la vue ou retrouver la vie ? Le week-end prochain, nous repasserons à l'heure d'hiver. La lumière de l'astre du jour diminue à nos yeux, la nature se met doucement en sommeil. Depuis sa naissance, Bartimée est plongé dans les ténèbres. Assis et passif, au bord de la route, il est en marge de la société parce qu'il est réduit à la mendicité. Il semble ne pas assumer son existence. Il est comme mort. Mais lorsqu'il sent Jésus près de lui, il l'interpelle et lui demande la vue ! Cette vue qui va lui rendre la vie et sa dignité d'homme debout. Malgré les ténèbres qui l'entourent, il aspire à cette vie. Cette vie ardente qui va lui permettre de répondre à l'appel du Seigneur car, à peine la vue recouvrée, Bartimée va suivre Jésus.

Et nous ? Cette aventure de Bartimée pourrait être notre expérience du Christ : « Confiance, lève-toi ; il t'appelle. » Nous pouvons tous entendre ce message et y répondre. Peu importe que l'on y voie bien ou moins bien : « On ne voit bien qu'avec le cœur. L'essentiel est invisible pour les yeux », a écrit Antoine de Saint-Exupéry. Alors ouvrons notre cœur au Christ.

NATHALIE VIALA
Animatrice Cléophas
Territoire de l'Hérault

Le mémo de la semaine

Samedi 30 octobre 2021 : Journée mondiale de la vie, née en 2008 en Côte d'Ivoire. Mettre à l'honneur tout ce qui contribue à manifester, défendre, promouvoir la vie. Avec une minute mondiale d'acclamation sur la planète à 13 heures GMT !

CLÉMENT DAVEAU

31e dimanche du temps ordinaire

Mon prochain, ce royaume

Mots-clés

Amour
Commandement
Royaume

Mon prochain, ce royaume

Passer de l'obéissance à l'engagement, voilà le pas que Jésus nous propose de faire. Avec lui et comme lui, choisissons d'aimer…

Première lecture

LECTURE DU LIVRE DU DEUTÉRONOME 6, 2-6

La loi, un rempart et une promesse

Moïse disait au peuple : « Tu craindras le Seigneur ton Dieu. Tous les jours de ta vie, toi, ainsi que ton fils et le fils de ton fils, tu observeras tous ses décrets et ses commandements, que je te prescris aujourd'hui, et tu auras longue vie. Israël, tu écouteras, tu veilleras à mettre en pratique ce qui t'apportera bonheur et fécondité, dans un pays ruisselant de lait et de miel, comme te l'a dit le Seigneur, le Dieu de tes pères. Écoute, Israël : le Seigneur notre Dieu est l'Unique. Tu aimeras le Seigneur ton Dieu de tout ton cœur, de toute ton âme et de toute ta force. Ces paroles que je te donne aujourd'hui resteront dans ton cœur. »

Psaume

17 (18), 2-3, 4, 47. 51AB

Dieu, tu es mon roc, ma force

℟ ***Je t'aime, Seigneur, ma force.***

Je t'aime, Seigneur, ma force :
Seigneur, mon roc, ma forteresse,
Dieu mon libérateur, le rocher qui m'abrite,
mon bouclier, mon fort, mon arme de victoire ! ℟

Louange à Dieu !
Quand je fais appel au Seigneur,
je suis sauvé de tous mes ennemis. ℟

Vive le Seigneur ! Béni soit mon Rocher !
Qu'il triomphe, le Dieu de ma victoire !
Il donne à son roi de grandes victoires,
il se montre fidèle à son messie. ℟

Deuxième lecture

LECTURE DE LA LETTRE AUX HÉBREUX 7, 23-28

Aimer Dieu, aimer son prochain

Frères, dans l'ancienne Alliance, un grand nombre de prêtres se sont succédé parce que la mort les empêchait de rester en fonction. Jésus, lui, parce qu'il demeure pour l'éternité, possède un sacerdoce qui ne passe pas. C'est pourquoi il est capable de sauver d'une manière définitive ceux qui par lui s'avancent vers Dieu, car il est toujours vivant pour intercéder en leur faveur. •••

••• C'est bien le grand prêtre qu'il nous fallait : saint, innocent, immaculé ; séparé maintenant des pécheurs, il est désormais plus haut que les cieux. Il n'a pas besoin, comme les autres grands prêtres, d'offrir chaque jour des sacrifices, d'abord pour ses péchés personnels, puis pour ceux du peuple ; cela, il l'a fait une fois pour toutes en s'offrant lui-même. La loi de Moïse établit comme grands prêtres des hommes remplis de faiblesse ; mais la parole du serment divin, qui vient après la Loi, établit comme grand prêtre le Fils, conduit pour l'éternité à sa perfection.

Acclamation de l'Évangile

Alléluia. Alléluia. Si quelqu'un m'aime, il gardera ma parole, dit le Seigneur ; mon Père l'aimera, et nous viendrons vers lui. ***Alléluia.***

Évangile

ÉVANGILE DE JÉSUS CHRIST SELON SAINT MARC 12, 28B-34

L'amour, au-delà de la loi

En ce temps-là, un scribe s'avança vers Jésus pour lui demander : « Quel est le premier de tous les commandements ? » Jésus lui fit cette réponse : « Voici le premier : Écoute, Israël : le Seigneur notre Dieu est l'unique Seigneur. Tu aimeras le Seigneur ton Dieu de tout ton cœur, de toute ton âme, de tout ton esprit et de toute ta force. Et voici le second : Tu aimeras ton prochain comme toi-même. Il n'y a pas de commandement plus grand que ceux-là. » Le scribe reprit : « Fort bien, Maître, tu as dit vrai : Dieu est l'Unique et il n'y en a pas d'autre que lui. L'aimer de tout son cœur, de toute son intelligence, de toute sa force, et aimer son prochain comme soi-même, vaut mieux que toute offrande d'holocaustes et de sacrifices. » Jésus, voyant qu'il avait fait une remarque judicieuse, lui dit : « Tu n'es pas loin du royaume de Dieu. » Et personne n'osait plus l'interroger.

Comprendre

Écoute Israël
Ce passage du livre du Deutéronome est devenu la prière la plus importante chez les juifs, jusqu'à aujourd'hui.

Ancienne Alliance
Désigne l'Alliance du mont Sinaï entre Moïse et Dieu. La Nouvelle Alliance est celle en Jésus.

Scribe
Celui qui connaissait bien les Écritures, qui était capable de les interpréter, de les enseigner ; docteur de la Loi.

Vibration

« Tu aimeras le Seigneur ton Dieu de tout ton cœur, de toute ton âme, de tout ton esprit et de toute ta force. »
Y a-t-il des lieux, des personnes ou des moments qui font grandir ton attachement à Dieu ? Comment vis-tu les temps de silence, de méditation, de prière ?

« Tu aimeras ton prochain comme toi-même. »
Comment, dans ta vie d'équipe, peux-tu partager cette proposition ? Quelle idée as-tu pour rédiger la charte ?

« Tu n'es pas loin du royaume de Dieu. »
D'après toi, à quoi ressemble-t-il, ce Royaume ? Où est-il ? Est-il accessible ?

Inspiration

Dans mon quotidien, qui est « mon prochain » ? Celui qui vit avec moi, dans ma maison ? Celui qui me plaît, que je voudrais imiter ? Celui qui partage mes idées ? Et celui qui me repousse, me critique, me blesse ? Et celui qui cherche à me nuire ? Et celui qui cultive la haine ? Est-ce que je l'appelle aussi « mon prochain » ? C'est compliqué au fond de moi : je sens des résistances.

Jésus vient bousculer mes étroitesses. Avec lui, pas de compromis ! Il vient pousser l'amour à son paroxysme ! Mon prochain, c'est chaque être humain, sans distinction. Chacun a sa place sur ma route humaine. Jésus risque en moi sa confiance infinie. Il croit en moi. Avec délicatesse, au creux des rencontres et des événements de ma vie, il me fait signe, m'interpelle et m'invite à mobiliser toute ma personne pour aimer, aimer sans mesure. Élargis l'espace de ton cœur et tu découvriras peut-être que tu n'es pas loin du royaume de Dieu !

SYLVIE ET OLIVIER CHABRAN
Anciens chargés de mission du groupe Notre-Dame de Bethléem,
Pézenas (Hérault)

m

Le mémo de la semaine

Lundi 1er novembre 2021 : la Toussaint, puis la mémoire des défunts le 2 novembre. La communion des saints en action : grande invention chrétienne, la communauté de destin.

MAYLIS RIBIER

Toussaint

La sainteté, chemin de bonheur

Mots-clés

Bonheur
Église
Saint

La sainteté, chemin de bonheur

Aujourd'hui, nous fêtons tous les saints, un bon jour pour se rappeler que nous sommes tous appelés à la sainteté !

Première lecture

LECTURE DE L'APOCALYPSE DE SAINT JEAN 7, 2-4.9-14

À l'agneau de Dieu soit la gloire !

Moi, Jean, j'ai vu un ange qui montait du côté où le soleil se lève, avec le sceau qui imprime la marque du Dieu vivant ; d'une voix forte, il cria aux quatre anges qui avaient reçu le pouvoir de faire du mal à la terre et à la mer : « Ne faites pas de mal à la terre, ni à la mer, ni aux arbres, avant que nous ayons marqué du sceau le front des serviteurs de notre Dieu. » Et j'entendis le nombre de ceux qui étaient marqués du sceau : ils étaient cent quarante-quatre mille, de toutes les tribus des fils d'Israël.

Après cela, j'ai vu : et voici une foule immense, que nul ne pouvait dénombrer, une foule de toutes nations, tribus, peuples et langues. Ils se tenaient debout devant le Trône et devant l'Agneau, vêtus de robes blanches, avec des palmes à la main. Et ils s'écriaient d'une voix forte : « Le salut appartient à notre Dieu qui siège sur le Trône et à l'Agneau ! » Tous les anges se tenaient debout autour du Trône, autour des Anciens et des quatre Vivants ; se jetant devant le Trône, face contre terre, ils se prosternèrent devant Dieu. Et ils disaient : « Amen ! Louange, gloire, sagesse et action de grâce, honneur, puissance et force à notre Dieu, pour les siècles des siècles ! Amen ! » L'un des Anciens prit alors la parole et me dit : « Ces gens vêtus de robes blanches, qui sont-ils, et d'où viennent-ils ? » Je lui répondis : « Mon seigneur, toi, tu le sais. » Il me dit : « Ceux-là viennent de la grande épreuve ; ils ont lavé leurs robes, ils les ont blanchies par le sang de l'Agneau. »

Psaume

23 (24), 1-2, 3-4AB, 5-6

Pour l'homme au cœur pur, bénédiction et justice

℟ ***Voici le peuple de ceux***
qui cherchent ta face, Seigneur.

Au Seigneur, le monde et sa richesse,
la terre et tous ses habitants !
C'est lui qui l'a fondée sur les mers
et la garde inébranlable sur les flots. ℟

Qui peut gravir la montagne du Seigneur
et se tenir dans le lieu saint ?
L'homme au cœur pur, aux mains innocentes,
qui ne livre pas son âme aux idoles. ℟

Il obtient, du Seigneur, la bénédiction,
et de Dieu son Sauveur, la justice.
Voici le peuple de ceux qui le cherchent !
Voici Jacob qui recherche ta face ! ℟

Deuxième lecture

LECTURE DE LA PREMIÈRE LETTRE DE SAINT JEAN 3, 1-3

Nous verrons Dieu tel qu'il est

Bien-aimés, voyez quel grand amour nous a donné le Père pour que nous soyons appelés enfants de Dieu – et nous le sommes. Voici pourquoi le monde ne nous connaît pas : c'est qu'il n'a pas connu Dieu. Bien-aimés, dès maintenant, nous sommes enfants de Dieu, mais ce que nous serons n'a pas encore été manifesté. Nous le savons : quand cela sera manifesté, nous lui serons semblables car nous le verrons tel qu'il est. Et quiconque met en lui une telle espérance se rend pur comme lui-même est pur.

Acclamation de l'Évangile

Alléluia. Alléluia. Venez à moi, vous tous qui peinez sous le poids du fardeau, dit le Seigneur, et moi, je vous procurerai le repos. ***Alléluia.***

Évangile

ÉVANGILE DE JÉSUS CHRIST SELON SAINT MATTHIEU 5, 1-12A

Heureux les saints, ils verront Dieu

En ce temps-là, voyant les foules, Jésus gravit la montagne. Il s'assit, et ses disciples s'approchèrent de lui. Alors, ouvrant la bouche, il les enseignait. Il disait : « Heureux les pauvres de cœur, car le royaume des Cieux est à eux. Heureux ceux qui pleurent, car ils seront consolés. Heureux les doux, car ils recevront la terre en héritage. Heureux ceux qui ont faim et soif de la justice, car ils seront rassasiés. Heureux les miséricordieux, car ils obtiendront miséricorde. Heureux les cœurs purs, car ils verront Dieu. Heureux les artisans de paix, car ils seront appelés fils de Dieu. Heureux ceux qui sont persécutés pour la justice, car le royaume des Cieux est à eux. Heureux êtes-vous si l'on vous insulte, si l'on vous persécute et si l'on dit faussement toute sorte de mal contre vous, à cause de moi. Réjouissez-vous, soyez dans l'allégresse, car votre récompense est grande dans les cieux ! »

Comprendre

« 144 000 »

Chiffre symbolique. Dans chacune des douze tribus d'Israël, il y a 12 000 élus. Ce chiffre parfait cherche à montrer un salut total et parfait.

« Sang de l'Agneau »

Sang versé par Jésus sur la Croix, sang de l'eucharistie. Ce sang sauve et donne la vie éternelle.

« Heureux... »

Les Béatitudes sont le commencement de la loi nouvelle dans l'Évangile selon saint Matthieu : elles montrent que Dieu renverse l'ordre du monde.

Vibration

« ***Heureux...*** »

Après quel bonheur cours-tu ? Pour vivre ces « bonheurs » proclamés par Jésus, quelles dispositions as-tu prises dans ta propre vie ? Quel impact sur la vie de tes proches ? Comment, dans notre mission d'éducateur, peut-on encourager les autres à prendre de telles dispositions ?

«***Ce que nous serons n'a pas encore été manifesté.***»

Tu n'es ni mère Teresa ni l'abbé Pierre. Tu es pourtant toi aussi appelé à être saint. À quoi ressemble ce chemin de sainteté ?

Inspiration

Dans les Béatitudes, Jésus nous indique le chemin du bonheur. Pourtant, on a l'impression que ce bonheur ne vient que de sentiments négatifs : pauvreté, pleurs, faim, soif, persécutions, insultes... Comment se dire que ce chemin de sainteté si ardu est bon pour moi ?

Dans le scoutisme, nous sommes appelés à faire grandir les jeunes à devenir des artisans de paix, ceux-là mêmes dont Jésus dit qu' « ils seront appelés fils de Dieu ». Quelle joie alors d'être à leur service « sans attendre d'autre récompense que celle de savoir que nous faisons votre sainte volonté ! ».

LOUISE BERNARDI
Équipière nationale des Scouts et Guides de France
Partenariats internationaux

LAZARE OLIVRY
Chef Scouts-Guides
Groupe de Massillon St-Merri St-Paul (Paris)

EMMANUEL BENDIYAN

32e dimanche du temps ordinaire

Le Seigneur n'a qu'une parole

Mots-clés

Don
Sacrifice
Trésor

Le Seigneur n'a qu'une parole

En faisant trop attention à tes vêtements, crois-tu pouvoir tout avoir ? Ne préfères-tu pas rester simplement toi-même ?

Première lecture

LECTURE DU PREMIER LIVRE DES ROIS 17, 10-16

Donner pour mieux recevoir

En ces jours-là, le prophète Élie partit pour Sarepta, et il parvint à l'entrée de la ville. Une veuve ramassait du bois ; il l'appela et lui dit : « Veux-tu me puiser, avec ta cruche, un peu d'eau pour que je boive ? » Elle alla en puiser. Il lui dit encore : « Apporte-moi aussi un morceau de pain. » Elle répondit : « Je le jure par la vie du Seigneur ton Dieu : je n'ai pas de pain. J'ai seulement, dans une jarre, une poignée de farine, et un peu d'huile dans un vase. Je ramasse deux morceaux de bois, je rentre préparer pour moi et pour mon fils ce qui nous reste. Nous le mangerons, et puis nous mourrons. » Élie lui dit alors : « N'aie pas peur, va, fais ce que tu as dit. Mais d'abord cuis-moi une petite galette et apporte-la moi ; ensuite tu en feras pour toi et ton fils. Car ainsi parle le Seigneur, Dieu d'Israël : Jarre de farine point ne s'épuisera, vase d'huile point ne se videra, jusqu'au jour où le Seigneur donnera la pluie pour arroser la terre. » La femme alla faire ce qu'Élie lui avait demandé, et pendant longtemps, le prophète, elle-même et son fils eurent à manger. Et la jarre de farine ne s'épuisa pas, et le vase d'huile ne se vida pas, ainsi que le Seigneur l'avait annoncé par l'intermédiaire d'Élie.

Psaume

145 (146), 6C.7, 8-9A, 9BC-10

Bonté et justice

℟ ***Chante, ô mon âme,***
la louange du Seigneur !

Le Seigneur garde à jamais sa fidélité,
il fait justice aux opprimés,
aux affamés, il donne le pain ;
le Seigneur délie les enchaînés. ℟

Le Seigneur ouvre les yeux des aveugles,
le Seigneur redresse les accablés,
le Seigneur aime les justes,
le Seigneur protège l'étranger. ℟

Il soutient la veuve et l'orphelin,
il égare les pas du méchant.
D'âge en âge, le Seigneur régnera :
ton Dieu, ô Sion, pour toujours ! ℟

Deuxième lecture

LECTURE DE LA LETTRE AUX HÉBREUX 9, 24-28

Une vie, une seule

Le Christ n'est pas entré dans un sanctuaire fait de main d'homme, figure du sanctuaire véritable ; il est entré dans le ciel même, afin de se tenir maintenant pour nous devant la face de Dieu. Il n'a pas à s'offrir lui-même plusieurs fois, comme le grand prêtre qui, tous les ans, entrait dans le sanctuaire en offrant un sang qui n'était pas le sien ; car alors, le Christ aurait dû plusieurs fois souffrir la Passion depuis la fondation du monde. Mais en fait, c'est une fois pour toutes, à la fin des temps, qu'il s'est manifesté pour détruire le péché par son sacrifice. Et, comme le sort des hommes est de mourir une seule fois et puis d'être jugés, ainsi le Christ s'est-il offert une seule fois pour enlever les péchés de la multitude ; il apparaîtra une seconde fois, non plus à cause du péché, mais pour le salut de ceux qui l'attendent.

Acclamation de l'Évangile

Alléluia. Alléluia. Heureux les pauvres de cœur, car le royaume des Cieux est à eux ! ***Alléluia.***

Évangile

ÉVANGILE DE JÉSUS CHRIST SELON SAINT MARC 12, 38-44

Méfiez-vous des apparences !

En ce temps-là, dans son enseignement, Jésus disait aux foules : « Méfiez-vous des scribes, qui tiennent à se promener en vêtements d'apparat et qui aiment les salutations sur les places publiques, les sièges d'honneur dans les synagogues, et les places d'honneur dans les dîners. Ils dévorent les biens des veuves et, pour l'apparence, ils font de longues prières : ils seront d'autant plus sévèrement jugés. »

Jésus s'était assis dans le Temple en face de la salle du trésor, et regardait comment la foule y mettait de l'argent. Beaucoup de riches y mettaient de grosses sommes. Une pauvre veuve s'avança et mit deux petites pièces de monnaie. Jésus appela ses disciples et leur déclara : « Amen, je vous le dis : cette pauvre veuve a mis dans le Trésor plus que tous les autres. Car tous, ils ont pris sur leur superflu, mais elle, elle a pris sur son indigence : elle a mis tout ce qu'elle possédait, tout ce qu'elle avait pour vivre. »

Comprendre

Sarepta
Ville phénicienne (Liban actuel) habitée par des païens, entre Tyr et Sidon.

Vêtements d'apparat
Vêtements luxueux pour se faire remarquer.

Ce qu'elle avait pour vivre
Cette femme donne « sa vie » comme Jésus va donner la sienne.

Vibration

« La femme alla faire ce qu'Élie lui avait demandé. »
Penses-tu faire confiance à Dieu sans peur et sans réfléchir ?

« Le Christ s'est offert une seule fois pour enlever les péchés de la multitude. »
Et toi, dans ton quotidien, que fais-tu pour lui ? Comment vis-tu ces paroles ?

Inspiration

Notre quotidien nous pousse souvent et facilement à poser un regard critique sur notre prochain. L'apparence, la vie, les façons d'être, les loisirs ne doivent pas être un motif de jugement. La société nous amène à l'individualisme. Mais, quand on y pense, qu'est-ce que c'est bien de partager ! Quel bonheur de rendre le sourire à l'autre par un simple geste ou une marque d'amitié !

Le livre des Rois et l'évangile mettent au premier plan des femmes pauvres et sans nourriture. Celles-ci donnent tout à l'étranger, sans se soucier du lendemain et sans crainte. Aujourd'hui, sommes-nous prêts à donner comme ces femmes, donner quand on nous le demande ou quand il y a besoin : donner du temps, donner de l'argent, donner des biens, sans attendre un retour ? Si, un jour, les problèmes sont à notre porte, ne serons-nous pas heureux de recevoir gratuitement de l'aide ?

SYLVIE ET OLIVIER BRUGIDOU
Animateurs Cléophas
Groupe Pierre-Paul-Riquet, Revel (Haute-Garonne)

Le mémo de la semaine

Mardi 9 novembre 2021 : dédicace de la cathédrale du pape, la basilique du Latran.

ALEXANDRE BANDA

33e dimanche du temps ordinaire

Dieu, promesse de vie

Mots-clés

Liberté
Pardon
Vie

Dieu, promesse de vie

Les ingrédients clés d'une vie abondante se cachent parfois dans des paroles prophétiques à première vue un peu obscures. À nous de les découvrir et d'en révéler les saveurs dans notre vie !

Première lecture

LECTURE DU LIVRE DU PROPHÈTE DANIEL 12, 1-3

Parole d'espérance

En ce temps-là se lèvera Michel, le chef des anges, celui qui se tient auprès des fils de ton peuple. Car ce sera un temps de détresse comme il n'y en a jamais eu depuis que les nations existent, jusqu'à ce temps-ci. Mais en ce temps-ci, ton peuple sera délivré, tous ceux qui se trouveront inscrits dans le Livre. Beaucoup de gens qui dormaient dans la poussière de la terre s'éveilleront, les uns pour la vie éternelle, les autres pour la honte et la déchéance éternelles. Ceux qui ont l'intelligence resplendiront comme la splendeur du firmament, et ceux qui sont des maîtres de justice pour la multitude brilleront comme les étoiles pour toujours et à jamais.

Psaume

15 (16), 5.8, 9-10, 11

Hymne à la vie !

℟ *Garde-moi, mon Dieu :*
j'ai fait de toi mon refuge.

Seigneur, mon partage et ma coupe :
de toi dépend mon sort.
Je garde le Seigneur devant moi sans relâche ;
il est à ma droite : je suis inébranlable. ℟

Mon cœur exulte, mon âme est en fête,
ma chair elle-même repose en confiance :
tu ne peux m'abandonner à la mort
ni laisser ton ami voir la corruption. ℟

Tu m'apprends le chemin de la vie :
devant ta face, débordement de joie !
À ta droite, éternité de délices ! ℟

Deuxième lecture

LECTURE DE LA LETTRE AUX HÉBREUX 10, 11-14.18

Tous appelés à la liberté

Dans l'ancienne Alliance, tout prêtre, chaque jour, se tenait debout dans le Lieu saint pour le service liturgique, et il offrait à maintes reprises les mêmes sacrifices, qui ne peuvent jamais enlever les péchés. Jésus Christ, au contraire, après avoir offert pour les péchés un unique sacrifice, s'est assis pour toujours à la droite de Dieu. Il attend désormais que ses ennemis soient mis sous ses pieds. Par son unique offrande, il a mené pour toujours à leur perfection ceux qu'il sanctifie. Or, quand le pardon est accordé, on n'offre plus le sacrifice pour le péché.

Acclamation de l'Évangile

Alléluia. Alléluia. Restez éveillés et priez en tout temps : ainsi vous pourrez vous tenir debout devant le Fils de l'homme. ***Alléluia.***

Évangile

ÉVANGILE DE JÉSUS CHRIST SELON SAINT MARC 13, 24-32

Victoire de l'amour

En ce temps-là, Jésus parlait à ses disciples de sa venue : « En ces jours-là, après une grande détresse, le soleil s'obscurcira et la lune ne donnera plus sa clarté ; les étoiles tomberont du ciel, et les puissances célestes seront ébranlées. Alors on verra le Fils de l'homme venir dans les nuées avec grande puissance et avec gloire. Il enverra les anges pour rassembler les élus des quatre coins du monde, depuis l'extrémité de la terre jusqu'à l'extrémité du ciel. Laissez-vous instruire par la comparaison du figuier : dès que ses branches deviennent tendres et que sortent les feuilles, vous savez que l'été est proche. De même, vous aussi, lorsque vous verrez arriver cela, sachez que le Fils de l'homme est proche, à votre porte. Amen, je vous le dis : cette génération ne passera pas avant que tout cela n'arrive. Le ciel et la terre passeront, mes paroles ne passeront pas. Quant à ce jour et à cette heure-là, nul ne les connaît, pas même les anges dans le ciel, pas même le Fils, mais seulement le Père. »

Comprendre

Le Livre
Livre des vivants où sont inscrits les noms de ceux qui auront la vie éternelle.

Michel
Chef des anges qui combat les forces du mal, son nom signifie « qui-est-comme-Dieu ».

Salut
Dieu protège, libère et sauve l'homme par son amour.

Vibration

« J'ai fait de toi mon refuge. »
Dans quel lieu te sens-tu en sécurité ? Quelles personnes y sont présentes ?

« Quand le pardon est accordé. »
Pour toi, que signifie le pardon ? Le donnes-tu toujours aisément ? Qu'est-ce que cela t'apporte d'être pardonné ?

« Il enverra les anges pour rassembler les élus des quatre coins du monde. »
Pour toi, qu'est-ce que la sainteté ? Est-ce à ta portée ? Dieu t'aide-t-il à avancer sur ton chemin de sainteté ?

Inspiration

Le caillou est symbole de l'infinité du temps ! Solide, massif, intemporel, il sert tantôt de guide sur les chemins de montagne ou de protecteur contre la mer en furie. Il arrive même parfois qu'il vienne m'agacer quand il s'est logé dans ma chaussure.

Au moment où je le sens, il est difficile d'être humble pour s'arrêter, retirer ce petit caillou qui fait vaciller le géant que je suis. Parfois, c'est pourtant moi le caillou pour l'un ou l'autre de mon unité.

De même que je repars plus vite une fois le caillou enlevé de ma chaussure, il est important de demander un pardon sincère au proche que j'ai blessé. Il me faudra parfois du temps pour pardonner, mais le pardon transforme le caillou qui m'empêchait de marcher en un nouvel élan. Quelle liberté de pouvoir pardonner !

Tu as le pouvoir de transformer le caillou en une pierre précieuse singulière qui se façonne au fil de ta vie. Vivre la sainteté est à ta portée ; pardonne et laisse la lumière faire briller le joyau que tu es pour le monde !

MARIE ET ARTHUR GAUTHERON
Chefs Pionniers-Caravelles
Groupe Saint-Joseph, Grenoble (Isère)

Le mémo de la semaine

Samedi 20 novembre 2021 : c'est la Journée internationale des droits de l'enfant. Le 19, celle pour la prévention des abus envers les enfants.

ARTHUR LABAT

Christ Roi de l'univers

Le Roi du monde

Mots-clés

Domination
Royaume
Vérité

Le Roi du monde

Jésus n'impose pas sa vérité et nous propose d'entrer en relation avec nos frères et avec notre Père. Il attend notre réponse, non comme un grand roi, mais comme un grand frère.

Première lecture

LECTURE DU LIVRE DU PROPHÈTE DANIEL 7, 13-14

Jésus, vrai Dieu et vrai homme

Moi, Daniel, je regardais, au cours des visions de la nuit, et je voyais venir, avec les nuées du ciel, comme un Fils d'homme ; il parvint jusqu'au Vieillard, et on le fit avancer devant lui. Et il lui fut donné domination, gloire et royauté ; tous les peuples, toutes les nations et les gens de toutes langues le servirent. Sa domination est une domination éternelle, qui ne passera pas, et sa royauté, une royauté qui ne sera pas détruite.

Psaume

92 (93), 1ABC, 1D-2, 5

Jésus, roi et saint pour toujours

℟ ***Le Seigneur est roi ;***
il s'est vêtu de magnificence.

Le Seigneur est roi ;
il s'est vêtu de magnificence,
le Seigneur a revêtu sa force. ℟

Et la terre tient bon, inébranlable ;
dès l'origine ton trône tient bon,
depuis toujours, tu es. ℟

Tes volontés sont vraiment immuables :
la sainteté emplit ta maison,
Seigneur, pour la suite des temps. ℟

Deuxième lecture

LECTURE DE L'APOCALYPSE DE SAINT JEAN 1, 5-8

La puissance de Dieu

À vous, la grâce et la paix de la part de Jésus Christ, le témoin fidèle, le premier-né des morts, le prince des rois de la terre. À lui qui nous aime, qui nous a délivrés de nos péchés par son sang, qui a fait de nous un royaume et des prêtres pour son Dieu et Père, à lui, la gloire et la souveraineté pour les siècles des siècles. Amen. Voici qu'il vient avec les nuées, tout œil le verra, ils le verront, ceux qui l'ont transpercé ; et sur lui se lamenteront toutes les tribus de la terre. Oui ! Amen !

Moi, je suis l'Alpha et l'Oméga, dit le Seigneur Dieu, Celui qui est, qui était et qui vient, le Souverain de l'univers.

Acclamation de l'Évangile

Alléluia. Alléluia. Béni soit celui qui vient au nom du Seigneur ! Béni soit le Règne qui vient, celui de David, notre père. ***Alléluia.***

Évangile

ÉVANGILE DE JÉSUS CHRIST SELON SAINT JEAN 18, 33B-37

Une royauté d'ailleurs

En ce temps-là, Pilate appela Jésus et lui dit : « Es-tu le roi des Juifs ? » Jésus lui demanda : « Dis-tu cela de toi-même, ou bien d'autres te l'ont dit à mon sujet ? » Pilate répondit : « Est-ce que je suis juif, moi ? Ta nation et les grands prêtres t'ont livré à moi : qu'as-tu donc fait ? » Jésus déclara : « Ma royauté n'est pas de ce monde ; si ma royauté était de ce monde, j'aurais des gardes qui se seraient battus pour que je ne sois pas livré aux Juifs. En fait, ma royauté n'est pas d'ici. » Pilate lui dit : « Alors, tu es roi ? » Jésus répondit : « C'est toi-même qui dis que je suis roi. Moi, je suis né, je suis venu dans le monde pour ceci : rendre témoignage à la vérité. Quiconque appartient à la vérité écoute ma voix. »

Comprendre

Livre de Daniel

Daniel est un prophète qui a vécu à Babylone, en exil, et qui a eu de nombreuses visions qui annoncent la libération des Juifs et la venue du Messie.

Fils d'homme/ Fils de l'homme

Ce titre désigne un personnage céleste vivant tout près de Dieu le Père. Jésus utilise ce titre pour dire qui il est, le Messie, Fils de Dieu.

Alpha et Oméga

Première et dernière lettre de l'alphabet grec. Jésus Christ est au commencement et à la fin du temps.

Vibration

« ***Quiconque appartient à la vérité écoute ma voix.*** »
Pour toi, qu'est-ce que la vérité ?
Dans ta vie, que vois-tu de vrai, quelle est ta vérité ?

« ***Je suis venu dans le monde pour ceci : rendre témoignage à la vérité.*** »
Pour toi, aujourd'hui, quelle est la vérité de la parole de Dieu dont Jésus est témoin et acteur ?
Comment en es-tu témoin, en paroles et en actes ?

Inspiration

Le royaume de Jésus ne vient pas de ce monde, mais il est au cœur de ce monde ! C'est le royaume de ceux qui cherchent la vérité, royaume d'amour, de justice et de paix, comme le disent les paroles de la prière eucharistique. « Être artisan de paix », des paroles qui résonnent dans l'engagement des Scouts et Guides de France ! Le royaume est présent et en construction dans chaque écoute patiente, chaque sourire encourageant, chaque peine partagée, chaque regard respectueux et aimant, chaque geste de paix et de réconciliation. Le passeport pour y entrer, c'est l'amour et le service au nom de Jésus. Par le don de sa vie et sa résurrection, la puissance de Dieu s'exerce dans la faiblesse de l'amour désarmé.

De la fête du Christ Roi à l'ouverture de l'Avent pour une nouvelle année, nous sommes invités à lever les yeux vers l'avenir, en accueillant le projet de Dieu dans la Parole tout au long des dimanches. « Ce qu'il y a de fou dans le monde, voilà ce que Dieu a choisi [...] ; ce qu'il y a de faible dans le monde, voilà ce que Dieu a choisi » (1 Co 1, 27).

BRIGITTE ET YVES DUBOURG
Animateurs Cléophas
Territoire Anjou-Maine

Le mémo de la semaine

Mercredi 24 novembre 2021 : Journée internationale de la Bible inventée aux États-Unis pour promouvoir la lecture de l'Écriture.

Prières

Merci, Seigneur,
pour les mots
que tu me donnes
pour te parler.
Et merci pour les paroles
que tu me laisses
en réponse.
Amen.

Gloire à Dieu

Gloire à Dieu, au plus haut des cieux,
et paix sur la terre aux hommes, qu'il aime.
Nous te louons, nous te bénissons, nous t'adorons,
nous te glorifions, nous te rendons grâce,
pour ton immense gloire,
Seigneur Dieu, Roi du ciel, Dieu le Père tout-puissant.
Seigneur, Fils unique, Jésus Christ,
Seigneur Dieu, Agneau de Dieu, le Fils du Père ;
toi qui enlèves le péché du monde,
prends pitié de nous ;
toi qui enlèves le péché du monde, reçois notre prière ;
toi qui es assis à la droite du Père, prends pitié de nous.
Car toi seul es saint, toi seul es Seigneur,
toi seul es le Très-Haut :
Jésus Christ, avec le Saint-Esprit
dans la gloire de Dieu le Père.
Amen.

Je crois en Dieu

Je crois en Dieu, le Père tout-puissant,
créateur du ciel et de la terre.
Et en Jésus Christ, son Fils unique, notre Seigneur,
qui a été conçu du Saint-Esprit,
est né de la Vierge Marie,
a souffert sous Ponce Pilate, a été crucifié,
est mort et a été enseveli, est descendu aux enfers,
le troisième jour est ressuscité des morts,
est monté aux cieux,
est assis à la droite de Dieu le Père tout-puissant,
d'où il viendra juger les vivants et les morts.
Je crois en l'Esprit Saint, à la sainte Église catholique,
à la communion des saints, à la rémission des péchés,
à la résurrection de la chair, à la vie éternelle.
Amen.

Notre Père

Notre Père, qui es aux cieux,
que ton nom soit sanctifié,
que ton règne vienne,
que ta volonté soit faite
sur la terre comme au ciel.
Donne-nous aujourd'hui notre pain de ce jour.
Pardonne-nous nos offenses comme nous
pardonnons aussi à ceux qui nous ont offensés.
Et ne nous laisse pas entrer en tentation,
mais délivre-nous du Mal.
Amen.

Je vous salue Marie

Je vous salue, Marie, pleine de grâce,
le Seigneur est avec vous ;
vous êtes bénie entre toutes les femmes,
et Jésus, le fruit de vos entrailles, est béni.
Sainte Marie, Mère de Dieu,
priez pour nous, pauvres pécheurs,
maintenant et à l'heure de notre mort.
Amen.

Prière scoute

Seigneur Jésus, apprenez-nous à être généreux,
à vous servir comme vous le méritez
à donner sans compter,
à combattre sans souci des blessures,
à travailler sans chercher le repos,
à nous dépenser, sans attendre d'autre récompense,
que celle de savoir que nous faisons votre sainte volonté.

P. Jacques Sevin, d'après saint Ignace de Loyola

Prière des louveteaux et jeannettes

Seigneur Jésus,
tu nous invites à devenir tes amis
en devenant amis de tous.
Aide-nous à faire de notre mieux
pour accueillir les autres et partager.
Apprends-nous à construire ensemble
un monde de paix et de justice,
Où le respect, l'amour et le pardon seront plus forts
que la dispute et le chacun pour soi.
Par ta parole, fais-nous découvrir
la joie de vivre en ton Royaume.
Amen.

Prière pour

Dieu Tout-Puissant
qui es présent dans tout l'univers
et dans la plus petite de tes créatures,
Toi qui entoures de ta tendresse tout ce qui existe,
répands sur nous la force de ton amour
pour que nous protégions la vie et la beauté.

Inonde-nous de paix,
pour que nous vivions comme frères et sœurs
sans causer de dommages à personne.

Ô Dieu des pauvres,
aide-nous à secourir les abandonnés
et les oubliés de cette terre qui valent tant à tes yeux.

Guéris nos vies,
pour que nous soyons des protecteurs du monde
et non des prédateurs,
pour que nous semions la beauté
et non la pollution ni la destruction.

notre terre

Touche les cœurs
de ceux qui cherchent seulement des profits
aux dépens de la terre et des pauvres.

Apprends-nous à découvrir la valeur de chaque chose,
à contempler, émerveillés,
à reconnaître que nous sommes profondément unis
à toutes les créatures sur notre chemin
vers ta lumière infinie.

Merci parce que tu es avec nous tous les jours.
Soutiens-nous, nous t'en prions,
dans notre lutte pour la justice, l'amour et la paix.

Pape François, Laudato si'

Prière chrétienne

Nous te louons, Père, avec toutes tes créatures,
qui sont sorties de ta main puissante.
Elles sont tiennes, et sont remplies de ta présence
comme de ta tendresse.

Loué sois-tu. Fils de Dieu, Jésus,
toutes choses ont été créées par toi.

Tu t'es formé dans le sein maternel de Marie,
tu as fait partie de cette terre,
et tu as regardé ce monde avec des yeux humains.

Aujourd'hui tu es vivant en chaque créature
avec ta gloire de ressuscité.

Loué sois-tu.
Esprit Saint, qui par ta lumière
orientes ce monde vers l'amour du Père
et accompagnes le gémissement de la création,
tu vis aussi dans nos cœurs
pour nous inciter au bien.

avec la Création

Loué sois-tu. Ô Dieu, Un et Trine,
communauté sublime d'amour infini,
apprends-nous à te contempler
dans la beauté de l'univers,
où tout nous parle de toi.

Éveille notre louange et notre gratitude
pour chaque être que tu as créé.
Donne-nous la grâce
de nous sentir intimement unis à tout ce qui existe.

Dieu d'amour, montre-nous
notre place dans ce monde
comme instruments de ton affection
pour tous les êtres de cette terre,
parce qu'aucun n'est oublié de toi

Illumine les détenteurs du pouvoir et de l'argent
pour qu'ils se gardent du péché de l'indifférence,
aiment le bien commun, promeuvent les faibles,
et prennent soin de ce monde que nous habitons.

Prière

Les pauvres et la terre implorent :
Seigneur, saisis-nous
par ta puissance et ta lumière
pour protéger toute vie,
pour préparer un avenir meilleur,
pour que vienne
ton Règne de justice, de paix, d'amour et de beauté.

Loué sois-tu.
Amen

Pape François, Laudato si'

Ouvre mon cœur à la beauté du monde

Esprit Saint,
qui a porté les prophètes
par les déserts de sable
ou les étendues maritimes,
souffle sur mes yeux
afin qu'ils sachent voir partout,
en toute créature, la Sainte Trinité,
souffle sur ma bouche,
afin qu'elle ne dise et ne chante
que la Vérité qui délivre.
Ouvre mon cœur à la beauté du monde,
à la splendeur joyeuse des formes sensibles,
pour que toutes mes rencontres
soient autant de louanges à Dieu
et d'occasions d'amour,
toutes les créatures
autant de marchepieds vers le Créateur.

Joseph Folliet

Cantique de

Très Haut, tout puissant et bon Seigneur,
à toi louange, gloire, honneur, et toute bénédiction ;
à toi seul ils conviennent, O Très-Haut,
et nul homme n'est digne de te nommer.

Loué sois-tu, mon Seigneur, avec toutes tes créatures,
spécialement messire frère Soleil,
par qui tu nous donnes le jour, la lumière ;
il est beau, rayonnant d'une grande splendeur,
et de toi, le Très Haut, il nous offre le symbole.

Loué sois-tu, mon Seigneur, pour sœur Lune
et les étoiles : dans le ciel tu les as formées,
claires, précieuses et belles.

Loué sois-tu, mon Seigneur, pour frère Vent,
et pour l'air et pour les nuages,
pour l'azur calme et tous les temps :
grâce à eux tu maintiens en vie toutes les créatures.

Loué sois-tu, Seigneur, pour notre sœur Eau,
qui est très utile et très humble, précieuse et chaste.

frère Soleil

Loué sois-tu, mon Seigneur, pour frère Feu,
par qui tu éclaires la nuit : il est beau et joyeux,
indomptable et fort.

Loué sois-tu, mon Seigneur, pour sœur notre mère
la Terre, qui nous porte et nous nourrit, qui produit
la diversité des fruits, avec les fleurs diaprées et les herbes.

Loué sois-tu, mon Seigneur,
pour ceux qui pardonnent par amour pour toi ;
qui supportent épreuves et maladies :
heureux s'ils conservent la paix,
car par toi, le Très Haut, ils seront couronnés.

Loué sois-tu, mon Seigneur, pour notre sœur la Mort
corporelle à qui nul homme vivant ne peut échapper.
Malheur à ceux qui meurent en péché mortel ;
heureux ceux qu'elle surprendra faisant ta volonté,
car la seconde mort ne pourra leur nuire.

Louez et bénissez mon Seigneur, rendez-lui grâce
et servez-le en toute humilité.

Attribué à saint François d'Assise

Esprit, j'écoute

Esprit d'amour, c'est ta voix que j'écoute dans le vent,
ton souffle lorsque l'homme respire :
j'ai besoin de ta force et de ta sagesse.

Esprit de Dieu, donne à mes yeux de découvrir ta beauté,
accorde à mes mains le respect des choses,
à mes oreilles d'écouter ta voix.

Donne-moi l'intelligence pour comprendre toute
créature, enseigne-moi la leçon que recèle une simple
feuille, fais-moi sentir ta sagesse
renfermée dans une pierre.

Donne-moi ta force non pour m'opposer à mon frère,
mais pour lutter contre le véritable ennemi :
moi-même ; fais-moi vaincre le mal
par le bien que tu m'inspires.

Quand viendra l'heure, viens à ma rencontre :
je voudrais te rendre grâce de m'avoir créé
et porter avec moi le souvenir de cette terre que j'aime.
Amen.

Liturgie de Bose

Terre remplie de la présence de Dieu

Seigneur, nous nous rassemblons en ton nom,
afin de te célébrer dans ce sanctuaire qu'est la Terre,
une planète remplie de ta présence,
présence qui frémit dans les forêts,
présence qui vibre sur les terres,
présence qui palpite
dans les étendues sauvages,
présence qui miroite sur les rivières.

Seigneur, révèle-nous ta présence en ce lieu,
et montre-nous ta face en toute création.
Amen.

Commission justice, paix, intégrité de la Création

Bénédiction des récoltes

Seigneur Dieu, Créateur de toute chose,
toi qui ne cesses de donner la rosée du ciel
et de rendre la terre fertile
pour qu'elle produise du fruit en abondance,
nous nous inclinons devant ta haute gloire
et ton immense bonté,
et nous te rendons grâce pour cette récolte.

Par ces dons que nous avons reçus de toi,
tu as comblé les espoirs de tes fidèles.

Qu'ils chantent sans fin tes miséricordes
et qu'ils se servent des biens de ce monde
de manière à rechercher les biens éternels.

Par Jésus, le Christ, notre Seigneur.
Amen.

Livre des bénédictions

Bénédicités

**Le bénédicité est
une parole qui demande
à Dieu de bénir le repas.
Il peut être accompagné
d'un chant.
S'il est un moment
de joie et de partage,
il doit aussi être l'occasion
d'une pause et de faire
prendre conscience
que tout est don de Dieu.**

Bénédicités

LE TEMPS DU REPAS EST UN MOMENT IMPORTANT

- Il rythme nos journées
- Il nous rassemble tous autour de la même table
- C'est un temps de pause pour souffler, refaire nos forces
- C'est un temps de partage de la nourriture
- C'est un temps d'échange de paroles
- C'est un temps pour l'amitié
- C'est un temps pour la fête
- C'est un temps pour l'accueil

C'est donc un temps privilégié pour vivre notre relation à Dieu.

CE RECUEIL TE PROPOSE DES BÉNÉDICITÉS

- **C'est quoi ?** Des petits textes pour bénir le moment du repas.
- **Pourquoi ?** Pour dire la présence de Dieu parmi nous. Pour rendre grâce pour ce qu'il nous donne : nourriture, force, paix, amitié...
- **Comment ?** En prenant un temps au début du repas, dans le calme et le respect.

CONSEILS ET PROPOSITIONS

Le texte : il est important de choisir le texte à l'avance et de s'entraîner à le lire :

- Confier le choix et la lecture du bénédicité, chaque jour, à un jeune différent
- Lire éventuellement à plusieurs voix
- Certains mots ou certaines phrases peuvent être repris par tous
- Le bénédicité doit être précédé d'un temps d'explication sur les gestes et symboles choisis.

Les gestes : il est important d'accompagner la lecture par des gestes symboliques :

- Faire le signe de croix au début et à la fin
- Se donner la main
- Faire un geste louange (bras levés) ou un geste d'offrande ou d'accueil (mains ouvertes),
- Couper le pain et le distribuer avant ou après la lecture du texte
- Poser la Bible sur la table (on se nourrit aussi de la Parole).

Source : équipe Cléophas du territoire de l'Hérault

Nourrir la confiance

Seigneur,
c'est toi qui nourris les oiseaux qui nous entourent,
fais que ce repas que nous allons prendre
nourrisse en nous la confiance en toi et en nos frères.
Amen.

Saveur fraternelle

Oui il est bon de vivre ensemble
et d'être unis.
Renforce, Seigneur
nos liens d'amitié
et tisse la fraternité
qui donne toute la saveur
au repas que nous partageons. Amen

Béni sois-tu

Béni sois-tu, Dieu très grand,
pour l'immense profusion
de tes œuvres !
Béni sois-tu pour le travail
de l'homme et pour le pain
qui fortifie son cœur !
Béni sois-tu pour l'Esprit
que tu lui donnes afin de renouveler
la face de la terre !
Amen.

Pour un repas réussi

Que cette table, Seigneur, soit lieu de fraternité !
Que ce repas, Seigneur, soit source de vitalité !
Que nos échanges, Seigneur, soient pleins de gaieté !
Amen.

À l'heure du soir

À l'heure où le soleil se couche,
reste avec nous Seigneur.
Que ce repas pris en ta présence
nous donne des forces
et réjouisse notre cœur.
Amen

Pour un jour de fête

Père, sur notre table, il y a en ce jour
l'abondance de tes dons !
Nous te bénissons pour ta bonté sans limites
et nous prions : donne-nous ta paix et un jour
rassemble-nous tous dans la Jérusalem d'en-haut
où tu nous rassasieras de ton festin éternel.
À toi notre louange pour les siècles des siècles.
Amen.

Pour le Carême

Dieu notre Père, pour nourrir tes amis,
tu leur donnes ta Parole et ton pain.
Suscite en nous la faim de la Bonne Nouvelle de ton Fils
et donne-nous de te reconnaître dans le pauvre qui attend
que nous partagions notre pain avec lui.
Sois béni maintenant et toujours.

Pour Pâques

Béni sois-tu Seigneur Jésus,
en ce temps rempli de joie et d'allégresse !
Toi qui étais mort, tu es revenu à la vie
et tu nous donnes de fêter ta résurrection
avec un pain nouveau.
Alléluia ! Gloire à toi pour les siècles des siècles !

Tu es bon, Seigneur

Tu es bon, Seigneur, de nous rassembler
autour de cette table.
Nous te rendons grâce pour l'amitié qui nous réunit,
et pour les biens que tu nous donnes.
Bénis cette table et les mets qui ont été préparés
pour que nos cœurs refassent leurs forces.
Accorde-nous, et à tous les hommes,
de prendre place un jour à la table de ton Royaume.
Par Jésus, le Christ, notre Seigneur.
Amen.

François Denis

Cléophas est un partenariat entre les Scouts et Guides de France et *Prions en Église*. Il est édité par Bayard 18, rue Barbès, 92128 Montrouge cedex.

Équipe Missel Cléophas : Benoît CAILLE, Mireille et Jean-Pierre COLLET, Élisabeth COTE, Patricia CREPY, Gilles GODEFROY, Erwan L'HARIDON (coordination), Véronique MINIAC, Ugo PELLISSIER DE FELIGONDE, Jean-Christophe RUAULT, Dominique VACQUIER, frère Benoît VANDEPUTTE, Philippine VIALA.

Ont collaboré à cet ouvrage : « Vibration » et « Inspiration » : Hermine FREMONT, Kevin HEBERT, P. Gérard BLAYAC, Fr. Olivier FLEAU, Sr. Véronique THIEBAUT, Émilie RIOU, P. Cyprien COMTE, François PARET, Christophe CARTON, Pénélope DUPONT, Claire BOUDIER, Fr. Jean-Jacques PERENNES, Joachim SERRE, Anne-Laure CAMARROQUE, Flore et Karine MARGUIER, Caroline LE GAC, Dominique VACQUIER, Louise DEVILLE, Isabelle ARTIERES, Anne-Claire et Gilles WITTMANN, Maëlle MADELENAT, Claire MATHON, Éléonore ARIAGNO, Mathilde COGNET, P. Patrick ROYANNAIS, Mgr. Pierre-Antoine BOZO, Mgr. Luc CREPY, P. Arnaud FAVARD, Adèle GRAVELLIER, Mgr. Bruno VALENTIN, Isabelle DELOYE, Antoine et Lucie DULIN, Marie-Claude VALROFF, Xavier BUFFE, Camille et Aurélien JAVEL, Françoise BORDEYNE, P. Olivier LORNE, Isabelle JULLIEN, Aurore COUSTEIX, Nathalie KERNER, P. Pierre-Édouard LE NAIL, Thibault PFEFFER, Morgan POINT, Marielle BAUDOT, Bérenger MOURY, Anne COSTAMAGNA, Anne-Claire et Simon HURAND, Sr. Véronique MARGRON, Patricia CREPY, Corinne et Jean-François BOYER, P. Jacques-Henri JUSTEAU, Damien DEBU[illegible] Arthur LABAT, Claire et Etienne TRICAUD, Marta IMBERT, Jean-Christophe RUAULT, Fr. Matthieu PALAYRET, Nathalie VIALA, Sylvie et Olivier CHABRAN, Louise BERNARD, Lazare OLIVRY, Sylvie et Olivier BRUGIDOU, Marie et Artur GAUTHERON, Brigitte et Yves DUBOURG. « **Mémo** » : Fr. Benoît VANDEPUTTE. « **Comprendre** » : Fr. Olivier CATEL. « **Interviews** » : Mireille COLLET, Élisabeth COTE, Gilles GODEFROY, Erwan L'HARIDON, Philippine VIALA. « **Boussoles** » : P. Cyprien COMTE, Christine NALIN, Fr. Benoît VANDEPUTTE, Régine MAIRE, Sr. Cécile RENOUARD, P. Gaël GIRAUD. « **Boî[te] à outils** » : P. Xavier GRILLON, Sr. Anne-Philippe GUIBERT, Isabelle BOSSARD, Fr. Je[an-] Michel GRIMAUD. « **Animations** » : Pèlerins de Terre sainte et ambassadeurs d[u] mouvement (Toussaint 2019), Patricia CREPY, Jean-Christophe RUAULT. « **Prières** » « **Bénédicités** » : Dominique VACQUIER, *Graines de prières*. **Conception graphiqu[e]** Sébastien BOCQUILLON. **Mise en page :** Christine LADOUSSE et Pierre-Emmanu[el] CHARON. **Édition :** Florence DE BONNAVENTURE, Nicolas CROUZIER, Jean-Baptis[te] DEAU et Frédéric PASCAL. **Photos :** couverture : Camille SAULE. Quatrième couverture : Adobe Stock. Intérieur : droits réservés. **Textes bibliques :** AELF. Texte[s] Scouts et Guides de France.

Achevé d'imprimer en août 2020 par Rotolito Lombarda
Via Sondrio 3 20096 Seggiano di Pioltello (MI, Italie).

ISBN 979-10-296-0688-5
Dépôt légal : septembre 2020.